索晓辉◎编著

不懂财务
就当不好老板

图解实例版

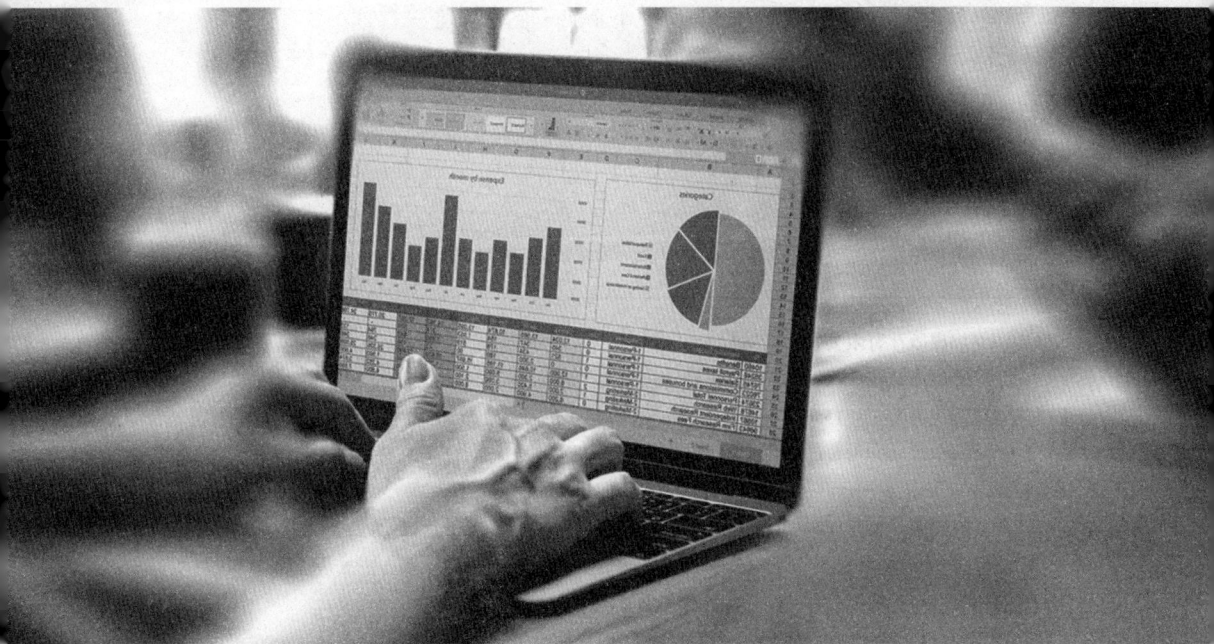

中国纺织出版社有限公司 | 国家一级出版社
全国百佳图书出版单位

内 容 提 要

《不懂财务就当不好老板》是一本针对中小企业管理者的财务管理知识普及用书。本书系统地介绍了企业财务管理的理论及方法，从阅读、分析财务报表到管理企业的现金、固定资产、存货控制，还涉及了企业的融资管理、投资管理及内部控制要点。本书可供管理者随时翻阅、寻求问题的答案，是优化企业管理的理想参考用书。

图书在版编目（CIP）数据

不懂财务就当不好老板：图解实例版 / 索晓辉编著. —北京：中国纺织出版社有限公司，2020.1（2021.3重印）

ISBN 978 – 7 – 5180 – 6642 – 1

Ⅰ. ①不⋯ Ⅱ. ①索⋯ Ⅲ. ①中小企业—企业管理—财务管理 Ⅳ. ①F276.3

中国版本图书馆CIP数据核字（2019）第186730号

策划编辑：于磊岚　　特约编辑：魏丹丹　　责任印制：储志伟

中国纺织出版社有限公司出版发行
地址：北京市朝阳区百子湾东里A407号楼　邮政编码：100124
销售电话：010 — 87155894　传真：010 — 87155801
http://www.c-textilep.com
E-mail: faxing@c-textilep.com
中国纺织出版社天猫旗舰店
官方微博 http://weibo.com/2119887771
三河市宏盛印务有限公司印刷　各地新华书店经销
2020年1月第1版　2021年3月第8次印刷
开本：710×1000　1/16　印张：21
字数：283千字　定价：68.00元

凡购本书，如有缺页、倒页、脱页，由本社图书营销中心调换

前 言
PREFACE

　　早上八点半，作为经理的你信心满满地走进办公室，开始一天的工作。销售部门向你报告了近期销售额低于预定的目标，生产部门说明最近材料成本上升，你面临着较大的降低成本的压力，财务部门向你提供了常规的财务报表来帮助你管理相关问题，但是你却无法理解上面的数字究竟代表着什么。

　　对你来说，可能公司的日常管理工作完全不在话下，只是财务问题让你感到头疼。你从来都不了解如何平衡销售额与成本之间的关系，如何阅读财务报表，如何控制企业的成本等等。你需要一本简单的书，来理解以上的内容，而本书正是绝佳的选择。

　　随着市场的进一步开放与发展，想要在竞争中立于不败之地，管理者就必须对财务管理及其运转有一个清晰的认识。首先需要了解的是，财务并不仅仅是报表上密密麻麻的数字，财务是活生生的，其存在于企业的方方面面，与企业的生产、销售、投资、融资等一切行为都有关联。公司的管理与财务的管理是密切相连的，很多管理的决策会对财务绩效产生直接的影响，如投放新产品、向客户提供赊销政策、雇佣并奖励员工、购买设备等等都会影响到企业的财务绩效。

　　本书系统地介绍了企业财务管理的理论及方法，从阅读、分析财务报表到管理企业的现金、固定资产、存货控制等等，还涉及企业的融资管理、投资管理及内部控制要点等等，可供管理者随时翻阅，寻求问题的答案，是优化企业管理的理想资料。

本书不仅仅想让阅读者了解企业的财务，还想通过一些基本的专业知识的学习建立财务意识，增强财务智慧。财务管理具有很强的实践性，每天都有可能出现新问题，因此读者要在本书的基础上努力探索与实践，使企业在竞争的大潮中勇往直前。

对于本书的编写尽管我们已经殚精竭虑，但由于水平有限，时间紧迫，不周之处在所难免，希望大家谅解。联系邮箱 suoxh@139.com，欢迎大家联系，我们一定竭诚为您解答。

最后，对一贯支持我们的广大读者朋友和对本书的出版做出努力的朋友一并表示感谢。

索晓辉

2019 年 8 月

目 录
CONTENTS

第一章　了解一家企业，从三张表开始——企业财务报表的阅读

财务报告是记录上市公司的文件夹，资产负债表是年底公司的一张照片，而另外三张表即是从不同的角度拍摄下公司经营行为的特写，要了解一家上市公司，必须仔细阅读这个文件夹里的内容。

第二章 透过现象看本质——企业财务分析的主要方法

如果把企业比作人的话，那财务分析即"听诊器"，通过财务分析，可以知道企业哪里出了问题，病源是什么，从而可以制定出一系列的措施来改善企业的情况，使企业能正常、稳定地发展。

第三章 好钢用在刀刃上——企业现金管理

企业的现金好比人身体里的血液，只有血液充足且流动顺畅，人体才会健康，良性现金流可以使公司健康成长，现金是企业的生命之源。"现金为王"的概念也已经深入到企业领导者的管理理念中。

第四章　从源头抓好管理——存货管理

存货对于企业来说是一把双刃剑，过多可能造成资金的积压，使企业无以存继；短缺则有可能造成生产的中止，产品断货，影响声誉。因此，需要对存货进行良好的管理，使这把利剑充分发挥作用。

第五章　做大蛋糕——销售与商账管理

企业要生存，必须将自己的产品投放到市场中，只有占有市场，提高销售收入，才有可能不亏损乃至发展壮大。因此企业的管理层需要明白销售的本量利关系，根据发展战略决定产能，扩大销售，实现企业盈利的目标。

销售收入再多也需要关注回款。企业需要进行良好的应收账款管理，制定科学的信用政策，保证销售收入的及时流回，如此企业方能形成良性循环，才能稳中求胜。

第六章　如何高效激励员工——企业薪酬管理

　　员工是企业最重要的因素之一，如何激励他们使其更好地为企业的未来工作是每一位企业家必须考虑的问题。如何在有效控制人工成本的前提下用薪酬奖金等激励员工是本章要解决的问题。做好薪酬管理，使员工在这只看不见的手的指挥下共同朝着一个目标努力。

第七章　善于利用别人的资源——企业的筹资管理

　　资金是企业的血液，供血不足，企业就会陷入倒闭的绝境，而资金的匮乏始终伴随着企业的成长发展过程。因此，一个成功的企业经营管理者必须能够利用一切可以利用的渠道和方法，使企业保持供血充足，运转自如。

　　目前我国企业主要资金来源为银行和股市，中小企业融资状况不容乐观。而您将在本章中学会不同的融资方法，使您八面玲珑，广开融资渠道，借用别人的钱发展壮大自己。

第八章 如何让企业拥有未来——企业投资项目决策

　　投资贯穿于企业的整个存续期间，它是企业生存和发展的基础。一个成功的项目会给企业带来丰厚的回报，相反，失败的项目则有可能使企业伤筋动骨甚至导致企业破产。如何从众多的投资机会中挑选出好的项目呢？选择项目的原则是什么？需要考虑哪些因素？企业可以进行投资的种类有哪些？项目评价判断的标准如何制定等等问题就显得至关重要。本章将一一解答以上问题。

第九章　省下的就是赚下的——成本管理

　　开源节流，控制企业的成本，是企业成功的保障，也是企业永续经营的法宝。关注企业的成本开支，不仅能保持财富，还能增加财富。只有把手中的钱合理地运用到经营活动中，才能获得更高的收益，赚到更多的钱。

　　对成本的控制不能仅凭一时心血来潮，而需要随时对其保持警惕，时刻不能放松，把成本控制变成良好的习惯，提升到关乎企业发展战略的重要环节中。

第十章　用制度进行利益的分离——内部控制与财务控制

　　内部控制是企业内的一张网，互相分工、协调、制约和监督。为了适应日益激烈的市场竞争环境，任何一个企业，无论其规模大小或者主营业务的繁简，都必须建立一个强有力的、高效率的指挥机构和管理体系。内部控制支撑着现代企业的管理结构，堵塞漏洞、减少违法违纪产生的可能性，防止贪污盗窃等各种舞弊行为的发生，可以起到提升管理效率的作用。

第一章

了解一家企业，从三张表开始
——企业财务报表的阅读

● **内容概览**

　　财务报告是记录上市公司的文件夹，资产负债表是年底公司的一张照片，而另外三张表即是从不同的角度拍摄下公司经营行为的特写，要了解一家上市公司，必须仔细阅读这个文件夹里的内容。

　　本章内容丰富，详细介绍了资产负债表、利润表、现金流量表的相关内容及阅读要点。通过本章的学习，相信您将会对财务报告有个系统的了解。

第一节　一家企业，主要有哪几张报表

——财务报表体系简介

一、财务报告结构

企业的目标是盈利，但是仅从企业的实物资产、员工状况的信息中是很难看出企业的经营成果的，因此，财务报告应运而出。财务报告可以回答投资者所关心的问题，即投入与产出关系的问题。

根据报告内容反映的财务情况所属的时间段的不同，财务报告分为年度、半年度、季度和月度财务报告。在会计制度上将半年度、季度和月度等报告期短于一年的财务报告统称为中期财务报告。

一份完整的财务报告主要包括审计报告、财务报表及财务报表附注，详见图1-1。财务报告的核心是财务报表及其附注。财务报表至少应当包括资产负债表、利润表和现金流量表、所有者权益变动表等四张报表。要了解企业的价值，需要看资产负债表；要了解企业的盈利情况，需要看利润表；要掌握公司经营活动和筹资活动所产生的现金以及投资活动赚得现金的能力的情况，需要看现金流量表。所有者权益变动表相当于上市公司股东的成果总结，即企业是否增值、如何增值、增值了多少等等。

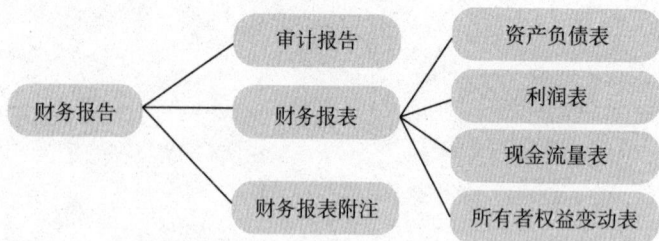

图1-1　财务报告

资产负债表、利润表、股东权益变动表和现金流量表虽然都是各自独立的报表，且各有各的目的与表达方式，但是彼此之间仍存在着紧密的关系，均为企业经由企业信息系统所产出的结果，反映企业的经济活动。

二、财务报告的使用者

投资者是企业的入资者或者购买企业股票的人。财务报表分析也可以用来评价企业经营者的经营业绩，发现经营过程中存在的问题，根据分析的结果，投资者通过努力，直接或者间接地影响被持股上市公司重要岗位的认识安排、投资决策、经营决策，以及股利分配政策等，这些投资者往往运用于会计报告分析手段，获得与企业战略性发展有关的财务信息。

企业管理者通过对财务报告的分析，对企业现在和将来的发展做出正确的评估，以便调整企业的经营决策，完善制度，改进措施，使企业经营决策建立在可靠的基础上，并制定合理的发展战略。

除了投资者和企业管理人员，还有其他一些人由于各种原因需要通过企业财务报表来了解企业的相关信息。例如，供应商在了解了企业的支付能力之后，才会决定是否向企业提供赊销；客户在了解企业的财务状况后，才能与企业签订长期合作协议；政府需要知道企业的盈利状况以评估企业的纳税情况。

第二节　家底厚不厚
——资产负债表的阅读要点

一、资产负债表的概念和作用

资产负债表是反映企业在某一特定时日（月末、季末或年末等）财务状况的报表，又称为财务状况表。资产负债表主要反映资产、负债和所有者权益三方面的内容。通俗地说，资产负债表就是企业的一份财产清单。

从整体上看，资产负债表是运用哲学上一分为二的观点，从静态角度采用左右相等的结构（即"资产＝负债＋所有者权益"）来反映某一会计期末或期初企业资产等于负债与所有者权益之和的平衡关系。

资产负债表是企业最重要的报表之一，尤其是在分析企业资产质量和资产结构、判断企业财务风险等方面的作用非常明显，主要有四个方面的作用。

（一）了解企业资源的构成及分布情况

在资产负债表上，使用者可以一目了然地了解企业在某一特定日期所拥有的资产总量及其内容，以此可以分析资源的配置是否节约、合理。企业财务实力主要是就企业的资产规模和资本规模而言的。资产与资本规模较大的企业具备较强的财务实力；反之，财务实力较弱。资产负债表中的资产总额与资本金（股本）总额直观地描述了企业的财务实力。

（二）反映企业负债情况

通过资产负债表可以了解企业有多少负债，分别属于哪类负债，并详细了解企业负担的长期债务和短期债务的数额及偿还时间，表明企业未来需要用多少资产或劳务清偿债务。联系有关的资产项目进行对比分析，可以了解企业的偿债能力和支付能力。

（三）明确所有者权益的构成情况

投资者在企业资产中所占的份额是多少，其构成情况如何。将所有者权益与负债进行对比，可以分析企业的净资产是多少，其构成怎样，了解财务结构的优劣和负债经营的合理程度，分析企业所面临的财务风险。

（四）预测企业未来的发展趋势

使用者通过对前后期资产负债表的对比分析，可以了解企业资金结构的变化情况，预测企业未来的财务发展趋势。资产负债表反映的仅是某一个时点企业的状况，能反映企业一定的现状；若把这些不同时点的资料有机地结合起来，则能对企业有更全面、生动的了解。

二、资产负债表的格式

资产负债表可分为表首、正表两部分。其中，表首概括地说明报表名称、编制单位、编制日期、报表编号、货币名称、计量单位等。正表是资产负债表的主体，由左右两方组成，左方是资产，反映企业资产的具体存放方式，是以货币形态存放还是以固定资产或存货或其他的方式存放；右方是负债及所有者权益，反映资产的来源渠道，是负债获得还是所有者投资所得。左右两方按照不同的分类反映同一事物。每个项目又分为"期初数"和"期末数"两栏。其中"期初数"是上期资产负债表"期末数"栏内的数字，而"期末数"是截至资产负债表表首日期时得出的数字。具体格式见表1-1。

表1-1　资产负债表

编制单位：××公司　　　　　2×18年12月31日　　　　　单位：元

资产	期末余额	年初余额	负债和所有者权益	期末余额	年初余额
流动资产：			流动负债：		
货币资金			短期借款		
交易性金融资产			交易性金融负债		
衍生金融资产			衍生金融负债		
应收票据及应收账款			应付票据及应付账款		
预付款项			预收款项		
其他应收款			合同负债		
存货			应付职工薪酬		
合同资产			应交税费		
持有待售资产			其他应付款		
一年内到期的非流动资产			持有待售负债		
其他流动资产			一年内到期的非流动负债		
流动资产合计			其他流动负债		

资产	期末余额	年初余额	负债和所有者权益	期末余额	年初余额
非流动资产：			流动负债合计		
债权投资			非流动负债：		
其他债券投资			长期借款		
长期应收款			应付债券		
长期股权投资			其中：优先股		
其他权益工具投资			永续债		
其他非流动金融资产			长期应付款		
投资性房地产			预计负债		
固定资产			递延收益		
在建工程			递延所得税负债		
生产性生物资产			其他非流动负债		
油气资产			非流动负债合计		
无形资产			负债合计		
开发支出			所有者权益：		
商誉			实收资本（或股本）		
长期待摊费用			其他权益工具		
递延所得税资产			其中：优先股		
其他非流动资产			永续债		
非流动资产合计			资本公积		
			减：库存股		
			其他综合收益		
			盈余公积		
			未分配利润		
			所有者权益合计		
资产总计			负债和所有者权益总计		

三、资产负债表各项目代表的内容

（一）资产负债表左侧的资产类

资产负债表的左侧反映的是企业所拥有的财富，排列的顺序是根据其变现能力的强弱。一般常见的做法是将企业的资产分为两部分，即流动资产和长期资产。

1. 流动资产

流动资产，是指预期可在 1 年内（含 1 年）变现或者耗用的资产，主要包括现金、银行存款、短期投资、应收款项、预付账款、存货、待摊费用等。在实践中三种最常见的流动资产形态包括货币资金、存货及应收账款。

（1）货币资金。企业期末库存现金、存放银行的各类款项以及其他货币资金的合计数。企业持有货币资金的目的是把货币资金转化为商品或者服务以后的更大的回报。

（2）存货。反映企业在日常业务活动中持有的以备出售或捐赠的，或者为了出售或捐赠仍处在生产过程中的，或者将在生产、提供服务或日常管理过程中耗用的材料、物资、商品等，是减去"存货跌价准备"后的金额。公司存有的原材料以及成品，其目的是通过销售将其转化成现金。

（3）应收账款。客户未支付的货款称为应收账款，而欠款的人称作债务人。通常，企业销售其产品或服务给客户后而不要求马上付款就会产生应收账款。换句话说，这些账户是要在将来收到支付的款项。其目的是账款到期时再把这些账目转化成现金。

2. 长期资产

和流动资产相比不太容易变现或短期内也不准备变现的资产，称为长期资产。主要包括固定资产、无形资产、长期投资等。

（1）固定资产。预计使用年限超过 1 年，单价在 2000 元以上的，为行政管理、提供服务、生产商品或者出租目的而持有的有形资产，如自有经营场地、空调机、运输车辆、生产用机器设备等。

（2）无形资产。企业为开展业务活动、出租给他人或为管理目的而持有的且没有实物形态的非货币性长期资产，包括专利权、非专利技术、商标权、著作权、土地使用权等，是减去"无形资产减值准备"后的金额。

（二）资产负债表右侧的负债及所有者权益类

资产负债表的右半部分，分为上、下结构，上部分为负债，是企业欠款未归还的部分；下部分为所有者权益，即投入的资本。排列的顺序是依照偿还日期的先后。

1. 负债

负债是企业过去的交易或者事项形成的、预期会导致经济利益流出企业的现时义务。从负债的定义可以看出，负债所代表的是企业对其债权人所承担的全部经济责任。负债不局限于那些将来必须用货币偿还的债务，还包括用其他资产或者以提供劳务的形式进行偿还的债务。与资产类似，负债可以分为流动负债和长期负债两部分。

流动负债，是指将在1年内（含1年）偿还的负债，包括短期借款、应付款项、应付工资、应交税金、预收账款、预提费用和预计负债等。短期借款，是企业向银行或其他金融机构等借入的、尚未偿还的、期限在1年以下（含1年）的各种借款。应付账款，是企业欠供货商的货款，也是负债的主要部分。应付工资，是企业应付给员工的工资。

长期负债，是指偿还期限在1年以上（不含1年）的负债，包括长期借款、长期应付款和其他长期负债、递延所得税负债、递延收益等。长期借款，是企业向银行或其他金融机构等借入的、期限在1年以上（不含1年）的各种借款本息，是"长期借款"科目的期末余额减去其中将于1年内（含

1年）到期的长期借款金额后的余额。递延所得税负债，是所得税的时间性差异所引起的以后年度应该缴纳税款的金额。

2. 所有者权益

所有者权益是指企业投资者对企业净资产的要求权，即企业资产扣除负债后，由所有者享有的剩余权益。对于股份公司来说，所有者权益就是股东权益。

所有者权益来源于两部分，一部分是投资者对企业的实际投入资本，即实收资本；另一部分是企业在生产经营中形成的盈利积存，具体如图 1-2 所示。

实收资本，主要是投资者投入的资金。资本公积，是指由投资者投入的，但不能计入实收资本的资产价值，或从其他来源取得、由投资者享有的资金，包括资本（或股本）溢价、接受捐赠资产、外币资本折算差额等。盈余公积，指在税后利润中提取而形成的部分。未分配利润，是企业未进行分配的利润，它在以后年度可继续进行分配，在未进行分配之前，属于所有者权益的组成部分。

从数量上来看，未分配利润是年初未分配利润加上本年实现的净利润，减去提取的各种盈余公积和分配的利润后的余额。未分配利润有两层含义：一是留待以后年度处理的利润；二是未指明特定用途的利润。相对于所有者权益的其他部分来说，企业对于未分配利润的使用有较大的自主权。在阅读报表时，要详细了解可供分配的利润的来源和分配去向。

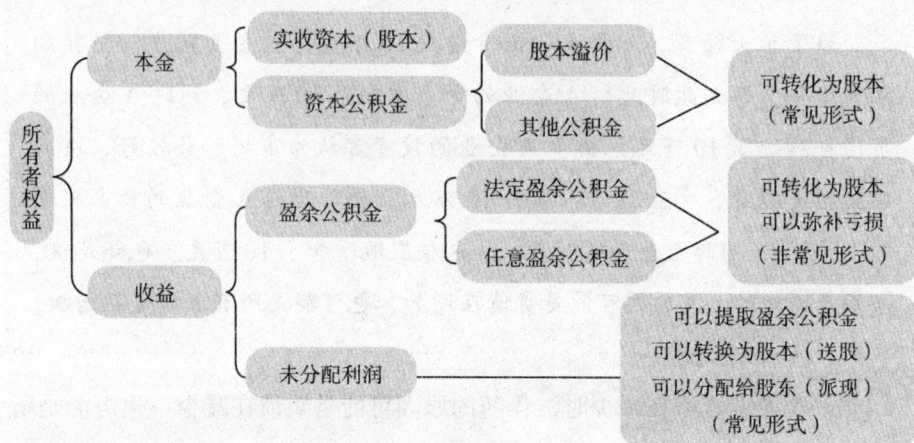

图 1-2 净资产构成示意图

将"负债"和"所有者权益"相加得到合计数，等于左边的"资产"合计数。因为企业的资产是遵循"资产＝负债＋所有者权益"这一等式的，不论什么性质的企业，不论规模大小，皆是如此。

四、如何看懂资产负债表

对于表1-1，应该从何看起，应该怎么看，它又能反映出哪些信息呢？

首先，不要被表中看起来杂乱无章的数字吓住，其次要有正确的方法，可以从总额和具体项目两方面入手。

（一）从总额入手

引起资产变动的根本原因主要有两个方面：一是负债的变化，二是所有者权益的变化。资产的增减变化量就等于负债的增减变化量加所有者权益的增减变化量，其三者的等式关系是不变的。厘清这三者之间的关系，就可以从基本上把握企业在某个经营时段中发生了哪些重大变化，也就可以摸清企业财务发展变化的基本方向。

当一个企业在某一特定时点的资产总额增加时，伴随的原因可能是负债在增加，或者是所有者权益在增加。

例如：

> 为了扩大经营，A企业从银行借款10万元存入企业账户，借款期限为1年。那么此时此刻A企业的资产增加了10万元，同时A企业的负债也增加了10万元。由于A企业的投资者认为市场形势较好，决定继续扩大投资，向企业注入资金10万元。此时此刻A企业的资产又增加10万元，同时企业的所有者权益也相应地增加了10万元。也就是说，当资产增加时，其原因可能是负债在增加，也可能是所有者权益在增加。

当一个企业资产在减少时，伴随的原因可能是负债在减少，也可能是所有者权益在减少。

还以上面的 A 企业为例：

1 年后，A 企业向银行还款 10 万元，那么 A 企业的资产会减少 10 万元，同时 A 企业的债务相应减少了 10 万元。A 企业的投资者认为市场比较疲软，决定减少企业的投资。于是企业所有者到工商局变更企业的注册资本，从企业的注册资本中依法撤资 10 万元，此时此刻，企业的资产会减少 10 万元，而所有者的权益也相应减少了 10 万元。也就是说当资产减少时，可能是负债减少，也可能是所有者权益减少。

在现实中，3 个变量变化的情况要复杂得多。当资产增加时，可能是负债在增加，而所有者权益在减少；也可能是负债在减少，而所有者权益在增加；还可能是负债和所有者权益均有所增加。总结起来，大致可以分为四种情况，见表 1-2。

表 1-2　三变量变化情况

资产变化情况	负债或所有者权益变化情况
增加	负债或所有者权益等量增加
减少	负债或所有者权益等量减少
不变	负债或所有者权益的不同项目间呈等量相反变化
不同资产项目间呈等量相反变化	负债或所有者权益不变

从总额入手就可以把握一个企业负债的变化和所有者权益的变化，从而了解财务状况发展的方向。

那么，引起负债和所有者权益变化的原因又是什么呢？这就要从具体项目入手分析了。

（二）从具体项目入手

要探究企业财务变化的具体原因，就要对报表进行全浏览，先从上往下看，一个项目一个项目地观察；再左右对比看，看一看哪个数字发生的变化最大，从而找到引起资产变化的主要原因。以表 1-1 为例，从总额变化可以知道资产、负债和所有者权益都是增加的，可究竟是怎么增加的呢？

从表 1-1 的左侧可以看出，该企业的固定资产没有新的投入，由于累计折旧的增加，固定资产是减少的。无形资产及其他资产虽然有所增加，但增加的幅度并不是很大，所以资产的增加主要是由流动资产的增加引起的。而流动资产中应收账款是减少的，这说明企业的收账政策是比较合理的，避免了坏账的风险，随着应收账款的减少表现的是货币资金的增加。另外，企业的应收票据增加了 30 万元，由此可见企业的流动资产增加主要是由应收票据的增加引起的。从表 1-1 的右侧可以看出，企业的长期负债是减少的，负债的增加主要是由流动负债引起的。而流动负债中应付账款和长期应付款是减少的，流动负债的增加主要是由应付票据、短期借款和应付工资引起的。所有者权益中的资本公积有所增加，导致所有者权益增加了。

通过对总额和具体项目的分析，不仅可以从宏观上把握企业的财务状况，还可以从微观上了解企业财务变化的具体原因。

五、资产负债表的缺陷

资产负债表固然有十分重要的作用，但是其局限性也不能视而不见。一味迷信反而会走向反面，贻误决策。资产负债表的局限性主要有以下几点。

（1）资产负债表是以原始成本为报告基础的，它不反映资产、负债和所有者权益的现行市场价值。因而表中信息虽有客观、可核实之优点，然而，由于通货膨胀的影响，账面上的原始成本与编表日的现时价值已相去甚远。例如，10 年前购入的房屋，价格已涨了好几倍，甚至几十倍，但报表上仍以 10 年前购入的成本扣除累计折旧后的净额陈报，难免不符合实际，削弱对报表使用者的作用。此类事例在实际工作中并不少见。

（2）货币计量是会计的一大特点，会计信息主要是能用货币表述的信息，因此，资产负债表难免遗漏许多无法用货币计量的重要经济资源和义务的信息，如企业的人力资源（包括人数、知识结构和工作态度），固定资产在全行业的先进程度，企业所承担的社会责任（如退休金和职工家属的医疗费支出）等等。诸如此类的信息对决策均具有影响力，然而因无法数量化，或至少无法用货币计量，现行实务并不将其作为资产和负债纳入资产负债表中。

（3）资产负债表的信息包含了许多估计数。作为会计日常核算的继续和总结，资产负债表所反映的内容也要受到会计基本假定、基本准则和会计制度的影响。例如，根据持续经营假定、会计分期假设、配比原则和实现原则等，对可能发生的坏账损失、固定资产应计提的折旧数、应计提的产品保证金费用等都需要人为估计、判断。因此，资产负债表所提供的信息质量必然受到这些人为估计是否准确的影响。

（4）有些资产和负债完全被忽略。客观性原则要求会计记录、报告必须以客观确定的证据为基础。但在资产负债表上，由于不能可靠地计量，许多具有重要价值的项目被忽略了。被忽略的资产有：矿产、天然气或石油的已发现价值；公司自创的商誉；企业自行设计的专利权等。被忽略的负债有：各种执行中的赔偿合同；管理人员的报酬合约；信用担保等。因而，充分披露会计信息的目的，严格说来是没有达到的。

（5）理解资产负债表的含义必须依靠报表阅读者的判断。资产负债表有助于解释、评价和预测企业的长、短期偿债能力和经营绩效，然而此表本身并不直接披露这些信息，而要靠报表使用者自己加以判断。各家企业所采用的会计政策可能完全不同，所产生的信息当然有所区别，简单地根据报表数据评价和预测偿债能力以及经营绩效，并据以评判优劣，难免有失偏颇。所以，要理解资产负债表的含义并做出正确的评价，并不能仅仅局限于资产负债表信息本身，而要借助其他相关信息。

所以，企业管理者在运用资产负债表评价企业的财务状况时，应考虑以上的不足。

第三节　利润有多大

——利润表的阅读要点

利润表亦称损益表，是反映企业在一定会计期间的经营成果及其分配情况的会计报表。通俗地讲，利润表就是企业收入和支出的流水账。利润表就像一个蓄水池，收入是进水管，支出是出水管，两个水管都打开，最后蓄下来的水就是利润。要想让蓄下的水不断增多，开源节流是重要手段。通过利润表，可以计算出企业在过去一段时间内的获利或亏损情况。利润表是动态的财务报表。

一、利润表的作用

利润额的高低及其发展趋势，是企业生存与发展的关键，也是企业投资者及其利害关系人关注的焦点。因此，利润表的编制与披露对信息使用者是至关重要的。具体地说，利润表的作用主要表现在以下几个方面。

（一）有助于分析、评价、预测企业经营成果和获利能力

经营成果和获利能力都与"利润"紧密相连。通过当期利润表数据可反映一个企业当期的经营成果和获利能力；通过比较和分析同一企业不同时期、不同企业同一时期的收益情况，可据以评价企业经营成果的好坏和获利能力的高低，预测未来的发展趋势。

（二）有助于分析、评价、预测企业未来的现金流动状况

我们知道，报表使用者主要关注各种预期的现金来源、金额、时间及其不确定性。这些预期的现金流动与企业的获利能力具有密切的联系，利润表揭示了企业过去的经营业绩及利润的来源、获利水平，同时，通过利润表格部分（收入、费用、利得和损失等），充分反映了它们之间的关系，可据以

评价一个企业的产品收入、成本、费用变化对企业利润的影响。尽管过去的业绩不一定意味着未来的成功，但对一些重要的趋势可从中进行分析把握。如果过去的经营成果与未来的活动之间存在着相互联系，那么，由此即能可靠地预测未来现金流量及其不确定性程度，评估未来的投资价值。

（三）有助于分析、评价、预测企业的偿债能力

利润表本身并不能直接提供偿债能力的信息，但企业的偿债能力不仅取决于资产的流动性和权益结构，也取决于企业的获利能力。获利能力不强，企业资产的流动性和权益结构必将逐步恶化，最终危及企业的偿债能力，陷入资不抵债的困境。因此，从长远观点看，债权人和管理人员通过比较、分析利润表的有关信息，可以间接地评价、预测企业的偿债能力，尤其是长期偿债能力，并揭示偿债能力的变化趋势，进而做出各种信贷决策和改进企业管理工作的决策。如债权人可据以决定维持、扩大或收缩现有信贷规模，并提出相应的信贷条件；管理者可据以找出偿债能力不强的原因，努力提高企业的偿债能力，改善企业的形象。

（四）有助于评价、考核管理人员的绩效

企业实现利润的多少，是体现管理人员绩效的一个重要方面，是管理成功与否的重要体现。通过比较前后期利润表上各种收入、费用、成本及收益的增减变动情况，并分析发生差异的原因，可据以评价各职能部门和人员的业绩，以及他们的业绩与整个企业经营成果的关系，以便评判各管理部门的功过得失，及时做出生产、人事、销售等方面的调整，提出奖惩任免的建议。

（五）是企业经营成果分配的重要依据

现代企业也可以看成是市场经济条件下，以法律、章程为规范而由若干合同（契约）结合的经济实体。究其实质，现代企业可理解为由不同利益集团组成的"结合体"。各项利益集团之所以贡献资源（资金、技术、劳动力等）或参与企业的活动，目的在于分享企业的经营成果。利润表直接反映企业的经营成果，在一定的经济政策、法律规定和企业分配制度的前提下，利润额的多少决定了各利害关系人分享额的高低，如国家税收收入、股东的股利、员工和管理人员的奖金等。

二、利润表的格式

利润表的格式主要有多步式利润表和单步式利润表两种。我国企业的利润表采用多步式。多步式利润表分为表首和正表两部分，表首为报表名称、编制单位、编制日期、报表编号、货币名称、计量单位等；正表是表格的主体，其中的内容按功能做多项分类，通过多步计算而得出本期净利润。在利润表的表体中，全部数字所显示的均是有关项目的发生额。

利润表的具体格式见表 1-3。

表 1-3　利润表

编制单位：××公司　　　　　　　　2×18 年度　　　　　　　　单位：元

项目	本期金额	上期金额
一、营业收入		
减：营业成本		
税金及附加		
销售费用		
管理费用		
研发费用		
财务费用		
其中：利息费用		
利息收入		
资产减值损失		
信用减值损失		
加：其他收益		
投资收益（损失以"-"号填列）		
其中：对联营企业和合营企业的投资收益		
公允价值变动收益（损失以"-"号填列）		
资产处置收益（损失以"-"号填列）		
二、营业利润（亏损以"-"号填列）		
加：营业外收入		

续表

项目	本期金额	上期金额
减：营业外支出		
三、利润总额（亏损总额以"－"号填列）		
减：所得税费用		
四、净利润（净亏损以"－"号填列）		
（一）持续经营净利润（净亏损以"－"号填列）		
（二）终止经营净利润（净亏损以"－"号填列）		
五、其他综合收益的税后净额		
（一）不能重分类进损益的其他综合收益		
1.重新计量设定受益计划变动额		
2.权益法下不能转损益的其他综合收益		
3.其他权益工具投资公允价值变动		
4.企业自身信用风险公允价值变动		
……		
（二）将重分类进损益的其他综合收益		
1.权益法下可转损益的其他综合收益		
2.其他债权投资公允价值变动		
3.金融资产重分类计入其他综合收益的金额		
4.其他债权投资信用减值准备		
5.现金流量套期		
6.外币财务报表折算差额		
……		
六、综合收益总额		
七、每股收益		
（一）基本每股收益		
（二）稀释每股收益		

三、利润表中各项目表示什么

和资产负债表一样，利润表也遵循着一个等式，即"利润=收入－费用"。

（1）营业收入，反映企业销售产品或提供劳务所获得的收入总额。

（2）营业成本反映企业销售产品或者提供劳务所发生的实际成本。

（3）税金及附加，指消费税、城建税、教育费附加等的总和。

（4）销售费用，是企业在销售商品或提供劳务中所发生的各项费用，如：广告费、运输费、装卸费、包装费、展览费、保险费、销售佣金、代销手续费、经营性租赁费及销售部门发生的差旅费、工资、福利费等费用。

（5）管理费用，是企业行政管理部门为组织和管理生产经营活动而发生的费用。

（6）财务费用，是指企业为筹集生产经营所需资金而发生的费用，包括应当作为期间费用的利息支出（减利息收入）、汇兑损失（减汇兑收益）以及相关的手续费等。

（7）投资收益，是企业对外投资所获得的收益。

（8）营业利润，是指企业从生产经营活动中取得的全部利润。

（9）营业外收入，指企业发生的与生产经营无直接关系的各项收入，它主要包括：固定资产盘盈、处置固定资产净收益、非货币性交易收益、出售无形资产收益、罚款净收入、因债权人原因确实无法支付的账款、教育费附加返还款等。

（10）营业外支出，是指企业发生的与生产经营无直接关系的各项支出，如固定资产盘亏、处置固定资产净损失、出售无形资产损失、债务重组损失等。

（11）利润总额，是企业在报告期内实现的利润总数。

（12）所得税，指企业按税法规定，根据应纳税利润和适用税率计算出的应纳所得税。

（13）净利润，是企业在报告期内取得的净收益，是根据利润总额减所得税而得。

四、如何看懂利润表

阅读利润表的步骤如下。

第一步：以营业收入为基础，减去营业成本、税金及附加、销售费用、管理费用、财务费用、资产减值损失，加上公允价值变动收益（减去公允价值变动损失）和投资收益（减去投资损失），计算出营业利润。

第二步：以营业利润为基础，加上营业外收入，减去营业外支出，计算出利润总额。

第三步：以利润总额为基础，减去所得税费用，计算出净利润。

（一）各个项目的阅读

营业收入在利润表中排第一位，营业收入是上市公司实现利润的根本。没有营业收入的增长，利润几乎不可能增长。企业想要增长利润，一般有增收和节支两种方式；节支是有极限的，而增收从理论上来讲是没有极限的。经验证明，几乎每一家业绩优良、持续高速增长的上市公司，其营业收入都会大幅增长。营业收入的大幅增长，往往说明了公司拓展能力以及市场占有率的提高，或者说明公司推出了被市场所接受的新产品、新服务。

直观地讲，费用是企业生产经营过程中发生的各项耗费，主要包括两大类，即直接费用和间接费用，如图 1-3 所示。

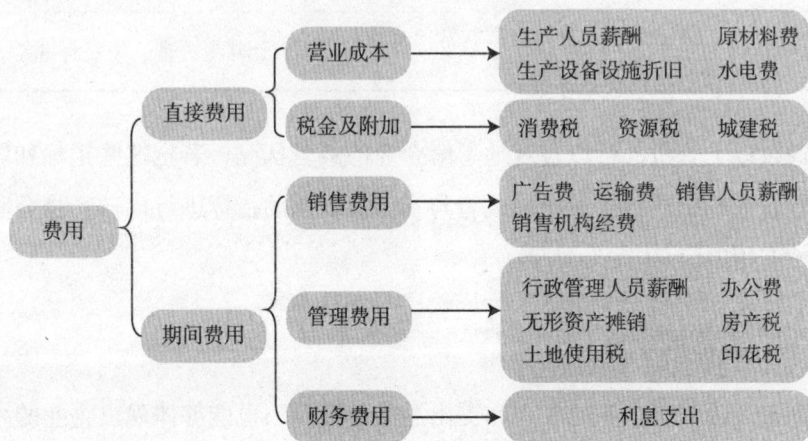

图 1-3　费用结构图

必须清楚的一点是，企业发生费用的最根本的目的是为了创造收入。只有发生了费用的经济利益流入才叫收入，没有费用的经济利益不能称为收入。有时利润表中费用类科目同比重大变动，增减幅度较大，则需要引起注意。

营业外收入及支出是与公司正常经营业务、投资业务无关的收益及支出，可以在与之相关的附注中了解其明细。但是在评估公司的真实经营盈利水平时，需要将这两项因素排除在外。

（二）计算相对比率

这种方法是对两期或两期以上的资料进行比较，进行水平分析、结构分析、比率分析等。比较的对象可以是本企业的过去实际数或本期计划数，也可以是同行业企业的本期实际数。通过计算相对比率，从指标的差别或观察趋势中获得更有价值的线索，进而推断企业业绩的增长情况和其他对企业有重要影响的因素（表1-4）。

表1-4　相对比率的计算

分析方法	含义	例子
水平分析	将报表指标进行横跨期间的分析对比	今年与去年相比，销售额增长了20%，利润增长了15%等
结构分析	又称为垂直分析法，是将报表中的项目做纵向分析	本年度利润总额中，营业利润占60%，投资收益占10%等
比率分析	通过计算一系列相互联系的指标，综合分析企业的经营成果	计算毛利率、净利润率等

通过以上分析，可以直观地了解企业的经营状况，若把这些指标和同行业其他企业的相同指标做比较或者与本企业以前的指标进行比较，将会获得更多的有用的信息。

五、利润表的局限性

利润表说明了企业的收入和支出总额是多少，也能够体现出企业的利润总额以及净利润是多少，但这种单纯的数字形式不能完全说明问题。虽然企业的利润很高，但企业不一定是经营很好、没有问题的。

例如：

> 　　同样是销售企业的甲和乙，它们同期都进货450万元，甲企业全部用银行存款支付，乙企业300万元的货物使用银行存款支付，剩余的150万元作为应付账款在两个月后支付。甲企业当期所有商品均销售出去，销售收入600万元全部都是应收账款；乙企业当期的销售收入为580万元，全部收到账款。从利润表上看，甲企业的利润比较高，但是有一点不容忽视，那就是甲企业的收入还都是以应收账款的形式存在的，所以有很大的坏账风险，如果不能及时收账的话，可能会对下一期的经营产生不利的影响。乙企业虽然表面上利润比甲企业少了20万元，但是乙企业已收到所有的销售款，所以从长远来看，还是乙企业的经营状况比较好。

利润表中，只要实现销售，则账面上的收入即增加，利润也增加，而不管是否收到现金以及何时能够收到。所以说，利润是不能完全说明问题的，仅仅以利润指标来衡量企业的经营结果是有局限性的，这也就是利润表的局限性。那么，该怎么避免这种局限性呢？这就要看下一张报表——现金流量表。

第四节　缺钱不缺钱
——现金流量表的阅读要点

现金流量表是反映企业过去一段会计期间现金和现金等价物流入和流出的报表。其中，现金是指企业库存现金以及可以随时用于支付的存款；现金等价物是指企业持有的期限短、流动性强、易于转换为已知金额现金、价值变动风险很小的投资。

一、现金流量表的优势

现金流量表与传统的财务状况变动表相比，具有直观、可比、准确的特点，能够直观地反映企业流动性最强的流动资产——现金的增减变化情况及变化后的结果。无论企业的经营方式、经营类别等有何种的不同，在现金流量表上仍能达到可比；无论企业有多少存货，有多少应提未提的折旧费用，有多少需增未增、需减未减的费用，现金流量表都能准确地反映出来，并能准确地反映企业的支付、偿债能力。

（1）反映企业现金的真实流动状况。通过企业的资产负债表和利润表，可以了解企业在某一时点有多少资产，可以看出企业在一定时期究竟盈利多少，却无法知道企业的盈利究竟是否收到现金。现金流量表有助于报表使用者获取企业现金的真实流动状况。

（2）反映企业真实的获利能力。利润表可以反映企业的获利水平，却无法反映企业的获利能力。现金流量表可以反映企业销售的现金回收情况，能够更好地反映企业的获利能力。

（3）反映企业的偿债能力。反映企业偿债能力的最直接的角度，就是看企业在某会计期间内到底偿还了多少债务，这在现金流量表中表现得最为直观。

（4）反映企业的支付能力。企业在一个会计期间内的支付活动是多方面的，比如进货、发放工资、交纳税金等，这些支付项目的规模和结构如何，能在一定程度上反映企业经营的情况。对这类重要的会计信息，现金流量表均能给予较全面的反映。

总之，现金流量表可以清楚地反映出企业创造净现金流量的能力，更为清晰地揭示企业资产的流动性和财务状况。以现金及现金等价物为基础编制的现金流量表，以现金为同一口径，有利于增强不同行业企业的可比性。

二、现金流量表的格式

现金流量表主要包括经营活动、投资活动和筹资活动的现金流量这三大部分，其具体格式见表1-5。

表1-5　现金流量表

编制单位：××公司　　　　　　　2×18年度　　　　　　　单位：元

项目	本期金额	上期金额
一、经营活动产生的现金流量：		
销售商品、提供劳务收到的现金		
收到的税费返还		
收到其他与经营活动有关的现金		
经营活动现金流入小计		
购买商品、接受劳务支付的现金		
支付给职工以及为职工支付的现金		
支付的各项税费		
支付其他与经营活动有关的现金		
经营活动现金流出小计		
经营活动产生的现金流量净额		
二、投资活动产生的现金流量：		
收回投资收到的现金		
取得投资收益收到的现金		
处置固定资产、无形资产和其他长期资产收回的现金净额		
处置子公司及其他营业单位收到的现金净额		
收到其他与投资活动有关的现金		
投资活动现金流入小计		
购建固定资产、无形资产和其他长期资产支付的现金		

续表

项目	本期金额	上期金额
投资支付的现金		
取得子公司及其他营业单位支付的现金净额		
支付其他与投资活动有关的现金		
投资活动现金流出小计		
投资活动产生的现金流量净额		
三、筹资活动产生的现金流量：		
吸收投资收到的现金		
取得借款收到的现金		
收到其他与筹资活动有关的现金		
筹资活动现金流入小计		
偿还债务支付的现金		
分配股利、利润或偿付利息支付的现金		
支付其他与筹资活动有关的现金		
筹资活动现金流出小计		
筹资活动产生的现金流量净额		
四、汇率变动对现金及现金等价物的影响		
五、现金及现金等价物净增加额		
加：期初现金及现金等价物余额		
六、期末现金及现金等价物余额		

三、如何看懂现金流量表

阅读现金流量表，除了看绝对数字以外，还要兼用其他分析方法。

（一）结构分析

在市场经济条件下，企业要想在激烈的竞争中立于不败之地，不但要千方百计地把自己的产品销售出去，更重要的是能及时收回销货款，以便经营活动能够顺利开展。现金流量表中把现金流动的类型分为三类，如图 1-4 所示。

经营活动产生的现金流　　投资活动产生的现金流　　筹资活动产生的现金流

图 1-4　现金流的种类

　　除经营活动之外，企业的投资和筹资活动同样影响着企业的现金流量，从而影响企业的财务状况。对于企业而言，由于每种活动产生的现金净流量的正负方向构成不同，所以会产生不同的现金流量结果，进而会对企业的财务状况产生重要的影响。因此，可以对企业财务状况进行一般分析，其分析过程详见表 1-6。

表 1-6　现金流量分析

情况一	经营活动：现金流入量＜流出量	说明企业经营活动现金流入不足，主要靠借贷维持经营；如果投资活动现金流入量净额是依靠收回投资或处置长期资产所得，财务状况较为严峻
	投资活动：现金流入量＞流出量	
	筹资活动：现金流入量＞流出量	
情况二	经营活动：现金流入量＜流出量	说明企业界经营活动和投资活动均不能产生足够的现金流入，各项活动完全依赖借债维系，一旦举债困难，财务状况将十分危险
	投资活动：现金流入量＜流出量	
	筹资活动：现金流入量＞流出量	
情况三	经营活动：现金流入量＜流出量	说明企业经营活动产生现金流入不足；筹集资金发生了困难，可能主要依靠收回投资或处置长期资产所得维持运营，说明企业财务状况已陷入了困境
	投资活动：现金流入量＞流出量	
	筹资活动：现金流入量＜流出量	

续表

情况四	经营活动：现金流入量＜流出量	说明企业三项活动均不能产生现金净流入，企业财务状况处于瘫痪状态，面临着破产或被兼并的危险
	投资活动：现金流入量＜流出量	
	筹资活动：现金流入量＜流出量	
情况五	经营活动：现金流入量＞流出量	说明企业财务状况良好。但要注意对投资项目的可行性研究，否则增加投资会造成浪费
	投资活动：现金流入量＞流出量	
	筹资活动：现金流入量＞流出量	
情况六	经营活动：现金流入量＞流出量	说明企业经营活动和借债都能产生现金净流入，说明财务状况较稳定；扩大投资出现投资活动负向净流入也属正常，但注意适度的投资规模
	投资活动：现金流入量＜流出量	
	筹资活动：现金流入量＜流出量	
情况七	经营活动：现金流入量＞流出量	说明企业经营活动和投资活动均产生现金净流入；但筹资活动为现金净流出，说明有大量债务到期需现金偿还；如果净流入量＞净流出量，说明财务状况较稳定；否则，财务状况不佳
	投资活动：现金流入量＞流出量	
	筹资活动：现金流入量＜流出量	
情况八	经营活动：现金流入量＞流出量	说明主要依靠经营活动的现金流入运营，一旦经营状况陷入危机，财务状况将会恶化
	投资活动：现金流入量＜流出量	
	筹资活动：现金流入量＜流出量	

（二）原因分析

分析企业现金流入、流出的流动原因，在表1-5中，企业的经营活动现金流量为正数，投资活动的现金流量为负数，筹资活动的现金流量为正数，可知该企业正处于高速发展阶段。通过分析经营活动、投资活动和筹资活动现金流量的各个小项目，就可以知道企业的现金究竟来于何处、流向何方。

（三）流动性分析

流动性是指将资产迅速转变为现金的能力，表现为企业的偿债能力。在资产负债表中，流动资产包括存货，而存货并不能很快变为能偿债的现金，这就导致有些企业虽然有大量的流动资产，但支付能力却很差。真正能够立即偿还债务的是现金。因此现金流量与债务的比较可以更好地说明企业的偿债能力。

（四）财务弹性分析

财务弹性是指企业适应经济环境变化和利用投资机会的能力，这种能力来源于现金流量和支付现金需要的比较。现金流量超过需要，有剩余的现金，适应性就强。因此，财务弹性的衡量是用经营现金流量与支付现金要求进行比较，支付要求可以是投资需求或承诺支付等。

四、现金流量表的缺陷

编制现金流量表的目的在于提供某一会计期间的现金赚取和支出信息，以反映企业现金周转的时间、金额及原因等情况。直观地看，现金流量表就是对比较资产负债表中"货币资金"期初、期末余额变动成因的详细解释。现金流量表编制方法较为复杂，这使大部分投资者很难充分理解利用其信息，而且对其作用和不足也缺乏一种较为全面的认识。许多投资者对现金流量表抱有很大期望，认为"经营现金流量净额"可以提供比"净利润"更加真实的经营成果信息，或者它不太容易受到上市公司的操纵，等等。事实上，这些观点是比较片面的，主要原因如下。

（1）现金流量表的编制基础是现金制，即只记录当期现金收支情况，而不理会这些现金流动是否归属于当期损益。因此，企业的当期业绩与"经营活动产生的现金流量净额"没有必然联系，更不论投资、筹资活动所引起的突发性现金变动了。另外，在权责发生制下，企业的利润表可以正常反映当期赊销、赊购事项的影响，而现金流量表则是排斥商业信用交易的。不稳定的商业回款及偿债事项使得"经营活动产生的现金流量净额"比"净利润"数据可能出现更大的波动性。

（2）现金流量表只是一种"时点"报表，一种"货币资金"项目的分析性报表。因此，其缺陷与资产负债表很相似。显而易见，特定时点的"货币资金"余额是可以操纵的。例如，不少上市公司已经采用临时协议还款方式，在年末收取现金，年初又将现金拨还债务人。这样，企业年末现金余额剧增，而应收款项又大幅冲减，从而使资产负债表和现金流量表都非常好看，但现金持有的真实水平却没有变化。相反，在这种情况下，利润表受到的影响不大，仍能比较准确地反映当期经营成果。

（3）编制方法存在问题。尽管我国要求上市公司采用直接法编制现金流量表，但在无力进行大规模会计电算化改造和账务重整的现实条件下，这一目标是很难实现的。目前，绝大多数企业仍然采用间接法，通过对"净利润"数据的调整来计算"经营活动产生的现金流量净额"，但这一方法的缺陷是非常明显的。在现行会计实务中，"经营活动产生的现金流量净额"的计算最终取决于"货币资金"的当期变动额，而不是每项业务的真实现金影响。例如：在第一年年报中，大规模准备计提导致上市公司平均净利润显著下滑，但现金流量情况却普遍好转。这一奇怪现象正是其编制方法缺陷的典型体现。我们甚至可以预测：完全相反的情况可能将在第二年年报中出现。

> **小链接**
>
> 解读报表应该遵循一个总的原则，即要点、面、线兼顾。既要对财务状况、经营成果、现金流量有总体上的把握，又要找出重点科目进行详细分析，同时还要注意相互之间的钩稽关系。

第二章 透过现象看本质
——企业财务分析的主要方法

● 内容概览

　　如果把企业比作人的话，那财务分析即"听诊器"，通过财务分析，可以知道企业哪里出了问题，病源是什么，从而可以制定出一系列的措施来改善企业的情况，使企业能正常、稳定地发展。

　　本章内容包括财务分析的概论，以及企业的偿债能力、营运能力、发展能力及现金流质量的分析，通过本章的学习，可以掌握"听诊器"的使用方法。

第一节　横比、纵比、交叉比
——财务分析的目的与方法

企业的财务报表主要有资产负债表、利润表和现金流量表三种，它们是以货币形式，总括地反映企业在一定时期或时点的经营成果及财务状况的报告文件，是企业所有经济活动的综合反映。单独分析个别财务指标均不能全面系统地对企业的财务状况和经营成果做出评价，而综合分析就可以全面地披露企业的经营理财状况，对企业以及效益做出正确合理的判断，为企业资金的筹集、投放、运用、分配等一系列财务活动的决策提供有力的支持。

一、财务报表分析的内容

上一章对企业的三张重要报表做了一定的介绍，让企业管理者能够读懂它们，但这还是不够的。能够掌握以下要点从而看清隐藏在财务报表背后的企业玄机，才是真正读懂了财务报表。

（一）整体浏览报表，了解企业是否有重大的财务问题

企业管理者拿到企业的财务报表，首先要做的不是一些复杂的比率计算或统计分析，而是要通读三张报表，从宏观的角度把握企业目前的财务状况，详见表2-1。尤其要注意的是看是否有异常的项目或异常的金额，或从表中不同科目金额的分布来看是否异常。

表2-1　三张表的浏览要点

资产负债表	企业有没有显著的某项资产或者负债过大的情况等
利润表	企业的利润究竟来自何处，这样的利润来源到底有没有可持续性等
现金流量表	企业的现金流动状况，判断企业是否会出现现金周转不开的情况等

（二）看现金流量水平与利润水平是否相一致

有些企业在利润表上反映了很高的经营利润水平，而在其经营活动产生的现金流量方面却表现贫乏，这就要考虑利润为什么没有转化为现金，利润的质量是否有问题。因为现金可以说是企业的"流动血液"，如果销售不能及时收回现金的话，那么销售是没有意义的，所以管理者要保持头脑高度清醒，将现金流量与利润水平结合起来分析。

（三）研究长期的历史趋势，以辨别有无问题

企业的三张报表几乎涵盖了所有的财务信息，这些财务信息能够反映企业的财务状况，但管理者不能只看表面现象，而要追根究底，挖掘出隐藏在财务报表里面的信息。比如，某一年的大环境特别好或者特别糟糕，就会对企业的经营产生影响，也会反映在企业的财务报表之中。企业的管理者如果只看这一年的报表，就会产生错误的判断，所以对于企业的管理者而言，不能只看一年的报表，而是至少要将企业 3 年的报表放在一起分析，如图 2-1 所示。研究长期的历史趋势，分析企业的长期发展能力，是企业管理者最应重视的。

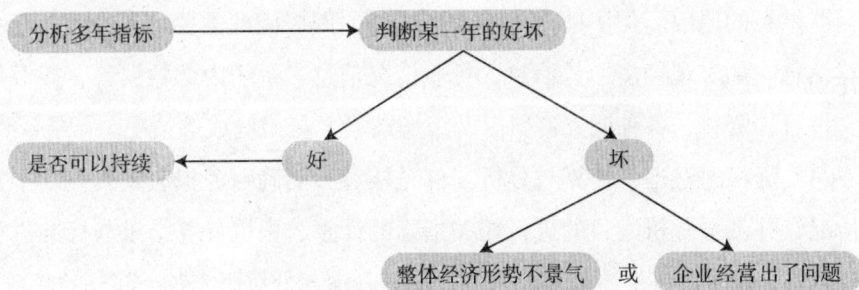

图 2-1 长期数据分析框架

（四）要将企业与同行业企业进行比较

将企业的业绩与同行业指标的标准进行比较，也许会给我们带来更广阔的企业画面：一家企业与自身比较也许进步已经相当快了，比如销售增长了20%，但是放在整个行业的水平上来看，可能就会得出不同的结论。如果行业平均的销售增长水平是 50%，那么低于此速度的、跑得慢的企业最终将败给竞争对手。

二、财务报表分析的步骤

财务报表分析的一般步骤如图 2-2 所示。

| 明确分析目的 | → | 设计分析程序，选择分析方法 | → | 收集有关信息 | → | 资料的整理、计算与分析 | → | 得出分析结果 |

图 2-2　财务报表分析步骤

（1）明确分析目的。在进行财务报表分析时，首先要明确分析目的。如企业管理者想要通过报表分析，有效地调整对企业经营活动的预算与控制，这就要根据分析目的，把报表整体的各个部分分割开来，予以适当安排，使之符合需要。

（2）设计分析程序，选择分析方法。指设计、选用何种分析方法。分析方法服从于分析目的，应当根据不同的分析目的，采用不同的分析方法。

（3）收集有关信息。由于财务报表只反映经济活动在某一时期的结果，并不反映经济活动的发生、发展变化过程，所以财务报表只能部分地反映造成当前结果的原因，但不能全面揭示形成的原因，因此需要分析者收集相关资料信息。如宏观经济形势信息、行业情况信息、组织内部数据等，以及各种文件报告资料、各种调查资料以及市场前景、员工构成等情况。

（4）资料的整理、计算与分析。首先核对和明确财务报表是否反映了真实情况，并依据分析的目的进行相关指标的计算，根据计算结果与标准进行比较分析。这时可将整体报表分为各个部分，深入分析研究各个部分的联系。

（5）得出分析结果。根据对各个部分的研究得出分析结果，或进一步研究各个部分的关系，进行整体评价而得出结果。

三、财务报表分析的方法

（一）比较分析法

比较分析法是财务报表分析的基本方法之一，是通过某项财务指标与性质相同的指标评价标准进行对比，揭示企业财务状况、经营情况和现金流量情况的一种分析方法。比较分析法是最基本的分析方法，在财务报表分析中应用很广。

比较法的分类见表 2-2。

表 2-2 比较法的分类

分类标准	类型	含义
比较对象	绝对数比较分析	通过编制比较财务报表，将比较各期的报表项目的数额予以并列，直接观察每一项目的增减变化情况
	绝对数增减变动分析	在比较财务报表绝对数的基础上增加绝对数"增减金额"一栏，计算比较对象各项目之间的增减变动差额
	百分比增减变动分析	计算增减变动额的同时计算变动百分比，并列示于比较财务报表中，以消除项目绝对规模因素的影响
比较标准	实际指标同计划指标	解释计划与实际之间的差异，了解该项指标的计划或定额的完成情况
	本期指标与上期指标比较	确定前后不同时期有关指标的变动情况，了解企业生产经营活动的发展趋势和管理工作的改进情况
	本企业指标同国内外先进企业指标比较	找出与先进企业之间的差距，推动本企业改善经营管理

（二）因素分析法

因素分析法又叫连环替代法，是指数法原理在经济分析中的应用和发展。它根据指数法的原理，在分析多种因素影响的事物变动时，为了观察某一因素变动的影响而将其他因素固定下来，如此逐项分析，逐项替代。因素分析法是将分析指标分解为各个可以计量的因素，并根据各个因素之间的依存关系，顺次用各因素的比较值替代基准值，据以测定各因素对分析指标的影响。

差额分析法是连环替代法的一种简化形式，是利用各个因素的比较值与基准值之间的差额，来计算各因素对分析指标的影响。

例如，企业利润总额是由三个因素影响的，其表达式为：

利润总额=营业利润+投资损益±营业外收支净额

在分析去年和今年的利润变化时可以分别算出今年利润总额的变化，以及三个影响因素与去年比较时不同的变化，这样就可以了解今年利润增加或减少是主要由三个因素中的哪个因素引起的。

（三）比率分析法

比率分析法就是把某些彼此存在关联的项目加以对比，计算出比率，据以确定经济活动变动程度的分析方法。比率是相对数，采用这种方法，能够把某些条件下的不可比指标变为可以比较的指标，以利于进行分析。

比率指标主要有三类，详见表2-3。

表 2-3　比率指标的分类

比率类型	含义	作用
相关比率	以某个项目与相互关联但性质又不相同的项目加以对比所得的比率，反映有关经济活动的相互关系	可以考察有联系的相关业务安排得是否合理，以保障企业经济活动能够顺利进行
构成比率	某项经济指标的各个组成部分与总体的比率，反映部分与总体的关系	考察总体中某个部分的形成和安排是否合理，以便协调各项财务活动
效率比率	某项经济活动中所费与所得的比率，反映投入与产出的关系	进行得失比较，考察经营成果，评价经济效益

在财务分析理论和实务中采用的主要比率分析有：偿债能力分析、营运能力分析、盈利能力分析，如图2-3所示。

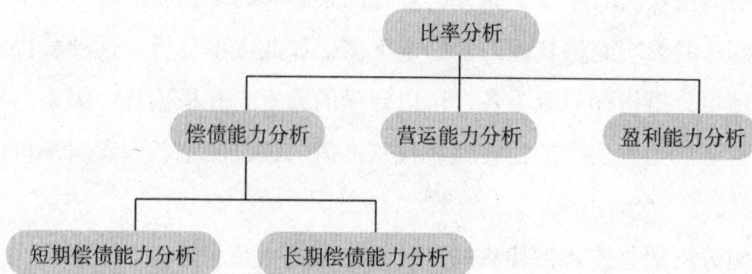

图 2-3　比率分析结构图

综上所述，比率分析法的优点是计算简便，计算结果容易判断，而且可以使某些指标在不同规模的企业之间进行比较，甚至也能在一定程度上超越行业之间的差别进行比较。

在财务分析中，比率分析用途最广，但也有局限性，突出表现在：比率分析属于静态分析，对于预测未来并非绝对合理可靠。比率分析所使用的数据为账面价值，难以反映物价水准的影响。可见，在运用比率分析时，一是要注意将各种比率有机联系起来进行全面分析，不可单独地看某种或各种比率，否则便难以准确地判断公司的整体情况；二是要注意审查公司的性质和实际情况，而不光是着眼于财务报表；三是要注意结合差额分析，这样才能对公司的历史、现状和将来有一个详尽的分析、了解，达到财务分析的目的。

（四）趋势分析法

趋势分析法又叫比较分析法、水平分析法，它是通过对财务报表中各类相关数字资料，将两期或多期连续的相同指标或比率进行定基对比和环比对比，得出它们的增减变动方向、数额和幅度，以揭示企业财务状况、经营情况和现金流量变化趋势的一种分析方法。采用趋势分析法通常要编制比较会计报表。

采用趋势分析法，必须注意以下问题。

（1）所对比的指标的计算口径必须一致。

（2）应剔除偶发性项目的影响。

（3）应运用例外原则对某项有显著变动的指标做重点分析。

趋势分析法总体上分四大类：纵向分析法、横向分析法、标准分析法及综合分析法。此外，趋势分析法还有一种趋势预测分析。

四、企业财务分析的作用

（一）企业财务分析的总体作用

企业财务分析的总体作用可概括为三个方面。

（1）评估企业过去的经营绩效。如企业的净利润是多是少，投资报酬率是高是低，销货量是大是小，现金及营运资金的流动速度是快是慢等。

（2）衡量企业目前的财务状况。如企业现在所拥有的资产价值是多大，各项资产的投资比例是否合理，对外负债是否过多，可使用的现金数额、存货数额以及负债与权益的比例关系是否恰当。

（3）预测和影响企业的未来发展前景。方案一经确定，将影响企业未来的发展，尤其对财务方面的影响更为深刻。因此，经营管理者要对企业现实的财务状况和经营成果进行深入细致的分析研究，科学地预测未来的发展趋势，合理地做出经营决策。

（二）企业财务分析对企业经营管理的作用

企业的经营管理是一个复杂的系统工程。企业在经营中往往由于资金没有适度的调配、生产组织控制不佳、销售过程中工作失误等许多客观和主观的因素，使企业经营产生不良后果。因此，经营管理者务必要迅速获得企业的重要财务信息，以便采取必要的措施和有效方法，应付瞬息万变的不同情况。进行财务分析是经营管理者得到财务信息的有效途径。

因此，财务分析对企业经营管理的作用可概括如下。

（1）获取企业经营管理中所需要的财务信息，如企业的偿债能力、营运能力、获利能力、投资报酬和现金流动状况，了解企业的财务结构、资产结构并制定财务规划，让财务会计资料对经营管理的有用性得到提高。之所以把财务分析比作"企业的听诊器"，主要是因为这个作用。

（2）经营管理者可以简明扼要地观察企业目标完成得如何，企业目前财务状况怎样，并进一步了解影响企业经营目标完成好坏以及财务状况优劣的具体原因，以便经营者采取措施，改进工作。

（3）企业的经营管理者可以预测企业未来的发展前景，为企业做出正确的经营决策。企业主管部门也可以通过对企业进行财务分析，监督所辖企业各项计划（预算）指标的执行情况，以便及时进行宏观调控。

> **小链接**
>
> 报表分析的三大禁忌：财务分析指标和方法单一；分析不分轻重，没有明确的目标；分析模式单一。

第二节　如何判断企业的偿债能力
——企业偿债能力分析

在企业的经营过程中，不可避免地要有负债。如果一个企业一点负债都没有，那么这个企业的资金管理也是有问题的，因为这样就无法享受负债经营中资金的杠杆收益。要知道，当利用借来的资金获得的利润大于借入资金的成本时，借债就是有利可图的，但是也有一些企业最终因为债务危机而倒闭。可以说，负债就像一把双刃剑，用得好就能给企业带来收益，用不好就可能会使企业遭受惨重的损失。那么什么样的负债才算合理呢？这可以通过对企业的偿债能力进行分析得出答案。

一、短期偿债能力分析

短期偿债能力是指企业偿付短期债务的能力。它反映企业偿付日常到期债务的实力、企业能否及时偿付到期的流动负债，是反映企业财务状况好坏的重要标志，财务人员必须十分重视短期债务的偿还能力，维护企业的良好信誉。

短期债务，又称为流动负债，一般需用现金或其他流动资产来偿还。可见，短期偿债能力一般都是通过流动资产和流动负债之间的比较来计算并判断的。衡量企业短期偿债能力的主要财务指标有：流动比率、速动比率和现金比率。具体运用方法如下。

（一）流动比率

流动比率是流动资产与流动负债的比率、它表明企业每一元流动负债有多少流动资产作为偿还的保证，反映企业用可在短期内转变为现金的流动资产偿还到期流动负债的能力。其计算公式如下：

流动比率=流动资产÷流动负债

一般情况下，该指标越大，表明公司短期偿债能力越强。通常，该指标在 200% 左右较好。在运用该指标分析公司短期偿债能力时，还应结合存货的规模大小，周转速度、变现能力和变现价值等指标进行综合分析。如果某一公司虽然流动比率很高，但其存货规模大，周转速度慢，有可能造成存货变现能力弱、变现价值低，那么，该公司的实际短期偿债能力就要比指标反映的弱。

某企业 2×16 年和 2×17 年的流动比率计算见表 2-4。

表 2-4　流动比率

项目	2×16年	2×17年
流动资产（万元）	20	30
流动负债（万元）	10	20
流动比率	2	1.5

从表 2-4 可以看出，该企业 2×17 年流动比率比 2×16 年有所下降。

运用流动比率时，必须注意以下几个问题。

（1）虽然流动比率越高，企业偿还短期债务的流动资产保证程度越强，但这并不等于说企业已有足够的现金或存款用来偿债。流动比率高也可能是存货积压、应收账款增多且收账期延长，以及待摊费用和待处理财产损失增加所致，而真正可用来偿债的现金和存款却严重短缺。所以，企业应在分析流动比率的基础上，进一步对现金流量加以考察。

（2）从短期债权人的角度看，自然希望流动比率越高越好。但从企业经营的角度看，过高的流动比率通常意味着企业闲置现金的持有量过多，这必然降低企业现金的获利能力。因此，应合理调整这一结构，降低货币资金的闲置水平。

（3）流动比率的绝对标准为 2。但流动比率是否合理，不同的企业以及同一企业不同时期的评价标准是不同的，因此不应用统一的标准来评价各企业的流动比率合理与否。

（二）速动比率

速动比率又称酸性测试比率，是企业速动资产与流动负债之比。速动资产是指流动性强、能快速变现的资产。速动比率的计算公式为：

速动比率=速动资产÷流动负债

在流动资产中，短期有价证券、应收票据、应收账款净额的变现能力均比存货强。存货则需经过销售才能变为现金；如有存货滞销，则其变现就成问题。因此财务制度规定，速动资产是指流动资产总额扣除存货以后的那一部分，所以速动比率公式又可写成：

速动比率=（流动资产-存货-预付账款）÷流动负债

一般情况下，该指标越大，表明公司短期偿债能力越强，通常该指标在 100% 左右较好。在运用该指标分析公司短期偿债能力时，应结合应收账款的规模、周转速度和其他应收款的规模，以及它们的变现能力进行综合分析。如果某公司速动比率虽然很高，但应收账款周转速度慢，且它与其他应收款的规模大，变现能力差，那么该公司较为真实的短期偿债能力要比该指标反映的差。由于预付账款、待摊费用、其他流动资产等指标的变现能力差或无法变现，所以，如果这些指标规模过大，那么在运用流动比率和速动比率分析公司短期偿债能力时，还应扣除这些项目的影响。

某企业 2×16 年年末和 2×17 年年末的速动比率计算见表 2-5。

表 2-5　速动比率

项目	2×16年	2×17年
流动资产（万元）	37	34
存货（万元）	6	8
速动资产（万元）	31	26
流动负债（万元）	15	23
速动比率	2.07	1.13

从以上分析可以看出，该企业 2×17 年速动比率虽然比 2×16 年下降，但企业速动比率大于 1，仍有较强的短期偿债能力（西方企业的传统经验认为，速动比率为 1 时是安全边际，因为如果速动比率小于 1，就必然使企业面临很大的偿债风险）。

运用速动比率需要注意的问题是：如果速动比率大于 1，尽管债务偿还的安全性很高，但却会因企业现金及应收账款资金占用过多而造成企业资金闲置。

（三）现金比率

现金比率是指企业的现金类资产与流动负债的比率。所谓现金类资产，包括企业拥有的现金和现金等价物及持有的有价证券。现金比率是以极端保守的态度来分析企业的即刻偿债能力。该指标能真实地反映公司实际的短期偿债能力，该指标值越大，反映公司的短期偿债能力越强。其计算公式为：

现金比率=（现金及现金等价物+有价证券）÷流动负债

某企业 2×17 年年末和 2×18 年年末的现金比率计算见表 2-6。

表 2-6　现金比率

项目	2×17年	2×18年
现金及现金等价物（万元）	27	17
有价证券（万元）	0	0
流动负债（万元）	15	28
现金比率	1.8	0.61

从上表可以看出，该企业 2×18 年的现金比率比 2×17 年有较大下降，但我们不能就此得出该企业短期偿债能力低的结论。这是因为该企业 2×17 年从银行筹集了大量的长期借款，尚未投入使用，故 2×17 年年末现金比率过高，2×18 年相对 2×17 年现金比率虽然下降，但同公认的绝对标准 0.2 相比，该企业的偿债能力仍然较高。

运用现金比率需要注意的问题是：从企业经营的角度看，现金比率最能反映企业的短期偿债能力。但现金比率也不能过高，企业不可能，也无必要保留过多的现金类资产，这一比率过高，意味着企业的流动资金未能得到充分利用，存在资金闲置的情况。

小链接

一个单独的比率优势并不能说明什么问题，只有将这个比率与企业历史数据或者行业的平均水平进行比较，才能发现企业偿债能力的强弱。

二、长期偿债能力分析

长期偿债能力是指企业偿还长期债务的能力。长期负债是企业的主要债务，在企业全部债务总额中占有相当大的比重。评价企业长期偿债能力，从偿债的义务看，包括按期支付利息和到期偿还本金两个方面；从偿债的资金来源看，则应是企业经营所得的利润。在企业正常生产经营的情况下，企业不可能依靠变卖资产还债，而只能依靠实现利润来偿还长期债务。因此，企业的长期偿债能力是和企业的获利能力密切相关的。长期偿债指标的分类见表2-7。

表2-7　长期偿债指标分类

类别	比率
利用资产负债表计算的指标	资产负债率
	产权比率
	有形资产负债率
	有形净值债务率
利用利润表计算的指标	利息保障倍数

（一）资产负债率

资产负债率是指企业负债总额与资产总额的比率，也称负债比率。资产负债率反映在总资产中有多大比例是通过借债来筹集的，它也可以衡量企业在清算时保障债权人利益的程度——这一比重越小，企业资产对债权人权益的保障程度就越高，企业的长期偿债能力也就越强。资产负债率的计算公式为：

资产负债率=负债总额÷资产总额

公式中的负债总额不仅包括长期负债，还包括短期负债。这是因为短期负债作为一个整体，企业总是长期占用着的，可以视同为长期资本来源的一部分。本着稳健的原则，将短期债务包括在用于计算资产负债率的负债总额中是合适的。公式中的资产总额是扣除累计折旧后的净额。

负债比率也表示企业对债权人资金的利用程度。如果此项比率较大，对企业所有者来说，利用较少的自有资本投资，形成较多的生产经营用资产，不仅扩大了生产经营规模，而且在经营状况良好的情况下，还可以利用财务杠杆的原理，得到较多的投资利润。但如果这一比率过大，则表明企业的债务负担重，企业的资金实力不强，遇有风吹草动，企业的债务能力就缺乏保证，对债权人不利。企业资产负债率过高，债权人的权益就有风险，一旦资产负债率超过1，则说明企业资不抵债，有濒临倒闭的危险。

某企业2×16年年末和2×17年年末的资产负债率计算见表2-8。

表2-8　资产负债率

项目	2×16年	2×17年
资产总额（万元）	50	50
负债总额（万元）	30	20
资产负债率	0.6	0.4

从上表可以看出，该企业2×17年年末的资产负债率比2×16年有所降低，资产负债率趋于正常。

在对资产负债率的分析中要注意，这个指标是反映债权人所提供的资金占全部资本的比例，这一比率过大，则表明企业的债务负担重，企业资金实力不强，偿债能力弱，甚至会有濒临倒闭的危险；而且从经营者的立场来看，如果举债很多，超出债权人的心理承受程度，企业就很难再借到钱。如果企业不举债，或负债比例很小，说明企业畏缩不前，对前途信心不足，利用债权人的资本进行经营活动的能力很差。所以从财务管理的角度来看，企业应当全面考虑、充分估计负债的预期利润和增加的风险，在两者之间权衡利害得失，做出正确的决策。

小链接

资产负债率多少才是合适的

这个问题一般没有确定的标准，不同行业、不同类型的企业有较大的差异。一般处于高速发展期的企业其负债比率可能会高一点。另外银行业的资产负债率相对来说很高，可能会达到 85% 左右，但这并不意味着银行的财务风险就一定很大。

（二）产权比率

产权比率是指企业的负债总额与所有者权益的比率。它是反映企业长期偿债能力的指标之一，运用这个比率，可以评价企业财务结构是否稳健合理，它反映了企业的所有者权益对债权人权益的保障程度。这一比率越低，表明企业的长期偿债能力越强，债权人权益的保障程度越高，承担的风险越小。在这种情况下，债权人就愿意向企业增加借款。计算公式为：

产权比率=负债总额÷所有者权益总额

某企业 2×16 年年末和 2×17 年年末的产权比率计算见表 2-9。

表 2-9　产权比率

项目	2×16年	2×17年
负债总额（万元）	20	25
所有者权益总额（万元）	40	40
产权比率	0.5	0.63

该企业 2×17 年的产权比率比 2×16 年提高，从债权人的角度分析，企业的长期偿债能力有所下降，但与我国企业的总体产权比率相比，该企业的长期偿债能力仍较强。

对产权比率进行分析时要注意，产权比率反映由债权人提供的资本与企业所有者提供的资本的相对关系，反映企业的基本财务结构是否稳定。一般来说，企业所有者资本大于借入资本较好，但也不能一概而论。在通货膨胀加剧的时期，企业多借债可以把损失和风险转嫁给债权人；在经济繁荣时期，多借债可以获得额外的利润；在经济萎缩的时期，少借债可以减少利息负担和财务风险。

（三）有形资产负债率

有形资产负债率是企业负债总额与有形资产总额的比率。在企业资产总额中，有一些项目如待摊费用、待处理财产损益、无形资产等，其本身并无直接的变现能力，或者说其变现能力具有很大的不确定性，不一定能用来还债。把这些项目放在资产负债率中一并考虑，就必然降低了这一比率的可靠性，因此要在资产总额中减去无形资产、待摊费用、待处理财产损失等项目。

其计算公式为：

$$有形资产负债率=负债总额÷有形资产总额$$

其中：

有形资产总额=资产总额−（无形资产及递延资产+待摊费用+待处理财产损益）

有形资产负债率比资产负债率更能稳健地反映企业的长期偿债能力。

（四）有形净值债务率

与有形资产负债率相似，净资产中也有一些项目的变现能力较差，如无形资产等，所以有形净值是所有者权益扣除无形资产后的余额。有形净值债务率反映债权人在企业破产时的被保护程度。其计算公式为：

$$有形净值债务率=负债总额÷有形净值总额$$

其中：

$$有形净值总额=所有者权益（净资产）-无形资产$$

如果企业没有任何形式的无形资产，则其有形净值债务率和产权比率是一致的。有形净值债务率实质上是产权比率的延伸，它更为保守地反映企业清算时债权人的投入资本受到所有者权益保障的程度。

（五）利息保障倍数

利息保障倍数又叫已获利息倍数、利息收入倍数，是指企业未付利息费用和所得税费用之前的利润与利息费用的比率，用以衡量企业偿付借款利息的能力。利息保障倍数反映了企业举债经营的信用程度，也是衡量企业长期偿债能力大小的重要指标。企业生产经营所获得的息税前利润对于利息费用的倍数越多，说明企业支付利息费用的能力越强。因此，债权人要分析利息保障倍数指标，来衡量债权的安全程度。企业利润总额加利息费用为息税前利润，因此，利息保障倍数可按以下公式计算：

利息保障倍数=（税前利润+利息费用）÷利息费用

某企业 2×18 年的利息保障倍数计算见表 2-10。

表 2-10　利息保障倍数

利润总额（万元）	874183
利息费用（万元）	7673
税前利润（万元）	881856
利息保障倍数	115

该企业 2×18 年的利息保障倍数为 115 倍，说明该企业的长期偿债能力相当强。

对利息保障倍数的分析应注意以下几点。

（1）从长期看，若要维持企业基本的偿债能力，利息保障倍数至少应大于 1，企业的利息保障倍数越大，企业的长期偿债能力也就越强。只要利息保障倍数足够大，企业就有充足的能力偿付利息，否则相反。

（2）在对企业的利息保障倍数进行分析时，应该从稳健性的角度出发，比较本企业连续几年的该项指标，并选择最低指标年度的数据作为标准。这是因为企业在经营好的年度要还债，在经营不好的年度也要还债，某一个年度利润水平很高，已获利息倍数很高，但并不表示能年年如此。采用最低指标年度的数据，可保证最低的偿债能力。

第三节　如何分析企业的赚钱水平
——企业盈利能力分析

　　盈利能力是指企业获取利润的能力。利润是企业内外有关各方都关心的中心问题，是投资者取得投资收益、债权人收取本息的资金来源，是经营者经营业绩和管理效能的集中表现，也是职工集体福利设施不断完善的重要保障。因此，企业盈利能力分析十分重要。

　　企业在一定期间内实现的主营业务利润、营业利润和利润总额，在利润表中均有反映。将利润表提供的经营成果信息与相关指标进行对比，可以反映出企业的盈利水平；将企业的各项盈利指标与同行业的标准指标或先进指标比较，可以反映出企业的盈利能力。盈利能力分析主要采用总资产报酬率、销售利润率、成本利润率、资本金利润率、权益利润率、资产保值增值率、普通股每股收益和市盈率来评价。

一、总资产报酬率

　　总资产报酬率又叫总资产利润率，是企业利润总额与资产平均总额的比率，它是反映企业资产综合利用效果的指标，也是衡量企业利用债权人和所有者权益总额所取得盈利的重要指标。其计算公式是：

$$总资产报酬率 = 利润总额 / 资产平均总额 \times 100\%$$

资产平均总额为年初资产总额与年末资产总额的平均数。

例如：

若某企业利润表上的利润总额为 140 万元，企业的资产平均总额为 250 万元，则企业的总资产报酬率为：

$$140 \div 250 \times 100\% = 56\%$$

这项指标没有绝对的评价标准，因行业而异。就同一行业的不同企业或同一企业的不同时期来说，总资产报酬率越高，表明企业的资产利用效益越好，整个企业的盈利能力越强，经营管理水平越高。

二、销售利润率

销售利润率是企业利润与销售收入的比率。它反映企业销售收入中，职工为社会劳动新创价值所占的份额。该项比率越高，表明企业为社会新创价值越多，贡献越大，也反映企业在增产的同时，为企业多创造了利润，实现了增产增收。其计算公式为：

$$销售利润率 = 利润 \div 销售收入$$

从利润表来看，企业经营的利润可以分为五个层次：销售毛利、经营利润、营业利润、利润总额、净利润，不同的利润率指标详见表 2-11。

表 2-11 不同的利润率指标

直接反映销售获利能力的指标	毛利率 = 销售毛利 ÷ 销售收入
	经营利润率 = 经营利润 ÷ 销售收入
	营业利润率 = 营业利润 ÷ 销售收入
评价企业总的盈利能力的指标	销售利润率 = 利润总额 ÷ 销售收入
	销售净利率 = 净利润 ÷ 销售收入

由于产品销售业务是企业的主营业务活动，因此，经营利润水平的高低对企业总体盈利能力有着举足轻重的影响。同时，通过考察经营利润占整个利润总额比重的升降，可以发现企业经营理财状况是否稳定，是否面临危险，有无可能出现转机。为了衡量和评价企业营业以往的收益水平，还可以计算营业收入的利税率。营业收入利税率是企业的营业利润和销售税金与营业收入净额的比率，它反映企业的营业收入提供利税的水平。

三、成本利润率

成本利润率是指利润与成本的比率，它是反映企业生产经营过程中发生的耗费与获得的收益之间关系的指标。其计算公式为：

成本利润率=利润÷成本

成本利润率是衡量企业营业成本获利能力的指标。这项指标提高，表明在成本一定的情况下，实现了更多的利润，或者表明在利润一定的情况下，降低了成本；这项指标降低，则说明企业在相同成本的情况下，利润下降了。同利润一样，企业成本与利润的关系有以下几种指标：

销售成本毛利率=销售毛利÷销售成本

经营成本利润率=经营利润÷经营成本

营业成本利润率=营业利润÷营业成本

税前成本利润率=利润总额÷税前成本

税后成本利润率=净利润÷税后成本

综合来看，各种销售利润率和各种成本利润率是按生产、销售的各个步骤逐层计算的。研究各个步骤的利润率可以查找生产销售环节的各项费用开支的情况，便于找到成本管理的薄弱环节。

四、资本金利润率

资本金利润率是企业的利润总额与资本金总额的比率，是反映投资者投入企业资本金的获利能力的指标。计算公式为：

$$资本金利润率=利润总额/资本金总额×100\%$$

这一比率越高，说明企业资本金的利用效果越好；反之，则说明资本金的利用效果不佳。

企业资本金是所有者投入的主权资金，资本金利润率的高低直接关系到投资者的权益，是投资者最关心的问题。当企业以资本金为基础，吸收一部分负债资金进行生产经营时，资本金利润率就会因财务杠杆原理的利用而得到提高，提高的利润部分，虽然不是资本金直接带来的，但也可视为资本金有效利用的结果。它还表明企业经营者精明能干，善于利用他人资金，为本企业增加盈利。反之，如果负债资金利息太高，使资本金利润率降低，则应视为财务杠杆原理利用不善的表现。这里需要指出，资本金利润率指标中的资本金是指资产负债表中的实收资本，但是用来作为实现利润的垫支资本中还包括资本公积、盈余公积、未分配利润等留用利润（保留盈余），这些也都属于所有者权益。为了反映全部垫支资本的使用效益并满足投资者对盈利信息的关心，更有必要计算权益利润率。

五、权益利润率

权益利润率（ROE）是企业利润总额与平均股东权益的比率。它是反映股东投资收益水平的指标。计算公式为：

$$权益利润率=利润总额/平均股东权益×100\%$$

平均股东权益为年初股东权益额与年末股东权益额的平均数。该项比率越高，表明股东投资的收益水平越高，获利能力越强。反之，则收益水平不高，获利能力不强。权益利润率指标具有很强的综合性，它包含了总资产和净权益比率、总资产周转率和（按利润总额计算的）销售收入利润率这三个指标所反映的内容。各指标的关系如图 2-4 所示。

六、资产保值增值率

资本保值增值率是自有资产的年末数与年初数之比，反映了企业对股东股本的保值增值能力。其计算公式为：

资本保值增值率=自有资本年末数÷自有资本年初数

一般来说，资本保值增值率大于 1，说明所有者权益增加；如小于 1，则说明所有者权益遭受损失。

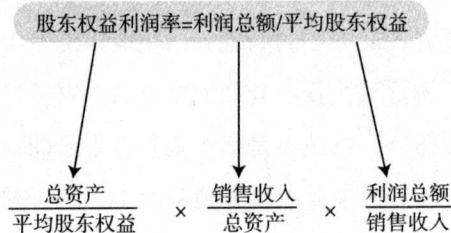

股东权益利润率=利润总额/平均股东权益

$$\frac{总资产}{平均股东权益} \times \frac{销售收入}{总资产} \times \frac{利润总额}{销售收入}$$

图 2-4　权益利润率分解

企业的管理者为了加强对经营成果的管理，有必要对影响利润增减变动的原因进行深入的分析。可以用比较利润表的方法来分析，例如，把企业不同时期的利润表进行比较，也可以与同行业的同期利润表进行对比，发现问题，找到提高企业盈利能力的办法。

七、普通股每股收益

普通股每股收益也称普通股每股利润或每股盈余，是指股份有限公司实现的净利润总额减去优先股股利后与已发行在外的普通股股数的比率。该指标是衡量上市公司获利能力的重要财务指标。

计算公式为：

普通股每股收益=（净利润-优先股股利）÷发行在外的普通股股数

该指标能反映普通股每股的盈利能力，便于对每股价值的计算，因此被广泛使用。每股收益越多，说明每股盈利能力越强。影响该指标的因素有两个方面，一是企业的获利水平，二是企业的股利发放政策。

八、市盈率

市盈率是普通股每股市价与每股收益的比率，计算公式为：

市盈率=普通股每股市场价格/普通股每股收益

市盈率越高，表明投资者对公司未来充满信心，愿意为每一元盈余多付买价。通常认为，市盈率在 5 ～ 20 是正常的。当股市受到不正常的因素干扰时，某些股票的市场被哄抬到不应有的高度，市盈率会过高，超过 20 的市盈率被认为不是正常的，很可能是股价下跌的前兆，风险较大。股票的市盈率比较低，表明投资者对公司的前景缺乏信心，不愿为每一元盈余多付买价。一般认为，市盈率在 5 以下的股票，其前景黯淡，持有这种股票的风险较大。不同行业股票市盈率是不相同的，而且会经常发生变化。当人们预期将发生通货膨胀或提高利率时，股票市盈率会普遍下降，当人们预期公司的利润将增长时，市盈率通常会上升。此外，债务比重大的公司，股票市盈率通常较低。

第四节 如何衡量企业的管理效率
——企业营运能力分析

企业的营运能力就是企业对各种资源的管理能力和运用能力，通常用周转速度来评价。周转速度表明企业资产投入后的回收速度，周转速度越快，企业资产被利用的效率就越高，即企业的营运能力越高。可以用周转次数和周转天数这两个指标来评价企业资产的使用效率。其计算公式如下：

周转次数＝周转额÷资产平均余额

周转天数＝计算期天数÷周转次数

周转次数越多，资产的使用效率就越高；周转天数越少，则周转次数越多，资产的使用效率就越高，反之亦然。企业营运能力的分析框架如图 2-5 所示。

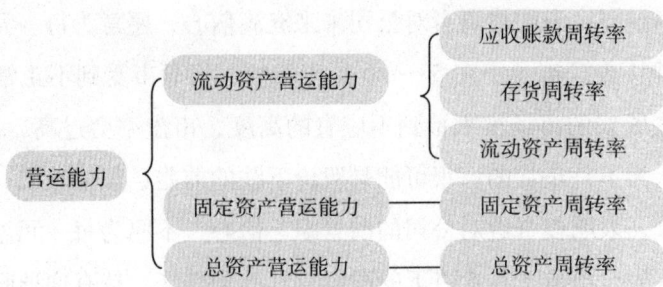

图 2-5　企业营运能力分析框架

一、流动资产营运能力分析

（一）应收账款周转率

市场经济的发展和商业信用的推行，使企业的应收账款数额明显增多。如果企业的应收账款不能按时足额地收回，不仅会给企业造成坏账损失，从而影响企业的获利能力，而且会影响企业的持续经营能力，因此加强应收账款的日常管理显得尤为重要。

应收账款周转率可以用以下两种指标来表示。

（1）应收账款周转次数，是指年度内应收账款平均收回的次数。其计算公式为：

应收账款周转次数=赊销收入净额÷应收账款平均余额

其中：

赊销收入净额=销售收入-现销收入-销售退回与折让

应收账款平均余额=（期初应收账款+期末应收账款）÷2

注意，由于赊销收入净额计算烦琐，人们往往以主营业务收入净额代替赊销收入净额来计算应收账款周转次数。在这种情况下，公式变为：

应收账款周转次数=主营业务收入净额÷应收账款平均余额

在一定时期内应收账款周转的次数越多，表明应收账款回收速度越快，企业管理工作的效率越高。这不仅有利于企业及时收回货款，减少或避免发生坏账损失的可能性，而且有利于提高企业资产的流动性，提高企业短期债务的偿还能力。

（2）应收账款周转天数，是指年度内应收账款平均周转一次所需要的天数。其计算公式为：

$$应收账款周转天数 = 360 \div 应收账款周转次数$$

或：

$$应收账款周转天数 = 应收账款平均余额 \times 360 \div 赊销收入净额$$

公式中的360为一年的法定天数。

例如：

> 某企业赊销收入净额为100万元，年度应收账款平均余额为（15.2+15.6）÷2=15.4万元，则企业该年度的应收账款周转次数和周转天数可计算如下：
>
> $$应收账款周转次数 = 100 \div 15.4 = 6.49（次）$$
> $$应收账款周转天数 = 360 \div 6.49 = 55.47（天）$$

应收账款周转天数，表示企业自产品销售出去开始，至应收账款收回为止所需经历的天数。周转天数越少，说明应收账款变现的速度越快，企业资金被外单位占用的时间越短，管理工作的效率越高。

应收账款周转率与企业的信用政策环境有密切联系。应收账款周转速度越快，销售实现距离实际收到现金的时间就越短，资产流动性就越强，短期偿债能力也越强，还可以减少收账费用和坏账损失。但过快的应收账款周转速度与过短的平均收现期可能意味着过于严厉的信用政策，账面上应收账款余额很低，却可能使销售额和相应的利润大幅度减少。应收账款周转率越高，说明其收回越快，反之说明营运资金过多呆滞在应收账款上，影响正常资金周转及偿债能力。

（二）存货周转率

企业的存货包括原材料、燃料、包装物等。存货的平均周转次数，计算公式为：

$$存货周转次数 = 主营业务成本 \div 平均存货余额$$

其中：

平均存货余额=（期初存货+期末存货）÷2

这是一个经验公式，企业的产品或商品的销售成本与企业的存货之间并没有必然的联系。事实上，产品或商品的销售成本只包括已销售的产成品或商品的成本，并不包括全部存货的成本。我们假设存货每周转一次，便发生相等数量的销售成本，于是得出了上述存货周转次数的计算公式，这一公式已经为广大财务报表分析者接受并广泛使用。

存货周转天数，是指年度内存货平均周转一次所需要的天数，计算公式为：

存货周转天数= 360÷存货周转次数

= 平均存货余额×360÷主营业务成本

例如：

> 某企业某年度的主营业务成本为100万元，平均存货余额为（30+35）÷2 =32.5万元，则存货周转次数和周转天数可计算如下：
>
> 存货周转次数= 100÷32.5=3.08（次）
>
> 存货周转天数= 360÷3.08=116.88（天）

存货是流动资产的重要组成部分，其流动比率对企业具有举足轻重的影响，进而影响企业的短期偿债能力。在一般情况下，存货周转率越高越好。在存货平均水平一定的条件下，存货周转率越高，表明企业的销货成本数额增多，产品销售的数量增长，企业的销售能力加强。反之，则销售能力不强。企业要扩大产品销售数量，增强销售能力，就必须在原材料购进、生产过程中的投入、产品的销售、现金的收回等方面做到协调和衔接。因此，存货周转率不仅可以反映企业的销售能力，而且能用以衡量企业生产经营中的各有关方面运用和管理存货的工作水平。

存货周转率还可以衡量存货的储存是否适当，是否能保证生产不间断地进行和产品有秩序地销售。存货既不能储存过少，造成生产中断或销售紧张；又不能储存过多形成呆滞、积压。存货周转率也反映存货结构合理与质量合格的状况。因为只有结构合理，才能保证生产和销售任务正常、顺利地进行，只有质量合格，才能有效地流动，从而达到存货周转率提高的目的。存货是流动资产中最重要的组成部分，往往占到流动资产总额的一半以上。因此，存货的质量和流动性对企业的流动比率具有举足轻重的影响，并进而影响企业的短期偿债能力。存货周转率的这些重要作用，使其成为综合评价企业营运能力的一项重要的财务比率。

（三）流动资产周转率

流动资产周转率，既是反映流动资产周转速度的指标，也是综合反映流动资产利用效果的基本指标，它是一定时期流动资产平均占用额和流动资产周转额的比率，是用流动资产的占用量和其所完成的工作量的关系，来表明流动资产的使用经济效益。流动资产周转率可以用以下两个指标来表示：

流动资产周转次数=主营业务收入净额÷流动资产平均占用额

流动资产周转天数=计算期天数÷流动资产周转次数

在一定时期内，流动资产周转次数越多，表明以相同的流动资产完成的周转额越多，流动资产的利用效果越好。流动资产周转天数则越少越好。生产经营任何一个环节上的工作改善，都会反映到周转天数的缩短上来。

> **小链接**
>
> 营业周期是指购入存货开始到销售存货并收回现金为止这段时间。
>
> 营业周期＝存货周转天数＋应收账款周转天数

二、固定资产营运能力分析

通常用固定资产周转率来衡量一个企业的固定资产营运能力。固定资产周转率也称固定资产利用率，其计算公式如下：

固定资产周转率=主营业务收入净额÷固定资产平均净值

固定资产周转率反映企业固定资产的周转情况，是衡量固定资产利用效率的一项重要指标。固定资产周转率高，表明企业的固定资产利用充分，同时也能表明企业固定资产的投资得当，固定资产结构合理，能够充分发挥效率。反之，如果固定资产周转率不高，则表明固定资产的使用效率不高，提供的生产成果不多，企业的营运能力不强。

运用固定资产周转率时，需要考虑固定资产净值因计提折旧而逐年减少或因更新重置而突然增加的影响；在不同企业间进行分析比较时，还要考虑采用不同折旧方法对净值的影响等。

运用固定资产周转率进行固定资产营运能力分析时应注意以下几个问题。

（1）固定资产平均净值会随着折旧的提取而逐步减少，会随着固定资产更新改造而逐步增加，因此可能会影响到固定资产的周转速度。如果企业一味追求固定资产的高周转率，就有可能忽视对固定资产的更新改造。

（2）在比较不同企业的固定资产周转率时，即使固定资产原值相同，但由于采用的折旧方法不同，因此会影响可比性。比如一个企业用直线法提取折旧，另一个企业采用加速折旧法提取折旧，在两个企业销售收入相同的情况下，其固定资产周转率的指标不相同。

（3）如果企业大量的固定资产是经营租入的，其固定资产净值中不包括租入的固定资产净值，而经营租入的固定资产同样会对企业增加销售收入做出贡献，这样计算出的固定资产周转率会偏高。相反，如果企业将大量的固定资产经营租出，其固定资产净值中仍包括租出的固定资产净值，而租出的固定资产所取得的租金收入计入其他业务收入，不属于企业的销售收入，这样计算出的固定资产周转率会偏低。因此，在分析企业固定资产周转率时，应注意企业有无固定资产租入或租出的情况，否则会对企业的固定资产利用效率做出错误的评价。

三、总资产营运能力分析

全部资产营运能力分析就是要对企业全部资产的营运效率进行综合分析。全部资产营运能力分析包括对反映全部资产营运能力的指标进行计算与分析；对反映资产营运能力的各项指标进行综合对比分析。可以用总资产周转率这一指标来全面地衡量企业总资产使用和管理的效率与能力。

$$总资产周转率=主营业务收入净额÷总资产平均占用额$$

这一比率用来分析企业全部资产的使用效率。如果这个比率较低，说明企业利用全部资产进行经营的效率较差，最终会影响企业的盈利能力。这样企业就应该采取各项措施来提高企业的资产利用程度，如提高销售收入或处理多余的资产。

第五节　如何了解企业的资产质量
——企业现金流分析

就表面而言，净资产只是表明企业资产的账面或市场价值，它本身无法反映企业资产运营的实际状态，也就难以揭示企业的信用能力。也就是说，根据企业资本额的大小，甚至根据净资产的大小都难以准确地预测企业的支付能力。真正能体现企业信用和发展能力的要看企业的现金流和资产的变现能力。只有把形式上的资产变成货币资金——这种真实的可流通资产，企业的活力才能体现出来。比如，企业变现能力强，则偿债能力也强；因偿债能力强，则举债也容易；因举债容易，那么资金的筹集与投资能力都强了，可以此推动资金的滚动能力，企业的营运能力与发展活力就同步提高了。

企业的现金流量状况是评价企业财务状况的重要依据。现金流主要记录的是企业在销售商品、提供劳务、购买商品、接受劳务、对外出资和支付税收等活动中的现金流动状况，反映了业务的现金收支状况。现金流对于企业来说，就像血脉对于人体，只有血液充足且流动顺畅，人体才会健康，同样，良性的现金流可以使企业健康成长。企业若没有充足的现金就无法运转，更无法实现企业价值最大化。从产品的市场调研到售后服务的整个过程，任何环节都与企业的现金流交织在一起，现金流管理的好坏决定着企业的生存和未来的发展。

考察企业的变现能力，首先要考察企业的支付能力和偿债能力，而以现金流分析企业的偿债能力才更可靠。因为仅仅根据流动比率和负债比率等指标，很难准确判断企业真正的偿债能力。流动资产中既包括货币资金和短期投资等变现能力很强的资产，也包括应收账款、存货等变现能力不很确定的资产，还包括根本无法变现的待摊费用等。而现金流量中的现金，是企业实实在在的、可以立即用于偿还债务和其他支出的保证。因此，根据现金流量计算出的偿债能力指标，可以准确地反映企业的偿债能力。主要的比率指标有现金流动负债比率、现金到期债务比率、现金负债总额比率等。

一、短期变现偿债能力指标——现金流动负债比率

现金（包括现金等价物）是衡量企业资产流动性的基本标准。企业持有现金的重要目的之一是为了偿债和支付，现金流动负债比率是衡量企业偿还短期债务能力的一个重要指标。其计算公式为：

现金流动负债比率=现金及现金等价物余额÷流动负债期末合计

若此指标偏低，反映企业依靠现金偿还债务的压力较大；偏高，则说明企业能轻松地依靠现金偿债。

二、本期变现偿债能力指标——现金到期债务比率

现金到期债务比率反映企业偿还本期到期债务的能力，其计算公式为：

现金到期债务比率=经营活动现金流量净额÷到期债务额

公式中使用"经营活动现金流量净额"可以排除用其他资金来源（如借款）偿还债务的情况，而专门衡量企业通过经营创造资金独立偿还债务的能力，并能反映企业持续经营和再举债的能力。"到期债务额"通常是指那些即将到期而必须用现金偿还的债务，一般有应付票据、银行或其他金融机构的短期借款、到期的应付债券和到期的长期借款等，它根据本期资产负债表上有关项目的期末数确定。现金到期债务比率越大，企业现金的流动性越

好，企业短期偿债的能力越强。

分析现金到期债务比率，是从现金流入和流出的动态角度，对企业实际偿还能力进行比率分析。由于有利润的年份不一定有足够的现金来偿还债务，所以利用以收付实现制为基础的现金流量负债比率指标，能充分体现企业经营活动所产生的净现金流入，可以在多大程度上保证当期对流动负债的偿还，直观地反映出企业偿还流动负债的实际能力。用该指标评价企业偿债能力更为可靠。该指标越大，表明企业经营活动产生的现金净流入越多，能够保障企业按时偿还到期债务；但也不是越大越好，比率太大则表明对企业的流动资金利用不充分，收益能力受影响。

三、衡量企业举债能力的指标——现金负债总额比率

现金负债总额比率主要用于衡量企业用经营活动产生的现金净额偿还全部债务的能力，其数值的大小也可以体现出企业举债能力的强弱。

现金负债总额比率的计算公式为：

现金负债总额比率=经营活动产生的现金流量净额÷全部债务

公式中的"全部债务"包括流动负债和长期负债。必须指出，企业可根据自身情况选择一些确实需要偿还的债务项目列入"全部债务"之内。这一比率越高，说明企业举借债务的能力越强。但是，无论是现金到期债务比率还是现金负债总额比率，都有一个前提条件，即经营活动产生的现金净流量必须大于0。如果小于或等于0，就谈不上用经营活动产生的现金净流量还债的问题，自然这两个比率也失去了意义。也就是说，这两个比率并非对每一个企业都适用。

四、影响企业变现能力的其他因素

除上述取自企业财务报表的资料外，一些报表以外的因素，也会影响企业的短期偿债能力，分析时必须加以考虑。这些因素可归纳如下。

1. 可增强企业变现能力的因素

（1）可动用的银行贷款指标。即银行已同意但尚未办妥手续的贷款限

额，这部分款项进入企业后将会提高企业的变现能力。

（2）准备近期变现的长期资产。如企业准备出售不需要的固定资产、转让长期投资、转让土地使用权等，可取得部分现金，从而提高变现能力。当然出售长期资产时，企业应慎重考虑、全面衡量、正确决策。

（3）企业偿债信誉。如果企业长期以来偿债信誉较好，广大供应商对企业认同度高，在短期偿债能力出现困难时，可通过人际关系及其他办法帮助解决，使企业度过难关，从而提高企业的偿债能力。

2. 可减弱企业变现能力的因素

在报表中未曾反映的、可减弱企业变现能力的因素有或有负债、未曾预计发生的损失、大批销货退回等，这些表外突发事项，会影响企业的短期偿债能力。

3. 其他影响企业变现能力的因素

除上述情况外，企业的盈利能力、资产运营能力、应收账款质量状况、员工素质等，也直接或间接影响企业的变现能力。所以企业的现金流管理应从现金的预算开始，对现金的流入与流出、使用效率（如存货周转期、应收账款周转期、应付账款周转期等）和现金结算手段实行全面监督，加强现金流的日常控制、管理，减少现金回收时间和延缓现金的支出等，这样才能管好现金流。

第三章

好钢用在刀刃上

——企业现金管理

● 内容概览

　　企业的现金好比人身体里的血液，只有血液充足且流动顺畅，人体才会健康，良性现金流可以使公司健康成长，现金是企业的生命之源。"现金为王"的概念也已经深入到企业领导者的管理理念中。

　　本章重点介绍了现金管理的各个要点：资金的时间价值、年金等概念，现金的最佳持有量、现金日常的管理技巧、编制现金预算等。企业要管理好现金，并控制持有现金的成本，使其有效地发挥作用。

第一节　一定要管好钱

——现金管理的内容与目标

现金是企业所有资产中流动性最强的资产，既可以满足企业生产经营开支的各项需求，也是企业贷款还本付息和履行纳税义务的保证。

现金有广义与狭义之分。狭义的现金是指企业所拥有的硬币、纸币，即由出纳员保管作为零星业务开支之用的库存现款，包括人民币和各种外币。广义的现金是指随时可作为流通与支付手段的票证。

企业现金流量管理水平往往是决定企业存亡的关键所在。在日益激烈的市场竞争环境下，企业面临的生存环境复杂多变，通过提升企业现金的管理水平，才可以合理地控制营运风险，提升企业整体资金的利用效率，从而不断加快企业自身的发展。如果企业忽视了现金管理，导致现金短缺，就会使企业的内部财务难以为继，企业的可持续发展也就难以正常进行。

一、企业持有现金的目的

企业持有一部分现金主要是由以下需要所决定的。

（一）交易性需要

企业在经营过程中，必须持有一定的现金以满足日常生产经营活动中的支付需要，如支付购买原材料的货款，支付员工工资、水电费，上交各种税金等。企业的生产经营活动是连续不断的，在这一过程中，企业经常得到收入，也经常发生支出，两者不可能同步同量，因此企业必须维持适当的现金余额，才能使业务活动正常进行下去。

（二）预防性需要

企业在经营过程中，总会遇到一些事先无法准确预计的情况，如遭遇自然灾害；由于供应商信用政策或客户付款习惯等发生变化，使得企业未能如期收回应收账款或现金超支等。企业为能应付这些意外情况，在确定现金持有量时，必须留有余地。

（三）投机性需要

企业有时会为了抓住突然出现的意外获利机会而增加现金持有量。比如，遇到廉价原材料或者其他资产的供应机会，便可用手头现金大量购入；在某些竞争激烈的行业中，企业可事先准备一部分资金用于购买破产企业的廉价设备；当企业预计到股票价格将大幅上扬时，可将现金投入到股票市场。

（四）维持良好信誉的需要

充足的现金余额能够提高企业的商业信誉，而良好的商业信誉意味着能够以优惠的条件购买原材料及零部件等。对于信誉良好的企业，供货商希望能够与其建立长期稳定的客户关系，愿意为其提供优良的服务和优惠的付款条件。此外，良好的信誉也便于企业与银行保持良好的关系，从而有利于企业低成本获取银行贷款。

二、现金管理的内容

首先，定期编制现金预算，合理安排现金收支，及时反映企业现金的盈缺情况，是现金管理内容的又一重要组成部分，现金预算的编制在整个现金管理中具有首要作用，对企业整个财务管理也有根本性的意义，是企业现金管理的方向。

其次，建立健全现金收支管理制度，要使现金预算安排能顺利完成，必须建立必要的管理制度，加强现金的日常控制，做好库存现金的日常管理，加强银行存款管理和做好各种转账结算工作，遵循国家规定的现金使用范围的库存限额，并且要实施适当的内部控制制度，如现金收支职责的分工和内部牵制等。

另外，用特定的方法确定理想的现金余额，当企业实际的现金余额与最佳的现金余额不一致时，采用短期融资策略或采用归还借款和投资有价证券等策略来达到理想状况。

最后，实现现金管理手段的科学化，要提高现金管理水平，应对现金使用情况实行定期考核与事后分析。现金考核的指标很多，不同的企业可根据其实际需要来制定，现金考核可以用绝对数指标也可用相对数指标，要视具体考核内容而定，如现金收入量的考核，现金支出量及构成的考核分析、现金使用范围的考核、现金预算完成情况的考核分析、最合理的现金存量持有情况的考核。现金管理的内容如图 3-1 所示。

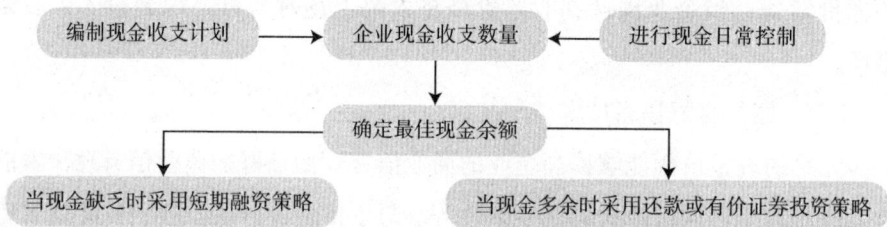

图 3-1　现金管理的内容

三、企业现金管理存在的问题

现金管理的最终目的是在保证企业生产经营所需的同时，节约使用资金，并从暂时闲置的现金中获得最多的利息收入。企业的库存现金没有收益，银行存款的利息率也远远低于企业的资金利润率。现金结余过多，会降低企业的收益；但现金太少，又可能会出现短缺，影响生产经营活动。

目前，企业中存在着各种现金管理上的问题，主要表现为以下几点。

（一）随意使用现金，现金交易频繁

根据《现金管理暂行条例》的规定，除发放工资、奖金、收购单位向个人收购农副产品，支付个人劳动报酬和各种劳保、福利等零星支付可使用现金外，开户单位之间的经济往来，必须通过银行进行转账结算。但目前情况是开户单位使用现金结算极为随意，一些企业，尤其是承包企业和乡镇企业及个体私营企业，携带巨款外出结算的现象十分普遍，但很不安全，时常发生被偷盗、被抢劫案件。对这些企业来说，用现金做生意比转账结算方便得多。因为有些商品和原材料紧俏，非现金不供货，客观上迫使该企业实行现金交易。

（二）企业坐支现金普遍

据调查，凡有现金收入的单位，均有坐支现象发生，特别是一些效益差的企业想尽办法坐支现金以逃避银行信贷债务，这种不正常的现象为现金体外循环提供了滋生的土壤。大量现金在银行体外循环，使货币回笼受阻，货币投放量得不到有效控制，增加了宏观调控困难，严重干扰了国家正常的经济秩序。

（三）白条抵库严重

白条抵库可谓家常便饭，这些白条多为领导临时应酬、内部职工和推销员等出差或办其他事项而借款。不仅借款时间长，而且有些款额高，笔数也很多。有些出纳利用时间差将库存现金挪作他用，而用白条抵充，有时甚至不能收回外借现金，从而给企业、国家造成损失。

（四）无库存现金限额

按规定，开户银行原则上以开户单位三至五天日常零星开支所需核定起库存现金限额，一年核一次，开户单位如在几家银行同时开户，应以一家开户行核定的限额为准。可现在所谓限额核定名存实亡，在多头开户情况下，企业不愿主动执行规定，而银行也不去过问，开户单位多头开户，多头提现，库存现金远远超过限额，对于多出的部分从不主动、及时地交送银行。企业内部也不对库存现金进行定期或不定期盘点。

（五）私设"小金库"，公款私存

储蓄存款有"随存随取，款额不限，灵活方便"的优势。因此，部分单位为保证不合理地支付现金，便将公款以个人名义私自存入储蓄所，而银行也对其放任自流。保留账外公款俗称"小金库"，这个问题多年来一直难以解决，且愈演愈烈，呈扩张态势。现在每个企业，甚至企业内部的每个部门都有或大或小的"小金库"，小则上千元，多则几万元，甚至几十万元，形成的方式之多、手段之隐秘、影响之深，给治理带来很大的困难。

（六）开户单位间公开拆借现金

近两年来，企业之间相互拖欠日趋严重，加上一些中小企业得不到及时的贷款支持，引发了企业间高息拆借资金行为，从而逃避了银行现金管理监督，一些股份制企业，用募集股本得来的现金在集团内部或外协单位之间进行拆借，相互间只需订一协议即可，脱离了银行的监管。

（七）大额支现放任化

银行为了保住客户，一律服从客户的需要，不对大额提现进行审查和控制，而采取放任的办法。一些银行为了保住信用卡原用卡户而为卡户提现大开方便之门，使大量现金借此渠道大量流入社会，利用信用卡提现程度一天天扩大，这与"减少现金使用，扩大转账结算"使用信用结算的宗旨背道而驰。

第二节　时间就是金钱
——资金的时间价值

一、资金时间价值的概念

一定量的资金，无论是自有的还是借入的，供企业使用时均需要得到回报。资金的时间价值就是使用资金的最低成本，使用资金的时间越长，资金成本就越高。这样，就要求企业的资金通过生产经营活动获得的收益要高于资金的时间价值。

资金的时间价值，是指一定量资金在不同时点上的价值量的差额。资金不会自动随时间变化而增值，只有在投资过程中才会有收益。资金时间价值是资金在周转使用中产生的，是资金所有者让渡资金使用权而参与社会财富分配的一种形式。比如，将今天的 100 元钱存入银行，在年利率为 10% 的情况下，一年后就会变成 110 元，可见经过一年时间，这 100 元钱发生了 10 元的增值。资金时间价值是一个客观存在的经济范畴，在企业的财务管理中引入资金时间价值概念，是搞好财务活动、提高财务管理水平的必要保证。

二、资金时间价值的计算方法

资金时间价值涉及利息计算方式的选择，主要有单利计息和复利计息两种方法。

单利计息方式下，每期都按初始本金计算利息，当期利息即使不取出也不计入下期的计息基础，每期的计息基础不变。复利计息方式下，每期都按上期期末的本利和作为当期的计息基础，即通常说的"利上加利"，不仅要对初始本金计息，还要对上期已经产生的利息再计息，每期的计息基础都在变化。虽然复利计息法同单利计息法相比较，计算过程更复杂、计算难度更大，但它不仅考虑了初始资金的时间价值，而且考虑了由初始资金产生的时间价值的时间价值，能更好地诠释资金的时间价值。

影响资金时间价值的因素主要有：单位时间资金增值率一定的条件下，资金使用时间越长，则资金的时间价值越大；总投资一定的情况下，前期投资越大，资金的负效益越大；回收资金额一定的情况下，在离现实点越远的时点上，回收资金越多，资金时间价值越小。

三、货币价值的终值及现值

货币的时间价值揭示了不同时点上货币之间的换算关系。作为一种价值观念，资金时间价值广泛地应用于投资、筹资和生产经营决策中。

企业的经营目的是创造价值，判断价值的唯一方法是确定该项目投资的收益是否大于原始投资额，如果大于即为增值，就表示有投资价值。所以，任何企业在进行投资决策时，都要考虑该项决策是否有利于价值增值，这已是财务管理中必须考虑的重要因素，是投资决策的基石。

然而不同时点的货币价值并没有比较的意义，需要将其转化到同一时点上，因此就引入了终值及现值的计算。

（一）终值的计算

终值是指货币资金未来的价值，即一定量的资金在将来某一时点的价值，表现为本利和。

例如：

> 如果你今天把100元钱存入银行，假设银行存款利率为10%，这100元钱十年后的价值是多少，即这100元钱十年后的终值是多少？
>
> 一年后的终值为：
>
> $$100（1+10\%）=110（元）$$
>
> 二年后的终值为：
>
> $$100（1+10\%）（1+10\%）=100（1+10\%)^2=121（元）$$
>
> 三年后的终值为：
>
> $$100（1+10\%）（1+10\%）（1+10\%）=100（1+10\%)^3=133.1（元）$$
>
> 以此类推，十年后的终值为：
>
> $$100（1+10\%\%)^{10}=259.37（元）$$
>
> 通过计算，我们可知今天的100元钱的价值等于十年后的259.37元钱的价值。

在经济学中，我们通常用 P 表示现值，用 F 表示终值，用 i 表示利率，用 n 表示时间，那么，复利终值的计算公式可以表示为：

$$F=P（1+i)^n$$

其中 $（1+i)^n$ 称为复利终值系数，可通过复利终值系数表查得。

（二）现值的计算

现值是指货币资金的现在价值，即将来某一时点的一定资金折合成现在的价值。

例如：

> 假设银行存款利率为10%，十年后的200元钱现在的价值是多少，即现值是多少？也就是说，你现在需要在银行存多少钱，才能在十年后得到200元？

由于复利现值是与复利终值的相对应的一个概念，根据上面的复利终值公式，我们可以推导出复利现值公式：

$$P = F/ (1+i)^n = F (1+i)^{-n}$$

其中 $(1+i)^{-n}$ 称为复利现值系数，同样可通过复利现值系数表查得。

根据复利现值公式，我们计算十年后的 200 元钱的现值是：

$$P = F (1+i)^{-n}=200 (1+10\%)^{-10}=200 \times 0.3855=77.1 （元）$$

通过计算，我们可知十年后 200 元钱的价值等于今天 77.1 元钱的价值，值得注意的是，在利率 (r) 和期数 (n) 一定时，复利现值系数和复利终值系数互为倒数。

第三节　细水长流，有备无患
——年金的概念与种类

年金是指等额、定期的系列收支。例如，分期付款赊购、分期偿还贷款、发放养老金、分期支付工程款、每年相同的销售收入等，都属于年金收付形式。

一、年金的分类

年金一般用 A 表示。按其每次收付发生的时点不同，可分为普通年金、即付年金、递延年金、永续年金等。

普通年金是指从第一期起，在一定时期内每期期末等额收付的系列款项，又称为后付年金。即付年金是指从第一期起，在一定时期内每期期初等额收付的系列款项，又称先付年金。即付年金与普通年金的区别仅在于付款时间的不同。递延年金是指第一次收付款发生时间与第一期无关，而是隔若干期（*m*）后才开始发生的系列等额收付款项。它是普通年金的特殊形式。永续年金是指无限期等额收付的特种年金。它是普通年金的特殊形式，即期限趋于无穷的普通年金。

二、年金的现值与终值

进行投资时我们通常要测算其在未来带来的现金流入是否能大于其现时成本，有时一个项目未来的流入量属于年金形式，可见，年金现值与年金终值的计算是分析一项投资是否可行的最基础的工具。

年金现值就是把未来每期等额收支的年金按照一定的折现率计算为现值并求和的过程。年金现值就相当于求每期年金复利现值的和。

年金终值就是把未来每期等额收支的年金按照一定的折现率计算为终值并求和的过程。年金终值就相当于求每期年金复利终值的和。

永续年金持续期无限，没有终止时间，因此没有终值，只有现值。

例如普通年金求现值：

$$P=A\times(1+i)^{-1}+A\times(1+i)^{-2}+A\times(1+i)^{-3}+\cdots\cdots+A\times(1+i)^{-n}$$
$$=A\times(P/A,\ i,\ n)$$

公式中的（*P/A*，*i*，*n*）称为普通年金现值系数，只要知道 *i* 和 *n*，通过普通年金现值系数表即可查到对应的系数，如（*P/A*，10%，5）=3.7908。

第四节　钱，不是越多越好
——持有现金的成本分析

人们通常把现金比喻成企业的"血液"，既然现金这么重要，那么企业持有的现金是不是越多越好呢？其实不然。虽然现金对企业来说很重要，但这并不意味着持有现金越多越好，因为现金本身并不能给企业带来收益，而且持有现金是需要付出一定代价的。这种代价需要从几个方面来考虑，综合归纳起来，可以称为持有现金的成本。

任何事物都有自身的成本，只是有些成本是我们不容易觉察出来的。持有现金也不例外，它也是有成本的。

一、机会成本

当人们在做一件事情时，就丧失了做其他事情的机会，这就是做这件事的机会成本。机会成本是选择此而放弃了彼所丧失的收益。持有现金也是一样，库存现金没有任何直接收益，银行存款中有的没有利息收益，有的即使有利息收入也是非常低的，只能看作是一种保值作用。那么如果企业将这部分现金资产进行投资，就可能像企业的其他资金一样获得大致相同的利润率。通常情况下，金融市场的利率越高，企业的投资收益率越高，那么持有现金资产的机会成本也就越大。因此，企业管理者应在保持企业一定现金存量和不丧失投资获利的可能性之间进行合理的抉择，选择最合理的现金存量。

二、管理成本

管理成本是指对企业留存的现金资产进行管理而发生的各种管理费用，如有关人员的工资、费用和各种为保护现金安全而建立的安全防范措施及购入相应的设备装置等。现金管理成本通常是固定的，在一定范围内不随现金留存的多少而变动。

三、转换成本

现金的转换成本，是指企业用现金购入有价证券以及转让有价证券换取现金时付出的交易费用，即现金同有价证券之间相互转换的成本，如委托买卖佣金、委托手续费、证券过户费、实物交割手续费等。

四、短缺成本

短缺成本是指企业由于缺乏现金，不能应付必要的业务开支，而使企业蒙受各种各样的损失。短缺成本一般有以下三种。

（1）缺乏购买能力的成本。这主要是指企业由于缺乏现金而不能及时购买原材料等生产必需物资，从而使企业不能维持正常的生产经营所付出的代价。这种代价虽然不能十分明确地测定出来，但将会对企业造成很大的损失。

（2）丧失信用和现金折扣优惠的成本。这首先是指企业由于现金缺乏而不能按时付款，失信于供货方，造成供货方以后拒绝供货或不接受延期付款的后果。这种损失对企业来说，可能是长久和潜在的，会造成企业信誉的下降。其次是指如果企业缺乏现金，不能在供货方提供的现金折扣期内付款，便丧失了享受现金折扣优惠的机会，从而变相提高了购货成本。这两种损失也不能十分精确地加以测定，但其对企业长远利益造成的损害却是非常严重的。

（3）丧失偿债能力的成本。这是指企业由于现金严重短缺而根本无力在近期内偿付各种负债，从而给企业带来重大成本的损失。由于现金短缺而造成企业财务危机，甚至导致破产清算的例子不胜枚举。在所有现金短缺成本中，此项成本对于企业来讲是最致命的。

虽然对于一些突发事件，谁也不能做到料事如神，但在制定企业现金管理体系乃至整个财务体制时，管理者应当充分注意现金短缺可能对企业造成的重大危害。

第五节　手边应留多少钱
——现金的最佳持有量

从企业经营活动来说，现金流量应该与企业的发展阶段、营销策略相适应。投资活动的现金流量可以在扩张的时候补充，但实际上企业应该在稳定发展阶段就考虑现金流量的问题，这不仅仅是大于零的问题，而且要考虑大到什么程度，在补偿了有关的折旧、摊销、利息后还应有一定的扩张能力。

企业要在现金不足和现金过量这两方面威胁中保持一个适当的现金留存量，使现金持有量起到"蓄水池"的调节作用，既不会因为蓄水过多而变成"死水"；又不至于因储存过少而闹"水荒"。

最佳现金持有量的确定，要求企业在现金持有的盈利性和流动性之间找出最佳结合点，既要满足企业的各种需求，也要避免资金闲置。

最佳现金持有量的确定方法有成本分析模式、存货模式、随机模式和现金周转模式。本节重点讲解成本分析模式及现金周转模式。

一、成本分析模式

成本分析模式是通过分析持有现金的成本，寻找使持有成本最低的现金持有量。影响现金持有量的成本主要有机会成本、管理成本和短缺成本，具体关系见表3-1。

表3-1　现金持有成本类型与持有量的关系

成本类型	含义	关系
机会成本	占用现金的代价，因持有现金不能将其投资到生产经营领域而丧失的收益	同向变化关系
管理成本	管理现金的各种开支，如管理人员工资、安全措施费等	无明显比例关系
短缺成本	缺乏必要的现金，不能应付业务开支所需，而使企业蒙受的损失	反向变化关系

现金持有总成本最低时的现金持有量即机会成本、管理成本和短缺成本之和最低时的现金持有量，如图3-2所示。

二、现金周转模式

现金周转模式是按现金周转期来确定最佳现金余额的一种方法。现金周转期是指现金从投入生产开始，到最终转化为现金的过程。

现金周转期=存货周转期+应收账款周转期−应付账款周转期

最佳现金余额 = 年现金需求总额 ÷ 360 × 现金周转期

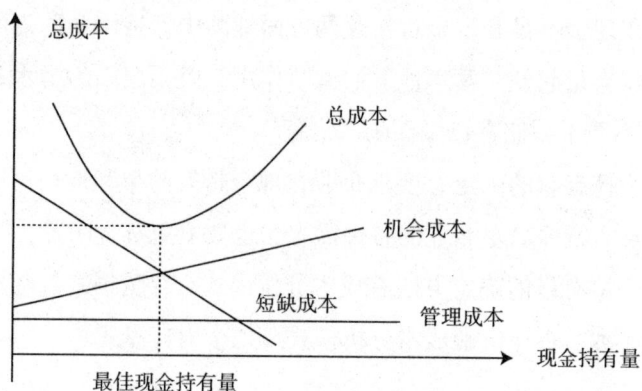

图 3-2　成本分析模式

现金周转模式操作比较简单，但是该模式有一定的前提条件：首先，必须能够根据以往的历史资料准确测算出现金周转次数，并且假定未来年度与历史年度周转基本一致；其次，未来年度的现金总需求应根据产销计划比较准确地预计。如果未来年度的周转效率与历史年度相比较发生变化，但变化是可以预计的，那模式仍然可以采用。

三、现金持有量的实现

企业现金持有量的管理情况要从四个方面进行分析。

（1）企业如何获取现金或者在获取现金方面是否有能力。

（2）出现了现金短缺如何进行融资。

（3）如何运营现金。

（4）有了富裕的现金怎么投资。

确定了企业最佳的现金持有量之后，应结合财务收支计划和日常管理来实施：根据企业的内外部环境和条件，统筹企业一定时期乃至逐日的现金流入与流出，并深入挖掘企业的财务潜力，有效地进行资金的平衡、调度，充分发挥企业理财的运筹作用，以促进企业理财的两大重点——保持良好的偿债能力和尽可能提高盈利能力的协调、统一，保证企业生产经营的正常进行，促进企业理财目标的顺利实现。

第六节　经验不可或缺

——企业日常现金的管理技巧

在现金管理中，企业除合理编制现金收支计划和认真确定最佳现金持有量外，还必须进行现金的日常控制，目的是防止现金闲置与流失，保障其安全完整，并且有效地发挥作用。

对于很多企业来说，通过扩张规模增加盈利比较困难，相反，降低成本、提高资金使用效率是企业获取竞争优势的重要手段。因此，作为提高资金使用效率的最重要的工具，应得到充分的重视，这就要求企业要掌握科学的方法，对现金进行有效管理。

企业在不损害自身信誉的前提下，加速收款、推迟付款，把现金管理与企业的日常管理相结合，这样就可以充分地搞活资金了。

一、现金管理的原则

现金管理就是对现金的收、付、存等环节进行的管理。依据《现金管理暂行条例》，现金管理的基本原则如下。

第一，开户单位库存现金一律实行限额管理。

第二，不准擅自坐支现金。坐支现金容易打乱现金收支渠道，不利于开户银行对企业的现金进行有效的监督和管理。

第三，企业收入的现金不准作为储蓄存款存储。

第四，收入现金应及时送存银行，企业的现金收入应于当天送存开户银行，确有困难的，应由开户银行确定送存时间。

第五，严格按照国家规定的开支范围使用现金，结算金额超过结算起点的，不得使用现金。

第六，不准编造用途套取现金。企业在国家规定的现金使用范围和限额内需要现金，应从开户银行提取，提取时应写明用途。

第七，企业之间不得相互借用现金。

二、现金收入的管理

许多企业的销售情况非常好，但最后还是倒闭了，其中一个重要的原因就是销售业绩全都只在账面上，企业实际并没有收到现金。这些被"赊"垮的企业说明了现金回收管理的重要性。

企业现金收入的主要途径就是企业账款的回收，而企业账款的回收通常需要经过四个时点，即客户开出付款票据、企业收到票据、票据交存银行、企业收到现金，如图3-3所示。

客户开出付款票据 ⟶ 企业收到票据 ⟶ 票据交存银行 ⟶ 企业收到现金

图3-3 企业应收账款回收过程

这样，企业账款的回收时间就由票据的邮寄时间、票据在企业停留的时间、票据结算时间三个部分组成。票据在企业停留的时间可以由企业本身通过建立规章制度、奖惩激励机制等方法来控制，但对于票据邮寄时间和票据结算时间仅靠企业自身的力量是远远不够的，必须采取有效措施充分调动客户和银行的积极性，才能实现有效控制。对此，可采取以下方法。

（一）折扣、折让激励法

企业与客户之间共同寻求的都是经济利益，从这点出发，在企业急需现金的情况下，可以通过一定的折扣、折让来激励客户尽快结付账款。方法可以是在双方协商的前提下一次性给予客户一定的折让，也可以是根据不同的付款期限，给出不同的折扣。如10天内付款，给予客户3%的折扣，20天内给予2%的折扣，30天内给予1%的折扣等。使用这种方法的技巧在于企业本身必须根据现金的需求程度和取得该笔现金后所能发挥的经济效益，以及为此而折扣、折让形成的有关成本，进行精确的预测和分析，从而确定出一个令企业和客户双方都能满意的折扣或折让比率。

（二）锁箱法

企业在各主要城市开设收取支票的专用邮箱，分设存款账户，客户将支票投寄入邮箱，当地银行在获得授权后定期开箱收取支票。其优点是：省去账款回收时先将支票交给企业的程序，银行收到支票可直接入账。其缺点是：管理成本高，尤其业务量小的话，可能会使企业得不偿失。该方法现已被淘汰。

（三）银行业务集中法

企业在主要业务城市开立收款中心，指定一家开户银行集中办理收款业务。这种方法的优点是可以缩短客户邮寄票据所需时间和票据托收所需时间，也缩短了现金从客户到企业的中间周转时间；其缺点是同样由于多处设立收款中心，相应增加了现金成本。这种方法在技巧上除了可以采用与锁箱法相同的方式外，还可以将各网点的收款中心业务直接委托给当地银行办理，这样既减少了中间环节，又节省了人力、财力。

（四）大额款项专人处理法

这种方法是通过企业设立专人负责制度，将现金收取的职责明确落实到具体的责任人，在责任人的努力下，提高办事效率，从而加速现金流转速度。这种方法的优点是便于管理，缺点是缩短的时间相对较少，且也会增加相应的现金成本。采用这种方法时，必须保持人员的相对稳定，因为处理同样类型的业务，有经验的通常比没有经验的要方便、快捷。

另外，清查库存、处理积压和闲置物资也是加快企业现金回收的办法之一。

三、现金支出的管理

与企业现金收入管理一样，现金支出管理的症结也是时间问题。站在支付方的角度，企业当然越晚支出现金越好，但前提是不能有损企业的信誉。因此，现金支出管理的重心是如何延缓付款时间。推迟现金支付的方法主要有以下几种。

（1）延迟支付应付账款。一般情况下，对方收款时会给企业留下一定的信用期限，企业可以利用这一期限，在不影响信誉的前提下，尽量晚付款。

（2）分期付款。如果企业和客户是一种长期往来关系，那么在企业出现暂时的资金困难时，客户还是可以理解的，因此企业也可以采用"分期付款"的办法。但是分期付款一定要制定严格的还款计划，并且要按照计划去执行，不能失信于客户。

（3）汇票付款。在日常的购货过程中，如果能不用现金和银行存款来支付，就尽量不用，尽量争取用汇票的方式来支付。因为，在使用汇票时，只要不是"见票即付"的付款方式，在受票人将汇票送达银行后，银行还要将汇票送交付款人承兑，并由付款人将一笔相当于汇票金额的资金存入银行，银行才会付款给受票人，这样就有可能合法地延期付款。而在使用支票或银行本票时，只要受票人将支票存入银行，付款人就必须无条件付款。

（4）利用信用。在企业信用很好的情况下，通常可以争取到更为宽松的还款期限，不过这也要看当时的宏观经济环境。通常来说信用好的客户要比信用差的客户在还款期限上有更为宽松的条件。

（5）外包加工。生产企业的元器件、零部件的采购，员工的工资、保险，生产线的维护、升级等会占用很多流动资金，如果将它们外包能节省出很多流动资金，且外包加工可以推迟付款时间。

（6）改进工资支付方式。工资的支付可以在月初，也可以在月末。对于员工个人来说，工资是月初还是月末支付影响并不是很大，但是对于企业来说，月末支付就意味着企业多用了一个月的流动资金。

四、现金收支的综合控制

在企业的日常现金管理中，还需要对现金支出进行综合控制，主要方法有以下几种。

（一）力争现金流入与流出同步

如果企业能尽量使现金流入与现金流出发生的时间趋于一致，就可以使交易性现金余额降低到较低水平，这就是所谓的现金流量同步。因此，企业可以重新安排付出现金的时间，尽量使两者同步。

（二）实行职务分离

现金实物的收付及保管只能由经被授权批准的出纳员来负责处理；负责应收款的职员不能同时负责现金收入账的工作，负责应付款的职员不能同时负责现金支出账的工作；现金支出的审批人员应同出纳、支票保管员和记账员分离等。

（三）适当进行证券投资

企业在筹集资金和经营业务时会取得大量的现金，这些现金在用于资本投资或其他业务活动之前，通常会闲置一段时间。对于这些现金如果让其一味地闲置就是一种损失、一种浪费。为此，可将其投入到流动性高、风险性低、交易期限短，且变现及时的投资上，以获取更多的利益，如金融债券、可转让大额存单、回购协议等，但股票、基金、期货等投资虽然可行，因风险较大故不提倡。

此外，还要对现金进行及时的清理，和银行对账，使账账相符、账实相符；同时也要做好对银行存款的管理，可以通过结算户存款、单位定期存款两个账户来完成。

现金管理的方法有很多，关键是每个企业如何结合自身特点和实际情况，选择适当的方式以实现现金流的良性循环。但更为重要的是，企业采取什么样的组织结构和管理制度，使所采用的管理方法能得到贯彻和实施，这就涉及企业内部的执行能力问题。加强对现金流的管理与企业的组织结构和制度的完善是一个双向的过程：通过理顺组织结构和制定规章制度为管理和控制现金流建立通畅的渠道；反过来，如果控制了现金流，就控制了资本纽带，可以利用资本的力量来优化组织结构、提高运营效率，从而增强企业的执行能力。

第七节 多一份准备，少一份慌乱

——做好企业的现金预算

一、现金预算的重要性

企业应当留存足够的现金来防止一时的现金短缺，但又不能把过多的现金闲置于企业而没有收益，因此企业必须确定一个需要保持的现金水平，对未来可能发生的现金收支的数量和时间进行预测，编制现金预算。现金预算也称现金收支预算，是以日常业务预算和特种决策预算为基础所编制的反映现金收支情况的预算。

现金需要量的预测，能够保证企业在某一时点或时段的生产经营活动得以顺利进行，其在现金管理上的巨大作用表现在：可以预示现金过剩或现金短缺的时期，使财务管理部门能够将暂时过剩的现金转入投资或在短缺时期来临之前安排筹资；可以预测未来时期企业对到期债务的直接偿付能力；可以帮助区分可延期支出和不可延期支出；可以对其他财务计划提出改进建议。

现金预算中的现金收入主要反映经营性现金收入，现金支出则同时反映经营性现金支出和资本性现金支出。现金预算实际上是销售预算、直接材料预算、应交税金预算、直接人工预算、制造费用预算、销售费用预算、管理费用预算和特种决策预算中有关现金收支部分的汇总，以及收支差额平衡措施的具体计划。编制现金预算需要以日常业务预算和特种决策预算为依据。

二、现金预算的方法

企业主要的日常业务预算及现金预算的编制方法如下。

（一）销售预算

销售预算是指为规划一定预算期内因组织销售活动而引起的预计销售收入而编制的一种日常业务预算。它是编制全面预算的关键和起点。

销售商品、提供劳务收到的现金=本期含税营业收入×本期收现率

+前期含税营业收入×本期收现率

期末应收账款余额=期初应收账款余额+本期含税营业收入

-本期全部营业现金流入（包括收到前期的收入）

（二）生产预算

生产预算是指为规划一定预算期内预计生产量水平而编制的一种日常业务预算。它需要根据预计的销售量，并考虑预计期初存货和预计期末存货等因素按品种分别编制。

某种产品预计产量=预计销售量+预计期末产成品存货量

-预计期初产成品存货量

值得注意的是，生产预算是所有日常业务预算中唯一只使用实物量计量单位的预算，虽然不直接涉及现金收支，但与其他预算密切相关。

（三）直接材料预算

直接材料预算是指为规划一定预算期内因组织生产活动和材料采购活动预计发生的直接材料需用量、采购数量和采购成本而编制的一种经营预算。本预算以生产预算、材料消耗定额和预计材料采购单价等信息为基础，并考虑期初、期末材料存货水平。

某种直接材料预计需要量=某产品耗用该材料的消耗定额×该产品预计产量

某种直接材料预计采购量=某种直接材料预计需要量

+该材料预计的期末库存量-该材料预计的期初库存量

购买材料支付的现金=本期含税采购金额×本期付现率

+前期含税采购金额×本期付现率

期末应付账款余额=期初应付账款余额+本期预计含税采购金额

-本期全部采购现金支出（包括支付前期的采购支出）

（四）现金预算

现金预算又称现金收支预算，它是以日常业务预算和特种决策预算为基础所编制的反映现金收支情况的预算。

某期现金余缺=期初现金余额+该期现金收入-该期现金支出

期末现金余额=现金余缺 ± 现金的筹措与运用

相关案例分析

现金集中管理案例

对于大型企业集团，实施现金集中管理是一项艰巨的工程。尤其是对于分支机构分布较广、成员机构类型多样的集团来说，如何采用适合自身组织架构及业务特点的现金集中管理项目实施方案，对于项目成败至关重要。

中国交通建设集团（以下简称中交集团）作为一家国有特大型基建企业，下属单位总计4000余家，业务足迹遍及中国所有省、市、自治区及港澳特区和世界50多个国家和地区。要在这样一家企业实施现金集中管理难度可想而知。为进一步提高集团集约化管理水平，中交集团知难而上，启动现金集中管理的征程。

1. 公司背景

中国交通建设股份有限公司（以下简称中交股份）成立于2×16年10月8日，注册资本148亿元人民币，是经国务院批准，由中国交通建设集团有限公司（国务院国资委监管的中央企业）整体重组改制并独家发起设立的股份有限公司，并于2×16年12月15日在香港联合交易所主板挂牌上市交易，成为中国第一家实现境外整体上市的特大型国有基建企业，股票号码为HK.1800。

中交股份设立后，作为中国交通建设集团有限公司的主营业务运营主体，拥有全资、控股子公司42家、参股公司17家，可为客户提供涵盖基础设施建设项目各阶段的综合解决方案。目前，中交股份是中国最大的港口设计及建设企业，中国领先的公路、桥梁设计及建设企业，中国最大、世界第三的疏浚企业，全球最大的集装箱起重机制造商，中国最大的国际工程承包商，中国最大的国际设计公司，主营业务涵盖以港口、码头、公路、桥梁工程为主的基础设施设计和建设业，以基建疏浚和环保疏浚为主的疏浚业，以港口机械、筑路机械为主的装备制造业，以及以国际工程承包、进出口贸易为主的外经外贸业。

2. 现金管理需求

作为一家特大型企业，其分支机构遍布全国，传统方法无法及时准确地了解整个集团真实头寸和经营活动情况，无法为管理层的决策提供最精准的资金信息，一定程度上影响了决策的准确性和时效性。中交集团选定了多家合作银行，希望借助银行及内部系统，实现全集团现金集中管理与监控。

结算中心是大型集团企业经常采用的现金管理形式。它一般是代表集团母公司进行现金管理的内部职能部门，负责集团现金流管理，为全集团提供日常结算，为下属企业的经营提供资金融通，提高集团总部对成员单位的监控力度。

针对集团分支机构分布广、特点多样的现状，中交集团希望采用分结算中心的方式进行区域管理。为此，中交集团在北京、上海、天津、广州、武汉、西安成立分结算中心，负责本区域内各分支机构的现金管理。

各地分结算中心在当地各合作银行以"中国交通建设股份有限公司"的名义开立分结算中心总账户。对于中交集团下属两家上市公司，其成立专门的现金管理部门，对所属各单位按照分结算中心模式进行单独管理。

对于所属各级子公司，可以选择一家合作银行，开立各类用途账户，实现收支两条线及预算管理。

（1）专用收款账户：只收不支，并与分结算中心总账户建立资金实时或定时归集关系，实现零余额管理。该收款账户原则上作为各级所属单位唯一的收入账户，实行各项营业收入以及子公司开户行发放贷款的统一管理。

（2）专用付款账户：用于分结算中心对外支付款项的下拨。下属子公司对外付款时，可以向分结算中心发出申请。分结算中心审核通过后，实际资金将首先由分结算中心总账户划入专用付款账户，然后以下属子公司的名义对外支付。

（3）一般用途结算账户：作为支出账户，实行限额管理。该账户款项来源限定为分结算中心划付资金或银行发放的贷款，用于托收、零星费用开支、归还该开户行发放的贷款、支付贷款利息、保函及信贷证明费用扣收、同城支票以及异地汇票方式的对外付款。

（4）其他账户：除了上述主结算账户外，还有一些特殊类型账户，如专用税金及公积金账户、工程款结算账户等。

3. 实施方案

根据中交集团实际需求，最后确定的实施方案主要包括资金管理平台与招商银行的对接、区域现金管理两大部分内容。

在企业现金管理需求不断提升的今天，专业化的资金管理平台日趋成为更多企业的选择。

第四章 从源头抓好管理
——存货管理

存货对于企业来说是一把双刃剑，过多可能造成资金的积压，使企业无以存继；短缺则有可能造成生产的中止，产品断货，影响声誉。因此，需要对存货进行良好的管理，使这把利剑充分发挥作用。

在本章中，您将了解存货管理的目标、最佳存货持有量、存货的计价方法、采购环节的税收筹划等内容，对存货的管理有全面深入的了解。

第一节　存货主要管什么

——存货管理的目标

存货是指企业在生产经营过程中为销售或者耗用而储备的物资。它包括材料、燃料、低值易耗品、在产品、半成品、产成品、商品等。存货管理就是对企业的存货进行管理。存货对于企业的经营管理非常重要，企业若没有存货，可能会耽误开工；若存货过多，可能会产生许多不必要的费用，因此，需要对存货进行有效的管理，达到企业价值最大化的目的。

一、企业持有存货的原因

如果工业企业能在生产投料时随时购入所需的原材料，或者商业企业能在销售时随时购入该项商品，就不需要存货。但实际上，企业总有存货的需要，并因此占用或多或少的资金。这种存货的需要出自以下原因。

第一，保证生产或销售的经营需要。实际上，企业很少能做到随时购入生产或销售所需的各种物资，即使是市场供应量充足的物资也如此。这不仅因为不时会出现某种材料的市场断档，还因为企业距供货点较远而需要途中运输及可能出现运输故障。一旦生产或销售所需物资短缺，生产经营将被迫停顿，造成损失。为了避免或减少出现停工待料、停业待货等事故，企业需要存货。

第二，出自价格的考虑。零购物资的价格往往较高，而整批购买在价格上常有优惠。但是，过多的存货要占用较多的资金，并且会增加包括仓储费、保险费、维护费、管理人员工资在内的各项开支。存货占用资金是有成本的，占用过多会使利息支出增加并导致利润的损失；各项开支的增加更是直接使成本上升。

第三，出于均衡生产，降低成本的需要。市场需求不稳定，如果根据市场需求状况组织生产，难免会产生繁忙时超负荷运转，清闲时又负荷不足的情况，导致生产成本的提高。因此，有必要储备一定的原材料和产成品，以实现均衡生产，降低生产成本的目的。

二、存货管理的目标

企业持有充足数量的存货，不仅有利于生产过程的顺利进行，节约采购费用与生产时间，而且能够迅速地满足各种订货需求，避免因存货不足而带来的机会的损失。然而，存货作为一项重要的流动资产，它的存在势必占用大量的流动资金。一般情况下，存货占工业企业总资产的30%左右，商业流通企业的则更高。这样不仅是企业付出更大的持有成本，而且存货的储存与管理费用也会相应增加，影响企业获利能力的提高。因此，需要在存货的成本与收益之间进行利弊权衡，实现两者的最佳组合。

综上，存货管理的目标可以表述为：使企业有一定的存货，既能保证生产经营过程的正常进行，又能使存货成本降为最低，使企业价值最大化。

小链接

理想中的存货管理结果为零存货，即严格按订单生产，产品完成之时就是客户提货之日。

第二节　应该储备多少存货
——确定最佳采购量

一、储存存货的有关成本

储备存货有关的成本主要包括取得成本、储存成本及缺货成本。

（1）取得成本指为取得某种存货而支出的成本，通常用TC_a来表示。其下又分为订货成本和购置成本。

第一，购置成本。购置成本指存货本身的价值，经常用数量与单价的乘积来确定。年需要量用 D 表示，单价用 U 表示，于是购置成本为 DU。

第二，订货成本。订货成本指取得订单的成本，如办公费、差旅费、邮资、电报电话费等支出。订货成本中有一部分与订货次数无关，如常设采购机构的基本开支等，称为订货的固定成本，用 F_1 表示；另一部分与订货次数有关，如差旅费、邮资等，称为订货的变动成本，每次订货的变动成本用 K 表示；每次进货量用 Q 表示；订货次数等于存货年需要量与每次进货量之商。订货成本的计算公式为：

$$订货成本 = F_1 + DK/Q$$

订货成本加上购置成本，就等于存货的取得成本。其公式可表达为：

$$取得成本 = 订货成本 + 购置成本 = 订货固定成本 + 订货变动成本 + 购置成本$$

$$TC_a = F_1 + DK/Q + DU$$

（2）储存成本指为保持存货而发生的成本，包括存货占用资金所应计的利息、仓库费用、保险费用、存货破损和变质损失等等，通常用 TC_c 来表示。

储存成本也分为固定成本和变动成本。固定成本与存货数量的多少无关，如仓库折旧、仓库职工的固定月工资等，常用 F_2 表示。变动成本与存货的数量有关，如存货资金的应计利息、存货的破损和变质损失、存货的保险费用等，单位成本用 K_c 来表示。用公式表达的储存成本为：

$$储存成本 = 储存固定成本 + 储存变动成本$$

$$TC_c = F_2 + K_c Q/2$$

（3）缺货成本指由于存货供应中断而造成的损失，包括材料供应中断造成的停工损失、产成品库存缺货造成的拖欠发货损失和丧失销售机会的损失（还应包括需要主观估计的商誉损失）；如果生产企业以紧急采购代用材料解决库存材料中断之急，那么缺货成本表现为紧急额外购入成本（紧急额外购入的开支会大于正常采购的开支）。缺货成本用 TC_s 表示。

如果以 TC 来表示储备存货的总成本，它的计算公式为：

$$TC = TC_a + TC_c + TC_s = F_1 + DK/Q + DU + F_2 + K_c Q/2 + TC_s$$

企业存货的最优化，即使上式 TC 值最小。

二、最佳采购量的确定

与存货总成本有关的变量（即影响总成本的因素）很多，为了解决比较复杂的问题，有必要简化或舍弃一些变量，先研究解决简单的问题，然后再扩展到复杂的问题。这需要设立一些假设，在此基础上建立经济订货量的基本模型。

经济订货量基本模型需要设立的假设条件是：第一，企业能够及时补充存货，即需要订货时便可立即取得存货。第二，能集中到货，而不是陆续入库。第三，不允许缺货，即无缺货成本，这是因为良好的存货管理本来就不应该出现缺货成本。第四，需求量稳定，并且能预测，即 D 为已知常量。第五，存货单价不变，不考虑现金折扣，即 U 为已知常量。第六，企业现金充足，不会因现金短缺而影响进货。第七，所需存货市场供应充足，不会因买不到需要的存货而影响其他。

当 F_1、K、D、U、F_2、K_c 为常数量时，TC 的大小取决于 Q。为了求出 TC 的极小值，对其进行求导演算，可得出下列公式：

$$Q^* = \sqrt{2KD / K_c}$$

这一公式称为经济订货量基本模型，求出的每次订货批量，可使 TC 达到最小值。

三、库存多少时开始订货

一般情况下，企业的存货很难做到随用随时补充，因此不能等到存货用光再订货，需要提前订货，如图 4-1 所示。在提前订货的情况下，企业再次发出订货订单时，尚有存货的库存量称为再订货点，以 R 表示。

再订货点等于交货时间 L 和每日平均需用量 D 的乘积，即：

$$R = L \times D$$

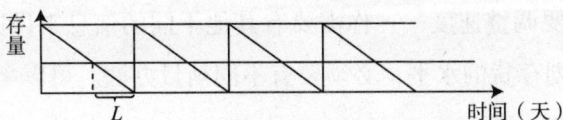

图 4-1 提前订货情况下的存货流转过程

第三节　效率的标尺

——存货周转率

一、存货周转率的计算

存货是企业流动资产中最不具流动性的部分，转换成现金所需的时间最长，但同时存货也是流动资产比重最大的部分，因此增强存货的流动性，加速其周转至关重要。一般即用存货周转率来衡量。计算公式如下：

存货周转率=销售成本/平均存货

存货周转天数=360/存货周转率=平均存货×360÷销售成本

公式中销售成本数据来源于利润表，平均存货为资产负债表中"期初存货"与"期末存货"的平均数。

如果企业的存货周转率是1，那么需要一年的时间来消化存货；如果存货周转率是6，就只需要两个月来消化存货。存货周转率的数值越大，存货占用的资金就越少。

二、评估资产周转效率

存货周转率是历史性指标，它表明了我们已经做得怎样，而不是未来将怎样。这个指标的问题是，它无法告诉我们存货究竟是消耗得过快（可能会错失销售机会）还是消耗得过慢（表明存货数量过高）。存货周转率可以比喻成车辆上的速度表，速度表可以告诉你行驶的速度是多少，但是它并不能告诉你是否需要调整速度——你需要有其他不同的信息来做这方面的决策。为了衡量和规划存货的水平，必须要有不同衡量办法。可以参考四个因素来评估存货周转的效率。

1. 供应商的交货期

到下一次交货所需要的时间决定了最小的必要存货周转时间。例如，如果供应商下次交货的时间是 3 周后，那么至少要有 3 周的存货周转时间来维持正常的销售。

2. 销售的不确定性

销售的不确定性越高，为以防万一而保持更高存货的可能性越大，就会导致更长的存货周期。

3. 最小订单量

如果供应商要求最低起订量，那么企业可能就得储备更多存货，从而产生更长的存货周期。如果订单购买数量小一些，频繁交货是减少存货周期的一个办法。但是要平衡因此而可能丢失购买大批量订单才能获得的折扣价格。

4. 最低展示要求

有些企业，如零售商，需要一定数量的存货用于展示。需要展示的存货越多，存货周转时间就越长。

三、库存的运作时间是可以降下来的

（1）直接送到生产线。如果企业的一些原材料是本地供应商生产的，可以让他们根据生产的要求，在指定的时间直接送到生产线上去。这样，因为原材料不入库，所以就可以保持很低的库存，避免大量的资金被占用。

（2）循环取货。对于用量比较小而供应商较多的企业，可让运货车每天早晨从厂家出发，到第一个供应商那里装上准备好的原材料，再到第二家、第三家……直到装上所有的材料，然后再返回。

（3）聘请第三方物流。不同供应商的送货缺乏统一的标准化管理，在信息交流、运输安全等方面都会有各种各样的问题，因此不如用专业的人来做这件事，聘请第三方物流。

（4）与供应商时刻保持信息沟通。企业应让供应商看到自己的计划，根据计划安排自己的存货和生产计划，如果供应商在供应上出现问题，要求提前告之企业。

（5）定货时间尽量接近需求时间，定货量尽量接近需求量。改善需求预测，缩短定货周期与生产周期，减少供应的不稳定性，增加设备、人员的弹性。

（6）采取互惠政策，与其他非本地区的竞争对手共享库存（也就是遇到紧急情况时，把货卖给外地的同行，在成本价上稍高并支付处理费用）。

（7）转移库存。对于季节性产品，在旺季来临时往往需要有大量的存货以应对骤增的销量，这就会对库存产生极大的压力，同时占用大笔流动资金。其解决办法是：要求各经销商在旺季来临前如果提前两个月提货付款，按原出厂价的70%计算；如果提前一个月提货付款，按原出厂价的85%计算；如果到了旺季时再提货，就必须按全价付款。这种办法只要折扣收益低于库存成本和资金成本，就有利可图，而且还解决了应收账款的难题，加快了资金周转。

第四节　不同的流转次序
——会计处理中存货的计价方法

一、存货成本的确定

材料采购成本的计算，就是把企业在材料采购过程中发生的材料买价和各项采购费用，按照材料的批量、品种等加以归集，以便计算出该材料的实际采购成本的方法。

存货应当按照成本进行初始计量，存货成本由三部分构成，如图4-2所示。

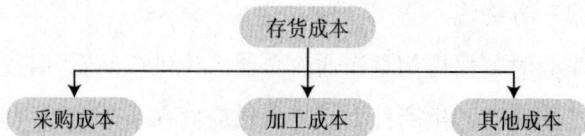

图 4-2　存货成本的内容

存货的采购成本，包括购买价款、相关税费、运输费、装卸费、保险费以及其他可归属于存货采购成本的费用。其中，存货的购买价款是指企业购入的材料或商品的发票账单上列明的价款，但不包括按照规定可以抵扣的增值税税额。存货的相关税费是指企业购买存货发生的进口关税、消费税、资源税和不能抵扣的增值税进项税额以及相应的教育费附加等应计入存货采购成本的税金。其他可归属于存货采购成本的费用是指采购成本中除上述各项以外的可归属于存货采购的费用，如在存货采购过程中发生的仓储费、包装费、运输途中的合理损耗、入库前的挑选整理费用等。

存货的加工成本是指在存货的加工过程中发生的追加费用，包括直接人工以及按照一定方法分配的制造费用。直接人工是指企业在生产产品和提供劳务过程中发生的直接从事产品生产和劳务提供人员的职工薪酬。制造费用是指企业为生产产品和提供劳务而发生的各项间接费用。

存货的其他成本是指除采购成本、加工成本以外的，使存货达到目前场所和状态所发生的其他支出。企业设计产品发生的设计费用通常应计入当期损益，但是为特定客户设计产品所发生的、可直接确定的设计费用应计入存货的成本。

在采购材料的过程中，所发生的材料买价和采购费用都应计入"物资采购"的总账及其明细账。材料买价是从发票上取得的，属于直接费用，可直接计入该材料的采购成本。发生的采购费用，凡能分清对象的，可以直接计入各种材料的采购成本，凡不能分清对象的，应按合理的分配标准分配后计入每一种材料的采购成本。

二、发出存货的计价方法

日常工作中，企业发出的存货，可以按实际成本核算，也可以按计划成本核算。

企业应当根据各类存货的实物流转方式、企业管理的要求、存货的性质等实际情况，合理地确定发出存货成本的计算方法，以及当期发出存货的实际成本；对于性质和用途相同的存货，应当采用相同的成本计算方法确定发出存货的成本。在实际成本核算方式下，企业可以采用的发出存货成本的计价方法包括个别计价法、先进先出法、月末一次加权平均法和移动加权平均法等。

（一）个别计价法

个别计价法，亦称个别认定法、具体辨认法、分批实际法，采用这一方法是假设存货具体项目的实物流转与成本流转相一致，按照各种存货逐一辨认各批发出存货和期末存货所属的购进批别或生产批别，分别按其购入或生产时所确定的单位成本计算各批发出存货和期末存货成本的方法。在这种方法下，是把每一种存货的实际成本作为计算发出存货成本和期末存货成本的基础。

个别计价法的成本计算准确，符合实际情况，但在存货收发频繁的情况下，其发出成本分辨的工作量较大。因此，这种方法适用于一般不能替代使用的存货、为特定项目专门购入或制造的存货以及提供的劳务，如珠宝、名画等贵重物品。

例如：

A企业2×18年3月1日现有B产品1000件，单位成本15元每件，3月8日购入B产品500件，单位成本20元每件，10日发出B产品400件，其中发出的200件是8日购入的，要求计算10日发出的成本。

10日发出400件的成本=200×200+200×15=7000（元）

（二）先进先出法

先进先出法是指以先购入的存货应先发出（销售或耗用）这样一种存货实物流动假设为前提，对发出存货进行计价的一种方法。采用这种方法，先购入的存货成本在后购入存货成本之前转出，据此确定发出存货和期末存货的成本。具体方法是：收入存货时，逐笔登记收入存货的数量、单价和金额；发出存货时，按照先进先出的原则逐笔登记存货的发出成本和结存数量。

先进先出法可以随时结转存货发出成本，但较烦琐。在存货收发业务较多，且存货单价不稳定时，其工作量较大。在物价持续上升时，期末存货成本接近于市价，而发出成本偏低，会高估企业当期利润和库存存货价值；反之，会低估企业存货价值和当期利润。

例如：

> 　　A企业2×18年3月1日现有B产品1000件，单位成本15元每件，3月8日购入B产品500件，单位成本20元每件，10日发出B产品400件，采用先进先出法，要求计算10日发出存货的成本。
>
> 　　　　　　10日发出存货的成本=15×400=6000（元）

（三）月末一次加权平均法

月末一次加权平均法是指以本月全部进货数量加上月初存货数量作为权数，去除本月全部进货成本加上月初存货成本，计算出存货的加权平均单位成本，以此为基础计算本月发出存货的成本和期末存货的成本的一种方法。计算公式如下：

　　　　本月发出存货的成本=本月发出存货的数量×存货单位成本

　　　　本月月末库存存货成本=月末库存存货的数量×存货单位成本

采用加权平均法只在月末一次计算加权平均单价，比较简单，有利于简化成本计算工作，但由于平时无法从账上提供发出和结存存货的单价及金额，因此不利于存货成本的日常管理与控制。

例如：

> 　　A企业2×18年3月1日，现有B产品1000件，单位成本15元每件，3月8日购入B产品500件，单位成本20元每件，10日发出B产品600件，采用月末一次加权平均法，要求计算10日发出的成本。
>
> 　　　存货单位成本=（1000×15+500×20）/1500=16.67（元/件）
>
> 　　　　　　10日发出的成本=16.67×600≈10000（元）

（四）移动加权平均法

移动加权平均法是指以每次进货的成本加上原有库存存货的成本，除以每次进货数量加上原有库存存货的数量，据以计算加权平均单位成本，作为在下次进货前计算各次发出存货成本依据的一种方法。计算公式如下：

本次发出存货的成本=本次发出存货数量×本次发货前存货的单位成本

本月月末库存存货成本=月末库存存货的数量×本月月末存货单位成本

采用移动平均法能够使企业管理当局及时了解存货的结存情况，计算的平均单位成本以及发出和结存的存货成本比较客观。但由于每次收货都要计算一次平均单价，计算工作量较大，故对收发货较频繁的企业不适用。

例如：

A企业2×18年3月1日，现有B产品1000件，单位成本15元每件；3月8日购入B产品500件，单位成本20元每件；10日发出B产品600件；3月18日购入B产品1500件，平均成本10元每件；28日发出B产品1000件。采用移动加权平均法，分别计算10日、28日发出的成本及月末的存货成本。

8日的存货单位成本=（1000×15+500×20）/1500=16.67（元/件）

10日发出600件存货的成本=16.67×600=10000（元）

10日发出产品后，还余900件产品，金额为15000（元）。

18日存货单位成本=（15000+1500×10）/2400=12.5（元/件）

28日发出的1000件存货的成本=12.5×1000=12500（元）

月末存货的成本=12.5×1400=17500（元）

第五节　不可或缺的一环

——采购环节的增值税筹划

在像机械制造业这样的传统制造业中，采购成本一般占产品总成本的 50% ～ 70%。有统计表明，采购环节每节约 1%，企业利润将增加 5% ～ 10%，采购环节管理的好坏，已成为企业降低成本、提升运营效益的关键因素。因此对生产性企业的采购环节进行税收筹划是很有必要的。

一、企业进货渠道的税收筹划

企业采购物品的来源主要有两个：一是增值税一般纳税人，二是增值税小规模纳税人。我国增值税法规定：小规模纳税人自身不得出具增值税专用发票，但小规模纳税人可以向主管税务机关申请为其代开专用发票。许多企业武断地认为从小规模纳税人处购进的材料不能作为进项税额从销项税额中抵扣掉，于是许多可以选择进货渠道的企业，在购货单位筹划中出现一边倒的现象，即总是选择增值税一般纳税人作为购货单位。然而一些不能随意选择进货渠道的企业则陷入了两难的境地，因为他们在经营过程中接触很多小公司或者个体户是十分必要的，和这些小规模纳税人的合作是长期的而且是重要的，而要求每一个小规模纳税人都开具专用发票是比较困难的。在与这些小企业往来的过程中，大企业往往因为拿不到一般发票或专用发票，进项税额不能抵扣，徒增了税务成本。

其实，增值税是一个中性的税种，如果是管理科学、核算精确的小规模纳税人，其专用发票可由税务机关核准后代开，反倒是盲目地选择增值税一般纳税人为购货单位也不一定能节税。

企业从增值税一般纳税人处还是从增值税小规模纳税人处采购更合算，我们举例说明。

例如：

假设一件设备的销售价格是 1000 元（价税合计），如果从小规模纳税人处进行采购：

可抵扣进项税额=1000 /（1+3%）× 3% = 29.13（元）

实际采购成本=1000 − 29.13 = 970.87（元）

如果从一般纳税人那里采购：

可抵扣进项税额=1000 /（1+13%）× 13% =115.04（元）

实际采购成本=1000−115.04=884.96（元）

884.96 小于 970.87，显然，同样的价格下，从一般纳税人处采购更划算。

二、企业购货规模与结构的税收筹划

企业在生产经营活动中，往往会非常重视其产销规模与结构，而对其采购时的购货规模与结构没有予以应有的重视。同产销规模与结构一样，购货规模与结构存在一个大小与合理与否的问题。市场需求决定了企业的产销规模和结构；而产销规模与结构又制约着企业的采购规模与结构。企业不能花钱购进利用率低下甚至闲置的产品，存货管理的要求便是以最少的资本控制最大的资产。为了减轻税负，为了有效利用资产，企业应该依据市场需求及自身的生产营运能力确定一个适当的采购规模和合理的采购结构。

小链接

从 2009 年开始，我国增值税类型由生产型增值税全面转型为消费型增值税，即购买固定资产的增值税进项税额也可用于抵扣。

三、企业签订经济合同时的税收筹划

企业在采购环节最重要的一步就是签订经济合同，合同一旦签订，就必须按照上面的条款进行相关的经济活动。也正是因为其重要性，签订经济合同时的陷阱也很多。

（一）分清含税价格与不含税价格的税负

签订合同时，要明确价格里面是否包含增值税，因为含税与不含税的价格将直接影响企业缴纳税额或抵扣额的大小。许多不懂得税务管理与筹划的采购人员只注意合同中写明的价格，却没有看清楚合同里面的价格是不是包含增值税。

例如：

> 一种原材料，售价 100 元的与售价 102 元的区别在于前者是含税价格，后者不含税。生产型企业作为买家，按 100 元的含税价格购买，支出 100 元，增值税税率为 13% 时可以抵扣 11.5 元的进项税，实际成本是 88.5 元；按 102 元的不含税价格购买，价税合计支出 115.26 元，可以抵扣 13.26 元的进项税，实际成本 102 元，显然 100 元的原材料划算，所以采购时一定要注意分清卖方提供的价格是含税价还是不含税价。

其实，通过对以上的案例进一步分析，我们可以得出结论：同样的价格条件下，价格含税对卖家有利，对买家不利；价格不含税对买家有利，对卖家不利。

（二）分清税法与合同法

采购固定资产是生产性企业采购活动的重要组成部分，涉及金额大，在签订合同时一定要十分谨慎，当合同中有关税收的约定与税法相冲突时，要以税法为准。

例如：

> 企业为销售建材而购买了一间临街旺铺，价值 150 万元，开发商承诺买商铺送契税和手续费。在签订合同时也约定，铺面的契税、印花税及买卖手续费均由开发商承担。按合同规定，企业付清了所有房款。但不久后，企业去办理房产证时，税务机关要求企业补缴契税 6 万元、印

花税 0.45 万元、滞纳金 5000 多元。企业以合同中约定由开发商包税为由拒绝缴纳税款。但最后企业被从银行强行划缴了税款和滞纳金，并被税务机关罚款。

税法与合同法是各自独立的法律，税务机关在征收税款时是按照税法来执行的。在我国境内转让土地、房屋权属，承受的单位和个人为契税的纳税人。

在上面的案例中，买房的企业就是契税和印花税的纳税人，是缴纳这些税款的法律主体，而企业与开发商所签订的包税合同并不能转移企业的法律责任。

开发商承诺的契税等税费，意思只是由开发商代企业缴纳，在法律上是允许的。但当开发商没有帮企业缴纳税款的时候，税务机关要找的是买房的企业而不是开发商。所以在签订经济合同时，不要以为对方包了税款就同时也包了法律责任，对方不缴税，偷税漏税的责任要由己方承担。

四、收取发票时的税收筹划

发票是指在购销商品、提供或者接受服务以及从事其他经营活动中，开具、收取的收付款凭证，在经济活动中拥有重要的地位。所以在采购时要注意，一定要索取发票并且一定要取得正规发票。

例如：

企业采购部为了为公司节省 2 万元的材料费，没有向采购单位索取发票，只拿了一张收据。结果财务部一算，不但没有节省成本，还让公司实际上亏损了 3 万元。这包括价值 10 万元材料本可以抵扣的进项税额 1.3 万元和缴纳企业所得税时，由于没有合法凭证的成本 10 万元，企业要多交所得税 2.5 万元。原来以为是节省了 2 万元，实际上损失了 1.8 万元。

由案例可知，若企业要缴纳增值税，专用发票可以用来抵扣所采购原材料的进项税额；在缴纳企业所得税时，有发票也可以使这部分材料的成本在税前扣除，况且发票是消费的合法凭证，有什么消费纷争可以发票为凭据。

例如：

某建材公司在年度税务检查中被查出有价值 1000 万元的进货发票不符合要求，这些发票存在同一个问题：销售方名称与发票章公司名称不一致。据建材公司交待，这些发票出自同一供应商，但该供应商经常更换名字，并通过开具其他公司名称的发票来偷逃税款，但建材公司认为发票不是假的并可以获得一定"好处"，于是发票照收不误。结果税务机关做出决定：建材公司取得的该部分货物的发票全部不在税前作为成本。

在收取发票时，要重点留意的事情有五件。

（1）发票是否真实。

（2）发票上所列金额是否属实。

（3）发票上所列货物名称是否属实。

（4）发票抬头是否正确。

（5）发票专用章是否正确。

偷逃增值税的手段一般是代开、虚开增值税发票，甚至制造假发票，跟这样的供应商做生意，非常容易成为对方偷税的牺牲品。所以如果有不正常的发票，一定要拒收，必要时向税务机关举报。

第五章　**做大蛋糕**
——销售与商账管理

● 引论

　　企业要生存，必须将自己的产品投放到市场中，只有占有市场，提高销售收入，才有可能不亏损乃至发展壮大。因此企业的管理层需要明白销售的本量利关系，根据发展战略决定产能，扩大销售，实现企业盈利的目标。

　　销售收入再多也需要关注回款。企业需要进行良好的应收账款管理，制定科学的信用政策，保证销售收入的及时流回，如此企业方能形成良性循环，才能稳中求胜。

第一节　这笔买卖赚多少

——本、量、利的相互关系

销售是每个企业的核心任务，销售额决定了企业的成本及资产要求并最终决定企业的利润。遗憾的是销售额本身并不能保证利润。成功的销售管理就是在一开始就制定一个促成企业盈利的强有力的销售规划。而本量利（CVP）的分析方法可以在很大程度上简化规划的过程，得到很多企业的运用。

一、成本的分类

本量利相互关系的研究，以成本和数量的关系研究为基础。它们通常被称为成本性态研究。所谓成本性态，是指成本总额对业务量的依存关系。当业务量变化以后，各项成本有不同的性态，大体上可以分为三种：固定成本、变动成本和混合成本，如图 5-1 所示。

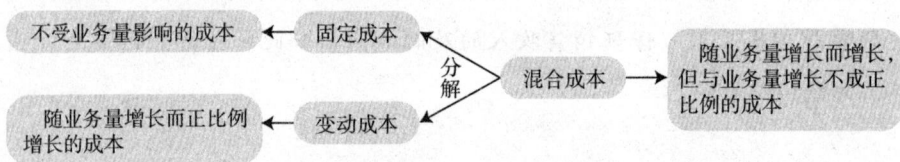

图 5-1　成本性态分类

企业的所有成本都可以分成固定成本和变动成本两部分。在把成本分解成固定成本和变动成本两部分之后，再把收入和利润加进来，成本、销量和利润的关系就可以统一于一个数学模型。

二、本量利数学表达式

本量利关系的数学表达主要有四种形式。

（一）基本的损益方程式

目前多数企业都使用损益法来计算利润，即首先确定一定期间的收入，然后计算与这些收入相配合的成本，两者之差为期间利润：

利润=销售收入-总成本

由于：

总成本 = 变动成本 + 固定成本 = 单位变动成本 × 产量 + 固定成本

销售收入 = 单价 × 销量

假设产量和销量相同，则有：

利润=单位×销量-单位变动成本×销量-固定成本

这个方程式是明确表达本量利之间数量关系的基本方程式，它含有五个相互联系的变量，给定其中四个，便可求出另一个变量的值。

在规划期间利润时，通常把单价、单位变动成本和固定成本视为稳定的常量，只有销量和利润两个自由变量。给定销量时，可利用方程式直接计算出预期利润；给定目标利润时，可直接计算出应达到的销售量。

例如：

某企业每月固定成本1000元，生产一种产品，单价10元，单位变动成本6元，本月计划销售500件，问预期利润是多少？

将有关数据代入损益方程式：

利润=单价×销量-单位变动成本×销量-固定成本

=10×500-6×500-1000=1000（元）

这个方程式是一种最基本的形式。它可以根据所需计算的问题变换成其他形式，或者根据企业具体情况增加一些变量，成为更复杂、更接近实际的方程式。损益方程式实际上是利润表的模型化表达，不同的利润表可以构造出不同的模型。

（二）损益方程式的变换形式

基本的损益方程式把"利润"放在等号的左边，其他变量放在等号的右边，这种形式便于计算预期利润。如果待求的数值是其他变量，则可以将方程进行恒等变换，使等号左边是待求的变量，其他参数放在右边，由此可得出四个损益方程式的变换形式：

（1）计算销量的方程式：

销量=（固定成本+利润）/（单价-单位变动成本）

例如：

> 假设前例企业拟实现目标利润1100元，问应销售多少产品？
>
> 销量=（1000+1100）/（10-6）=525（件）

（2）计算单价的方程式：

单价=（固定成本+利润）/（销量+单位变动成本）

例如：

> 假设前例企业计划销售600件，欲实现利润1640元，问单价应定为多少？
>
> 单价=（1000+1640）/（600+6）=10.40（元/件）

（3）计算单位变动成本的方程式：

单位变动成本=单价-（固定成本+利润）/销量

例如：

> 假设前例企业每月固定成本1000元，单价10元，计划销售600件，欲实现目标利润800元，问单位变动成本应控制在什么水平？
>
> 单位变动成本=10-（1000+800）/600=7（元/件）

（4）计算固定成本的方程式：

固定成本=单价×销量−单位变动成本×销量−利润

例如：

> 假设前例企业单位变动成本为6元，单价10元，计划销售600件，欲实现利润740元，固定成本应控制在什么水平？
>
> 固定成本=10×600−6×600−740=1660（元）

（三）包含期间成本的损益方程式

为符合多步式利润表的结构，不但要分解产品成本，而且要分解销售费、行政管理费等期间成本。将它们分解以后，方程式为：

税前利润＝销售收入−（变动销货成本＋固定销货成本）−（变动销售费和管理费＋固定销售和管理费）＝单价×销量−（单位变动产品成本＋单位变动销售费和管理费）×销量−（固定产品成本＋固定销售费和管理费）

例如：

> 某企业每月核定制造成本1000元，固定销售费100元，固定管理费150元；单位变动制造成本6元，单位变动销售费0.70元，单位变动管理费0.30元；该企业产销一种产品，单价10元；本月计划销售500件产品，问预期利润是多少？
>
> 利润=10×500−（6+0.7+0.3）×500−（1000+100+150）=250（元）

（四）计算税后利润的损益方程式

所得税是根据利润总额和所得税税率计算的，并从利润总额中减除，既不是变动成本也不是固定成本。

税后利润＝利润总额−所得税＝利润总额−利润总额×所得税税率
＝利润总额×（1−所得税税率）

将损益方程式代入上式的"利润总额"：

税后利润=（单价×销量−单位变动成本×销量−固定成本）

×（1−所得税税率）

此方程式经常被用来计算实现目标利润所需的销量，为此常用下式表达：

销量=[固定成本+税后利润/（1−所得税税率）]/（单价−单位变动成本）

例如：

前述企业每月固定制造成本1000元，固定销售费100元，固定管理费150元；单位变动制造成本6元，单位变动销售费0.70元，单位变动管理费0.30元；该企业生产一种产品，单价10元；所得税税率25%，本月计划产销600件产品，问预期利润是多少？如拟实现净利500元，应产销多少件产品？

税后利润=[10×600−（6+0.7+0.3）×600−（1000+100+150）]

×（1−25%）=137.5（元）

销量=[（1000+100+150）+500/（1−25%）]/[10−（6+0.7+0.3）]

=（1250+666.67）/（10−7）=1083.34（件）

第二节　把握销售的底线
——盈亏平衡点分析

盈亏平衡点分析是本量利分析的一项基本内容，亦称损益平衡分析或保本分析。它主要研究如何确定盈亏平衡点、有关因素变动对盈亏平衡点的影响等问题。

盈亏平衡点，也叫盈亏临界点，是指企业处于收入和成本相等的经营状态，即边际贡献等于固定成本时企业所处的既不盈利又不亏损的状态，通常用一定的业务量来表示这种状态。图 5-2 中 A 点即为盈亏平衡点。

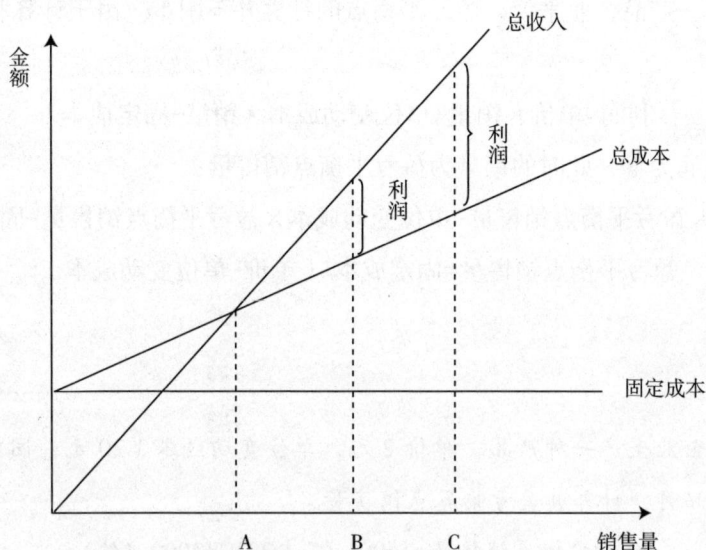

图 5-2 盈亏平衡点

通过观察标准本量利图，可以掌握本量利之间的如下规律。

第一，在盈亏平衡点不变的情况下，销售量超过盈亏平衡点一个单位，即可获得一个单位边际贡献的盈利。销售量越大，实现的盈利就越多。反之，销售量低于盈亏平衡点一个单位，就产生一个单位边际贡献的亏损。销售量越小，亏损额就越大。

第二，在销售量不变的情况下，盈亏平衡点降低，盈利区的面积就会扩大，亏损区的面积就会缩小。它反映了产品的盈利能力有所提高，即能实现更多的盈利或产生更少的亏损。反之，盈亏平衡点增高，盈利区的面积就会缩小，亏损区的面积就会扩大。它反映了产品的盈利能力有所降低，即能实现的盈利越少或产生的亏损越大。

第三，在销售收入既定的情况下，盈亏平衡点的高低取决于单位变动成本和固定成本总额的大小。单位变动成本或固定成本总额越小，盈亏平衡点就越低；反之，盈亏平衡点就越高。

一、盈亏平衡点销售量

就单一产品企业来说，盈亏平衡点的计算并不困难。由于计算利润的公式为：

利润=单价×销量-单位变动成本×销量-固定成本

令利润为零，此时的销量为盈亏平衡点销售量：

0=单价×盈亏平衡点销售量-单位变动成本×盈亏平衡点销售量-固定成本

盈亏平衡点销售量=固定成本/（单价-单位变动成本）

例如：

某企业生产一种产品，单价2元，单位变动成本1.20元，固定成本1600元/月，计算其盈亏临界点销售量。

盈亏平衡点销售量=1600/（2-1.20）=2000（件）

二、盈亏平衡点销售额

单一产品企业在现代经济中只占少数，大部分企业产销多种产品。多品种企业的盈亏平衡点，尽管可以使用联合单位销量来表示，但是更多的人乐于使用销售额来表示盈亏平衡点。

由于利润计算的公式为：

利润=销售额×边际贡献率-固定成本

令利润等于零，此时的销售额为盈亏平衡点销售额：

0=盈亏平衡点销售额×边际贡献率-固定成本

盈亏平衡点销售额=固定成本/边际贡献率

根据上例的资料：

盈亏平衡点销售额=1600/[（2-1.20）÷2]=1600/40%=4000（元）

三、盈亏平衡点作业率

盈亏平衡点作业率，是指盈亏平衡点销售量占企业正常销售量的比重。所谓正常销售量，是指正常市场和正常开工情况下，企业的销售数量，也可以用销售金额来表示。

盈亏平衡点作业率的计算公式如下：

盈亏平衡点作业率=盈亏平衡点销售量/正常销售量×100%

这个比率表明企业保本的业务量在正常业务量中所占的比重。由于多数企业的生产经营能力是按正常销售量来规划的，生产经营能力与正常销售量基本相同，所以，盈亏平衡点作业率还表明保本状态下的生产经营能力的利用程度。

如上例中的企业正常销售额为5000元；盈亏平衡点销售额为4000元，则：

盈亏平衡点作业率= 4000/5000×100%=80%

计算表明，该企业的作业率必须达到正常作业的80%以上才能取得盈利，否则就会发生亏损。

> **小链接**
>
> 以变动成本为主的企业的优势是需要很少的销售额就可以产生利润；以固定成本为主的企业的优势在于，当销售量达到一定的增长时，其利润增长率要远大于以变动成本为主的企业。

第三节　不要让税收拖垮你

——销售环节的增值税筹划

增值税纳税筹划中最重要的两个环节是购入和销售。而销售环节是货物或应税劳务增值部分实现的环节，也就是增值税纳税义务产生的环节，做好这个环节的筹划，会收到立竿见影的效果。

一、销售方式选择的纳税筹划

企业在销售货物或应税劳务时，可以选择多种不同的销售方式，这就为税收筹划提供了空间。以折扣销售方式为例来说明，折扣销售分为现金折扣、商业折扣和销售折让三种。税法规定只有在商业折扣与销售额在同一张发票上分别注明时，销售额中可以扣除商业折扣，其他情况下，销售额中不能扣除商业折扣，另外，销售额中不能扣除现金折扣。

例如：

A公司向B公司销售10万元产品，约定的付款条件为2/30、n/60，也就是说B公司在30天内付款可获得2000元现金折扣。但销售额中不能扣除现金折扣，企业应按总价款10万元计算销项税额：

$$100000 \times 13\% = 13000（元）$$

下面采取两种方式进行税收筹划：第一种：A公司直接将2000元现金折扣变成商业折扣，如预计B公司能在20天内付款，将付款期缩短为20天，而且将该销售折扣与销售额开在同一张发票上，这样企业就可以适用上面提到的政策，将折扣额从销售额中扣除：

增值税销项税额=（100000-100000×2%）×13%=12740（元）

这样比原方法节省了 260 元的增值税。

第二种：A 公司把现金折扣变成滞纳金，即将付款条件改为：如果 B 公司在 20 天之内付款，按照 9.8 万元的价款结算：

增值税销项税额=98000×13%=12740（元）

如果超过 20 天付款则加收 2000 元滞纳金：

增值税销项税额=98000×13%+2000÷（1+13%）×13%=12970（元）

这里要注意 2000 元滞纳金属于价外费用，而价外费用是含税的，须换算成不含税的再参与计算，不然的话就多交税了。两种情况下分别节省了 260 元和 30 元的增值税。

因此，单就减轻企业税负来说，企业应首选将现金折扣转变为商业折扣，其次才是将其转为价外费用。

二、结算方式选择的纳税筹划

纳税义务发生时间，是纳税人发生应税行为并承担纳税义务的起始时间。企业采用的结算方式不同，纳税义务发生的时间也可能不同。同时，由于货币具有时间价值，企业可以通过改变结算方式来推迟纳税义务发生的时间，从而获取货币的时间价值，为企业节约流动资金。

例如：

A 公司 10 月向 B 公司销售 10 万元商品，货款分两次付清，每次 5 万元，一次在当月，另一次在第二年 10 月。A 公司采用直接销售方式。

税法规定：采取直接收款方式销售货物，不论货物是否发出，纳税义务发生时间均为收到销售额或取得索取销售额的凭证，并将提货单交给买方的当天。所以，按照 10 万元计算增值税销项税额：

100000×13%=13000（元）

这时，我们进行税收筹划，由于税法规定，采用赊销和分期收款方式销售货物，纳税义务发生时间为按合同约定的收款日期的当天。因此可以在对 B 企业的信用进行调查的基础上，选择以赊销和分期收款方式来代替直接收款方式，从而延缓纳税。销项税额为：当月应计提销项税额：

$$50000 \times 13\% = 6500 （元）$$

第二年 10 月付清的销项税额为：

$$50000 \times 13\% = 6500 （元）$$

相当于企业免费使用一年这 6500 元。

另外，还可以运用预收货款、委托代销的方式达到推迟纳税义务发生时间的目的。

三、运费的纳税筹划

企业雇佣运输公司运输货物，这类业务的付费方式分为支付运费或代购货方垫付运费两种形式。如果要降低税负，可以采用代垫运费的方式，这样就可以把运费从销售额中分离出去。企业以正常的产品价格与购货方签订产品购销合同，并商定，运输公司的运输发票直接开给购货方，并由企业将该发票转交给购货方，企业为购货方代垫运费。这样，企业就可以节省运费收入的增值税税金。

因此，纳税人在雇佣其他企业进行非应税劳务时，都应将非应税劳务分离出去，以降低销售额，从而降低企业税负。

第四节　我们应该给谁赊账

——企业信用政策的设定

随着市场经济体制的确立，企业间的竞争也就是抢夺市场的竞争，应收账款作为企业的一种商业信用和促销手段，被企业广泛采用。然而如果应收账款管理不善，客户拖欠账款不还，则有可能造成"肉包子打狗，有去无回"的现象。

一、应收账款产生的原因

发生应收账款的原因，主要有以下两种。

（1）商业竞争。这是发生应收账款的主要原因。在社会主义市场经济的条件下，存在着激烈的商业竞争。竞争机制的作用迫使企业以各种手段扩大销售。除了依靠产品质量、价格、售后服务、广告等外，赊销也是扩大销售的手段之一。出于扩大销售的竞争需要，企业不得不以赊销或其他优惠方式招揽顾客，于是就产生了应收账款。由竞争引起的应收账款，是一种商业信用。

（2）销售和收款的时间差距。商品成交的时间和收到货款的时间常不一致，这就导致了应收账款。就一般批发和大量生产企业来讲，发货的时间和收到货款的时间往往不同。这是因为货款结算需要时间的关系。结算手段越是落后，结算所需时间越长，销售企业只能承认这种现实并承担由此引起的资金垫支。由于销售和收款的时间差而造成的应收账款，不属于商业信用，也就不是应收账款的主要内容，因此这里不再对它进行深入讨论。

二、应收账款管理目标

既然企业发生应收账款的主要原因是扩大销售，增强竞争力，那么其管理的目标就是求得利润。应收账款是企业的一项资金投放，是为了扩大销售和盈利而进行的投资。而投资肯定要发生成本，这就需要在应收账款信用政策所增加的盈利和这种政策的成本之间做出权衡。只有当应收账款所增加的盈利超过所增加的成本时，才应当实施应收账款赊销；如果应收账款赊销有着良好的盈利前景，就应当放宽信用条件增加赊销量。

应收账款管理的目标：在发挥应收账款强化竞争、扩大销售功能的同时，尽可能地降低应收账款的呆账和坏账，降低应收账款投资的机会成本与管理成本，最大程度地发挥应收账款投资的效益。

三、企业的信用政策

应收账款赊销的效果好坏，依赖于企业的信用政策。如果一个公司的信用政策制定得合理，公司就有可能获得较快的增长，否则，公司可能遇到困难甚至破产。企业信用政策是管理和控制应收账款余额的政策，它由信用标准、信用条件、收账政策组成。

（一）信用标准

信用标准是企业用来衡量客户是否有资格享受商业信用所具备的基本条件。客户达到了信用标准，销售赊销条件；达不到信用标准，不能享受赊销，必须要支付现金。

企业在设定某一顾客的信用标准时，往往先要评估其赖账的可能性。这可以通过"五C"系统来进行。所谓"五C"评价系统，是评估顾客信用品质的五个方面，即品质（Character）、能力（Capacity）、资本（Capital）、抵押（Collateral）和条件（Conditions），具体内容见表5-1。

表 5-1 5C 评价系统

	含义	要点
品质	顾客的信誉，即履行偿债义务的可能性	了解顾客过去的付款记录，看其是否有按期如数付款，与其他供货企业的关系是否良好（首要因素）
能力	顾客的偿债能力，即其流动资产的数量和质量与流动负债的比例	流动资产越多，其转换为现金支付款项的能力越强。还应注意顾客流动资产的质量，看是否有存货过多、过时或质量下降等情况
资本	顾客的财务实力和财务状况	顾客可能偿还债务的背景
抵押	顾客拒付款项或无力支付款项时能被用作抵押的资产	对于不知底细或信用状况有争议的顾客尤为重要。一旦收不到这些顾客的款项，便以抵押品抵补
条件	能影响顾客付款能力的经济环境	了解顾客在过去困难时期的付款历史

（二）信用条件

信用条件是客户可以享受的优惠条件，包括信用期间、现金折扣和折扣期间。

信用期间是企业允许顾客从购货到付款之间的时间，或者说是企业给予顾客的付款期间。例如，若某企业允许顾客在购货后的 50 天内付款，则信用期为 50 天。信用期过短，不足以吸引顾客，在竞争激烈的情况下会使销售额下降；信用期过长，对销售额增加固然有利，但只顾及销售额增长而盲目放宽信用期，所得的收益有时会被增长的费用抵消，甚至造成利润减少。因此，企业必须慎重研究，确定出恰当的信用期。

现金折扣是企业对顾客在商品价格上所做的扣减。向顾客提供这种价格上的优惠，主要目的在于吸引顾客为享受优惠而提前付款，缩短企业的平均收款期。另外，现金折扣也能招揽一些视折扣为减价出售的顾客前来购货，借此扩大销售量。折扣的表示常用如 5/10、3/20、n/30 这样一些符号形式。这三种符号的含义为：5/10 表示 10 天内付款，可享受 5% 的价格优惠，即只需支付原价的 95%，如原价为 10000 元，只支付 9500 元；3/20 表示 20 天内付款，可享受 3% 的价格优惠，即只需支付原价的 97%，若原价为 10000 元，只支付 9700 元；n/30 表示付款的最后期限为 30 天，此时付款无优惠。

企业采用什么程度的现金折扣，要与信用期间结合起来考虑。不论是信用期间还是现金折扣，都可能给企业带来收益，但也会增加成本。它使企业增加的成本，指的是价格折扣损失。当企业给予顾客某种现金折扣时，应当考虑折扣所能带来的收益与成本孰高孰低，权衡利弊，抉择决断。

（三）收账政策

收账政策是在信用条件被违反时企业采取的收账策略，有积极型和消极型两种。在正常情况下，客户应按信用条件的规定，到期及时付款，履行其责任。但是，由于种种原因，有的客户拖欠货款。收账政策就是指对于逾期的欠款公司应采取的收账策略。企业对于信用质量不同的客户要采取不同的收账政策。对于信用质量高的客户，可以采用宽松的政策；对于信用质量差的客户，应采取积极的、严格的收账政策。

小链接

信用是经营之本，没有信用的公司只能被市场淘汰，被同行淘汰。作为公司的管理者，不仅仅要明白信用的重要性，也要善于运用信用来盘活资金。

四、企业信用政策的决定依据

企业信用政策作为企业整体价格战略的重要部分，它的制定与企业的发展战略密不可分，不仅交易因素决定企业的信用政策，财务状况也影响着企业的信用政策。

（一）信用政策的定量分析

企业给客户提供比较优惠的信用条件，在增加销量的同时，会带来额外的成本费用见表 5-2。

表 5-2　信用条件的成本

成本类型	计算公式
应收账款的机会成本	应收账款的机会成本＝应收账款的平均余额 × 机会成本率 ＝日赊销额 × 平均收账时间 × 机会成本率
折扣成本	折扣成本＝赊销额 × 享受折扣的客户比率 × 现金折扣率
坏账成本	坏账成本＝赊销额 × 预计坏账损失率
管理成本	管理成本＝赊销额 × 预计管理成本率
收账成本	收账成本＝赊销额 × 预计收账成本率

信用条件下的利润＝销售产品的利润－应收账款的机会成本－折扣成本
－坏账成本－管理成本－收账成本

如果信用条件下的利润大于没有任何信用条件下的利润，说明企业的信用政策可行。

（二）信用政策的定性分析

企业在进行信用政策选择时除了进行定量分析以外，还需充分考虑相关因素进行定性分析。其中企业的经济状况、竞争战略、风险容忍度三个因素是企业制定信用政策的决定因素。具体的影响因素对信用政策类型的选择影响见表 5-3。

表 5-3　信用政策的影响因素

影响因素	信用政策类型		
	鼓励型	限制型	禁止型
财务战略	可以适当扩张使用	建议稳健	需要紧缩
营销战略	积极采用	稳健采用	消极政策
现金状况	紧张时	正常时	充足时
社会信誉状况	良好	比较差	非常差
商品价值	大	较大	小
订单大小	数量大	数量小	数量很小
产品竞争优势	无优势	优势不明显	具有很强优势
消费者需求	少	正常	强

续表

影响因素	信用政策类型		
	鼓励型	限制型	禁止型
客户信用状况	好	较好	差
信用保证情况	有保障	有一定的保障	无保障
企业信用管理能力	强	一般	弱

企业在进行信用政策的决策时，可以根据某个、某些或者全面因素进行分析，不同的因素对不同企业的影响程度也不同；因此应该根据企业的自身情况，具体分析使用。

第五节　收回货款是关键
——应收账款的管理

应收账款发生后，企业应采取各种措施，尽量争取按期收回款项，否则会因拖欠时间过长而发生坏账，使企业蒙受损失。企业内部必须建立一套行之有效的应收账款管理制度，以科学的方法防范交易风险，规范赊销管理，控制应收账款，减少发生账款逾期的可能性，提高应收账款回收率，从而提升企业的信用管理水平。成功的信用管理需要科学的管理程序。一般来讲，其程序如图 5-3 所示。

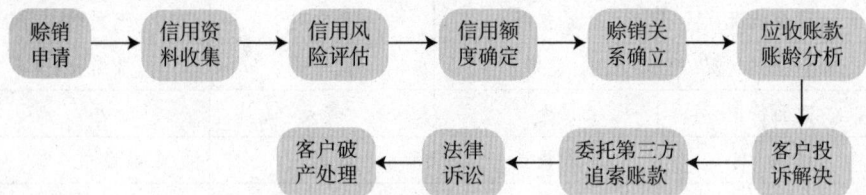

图 5-3　信用管理程序

一、收集客户的信息

企业应收集客户的信用信息，并对其信用状况进行调查分析。对拟赊销客户的品质、资产状况、财务状况、经营能力、以往业务记录、企业信誉等进行深入的调查，对宏观经济环境、产业背景、政策和监管环境、基本经营和竞争地位、管理素质、财务状况、担保和其他还款保障进行评价。在定性分析和定量分析的基础上确定受评对象的违约可能性及严重程度。根据调查的结果评定信用等级、建立档案，并根据收集的信息进行动态管理。

信息可以通过调查对象公布的财务报告取得，也可以通过以下几个渠道取得：商业代理机构或资信调查机构提供、委托往来银行信用部向与客户有关联业务的银行索取、与同一客户有信用关系的其他企业相互交换、业务人员掌握的客户资料、实地调查、往来信息反馈、网络数据和其他公开资料等。

> **小链接**
>
> ### 了解客户信用的三把尺
>
> （1）财务报表：让客户提供最新财务报表的复印件。
>
> （2）其他供应商提供的赊销记录：向这个客户的其他供应商摸底，了解客户的情况。
>
> （3）信用评级机构：有许多机构能为你提供某个企业的信用状况报告。

二、对现有应收账款进行账龄分析

一般而言，客户逾期拖欠账款时间越长，账款催收的难度就越大，成为呆坏账的可能性也就越高。企业必须要做好应收账款的账龄分析，密切注意应收账款的回收进度和变化。表5-4为典型的账龄分析表。

表 5-4　应收账款账龄分析表

2×18 年 12 月 31 日　　　　　　　　　　　　　单位：万元

应收账款账龄	账户数量	金额	比重（%）
信用期内	300	600	60
超过信用期 1～30 天	150	200	20
超过信用期 31～60 天	100	100	10
超过信用期 61～90 天	50	50	5
超过信用期 91～120 天	30	30	3
超过信用期 120 天以上	20	20	2
合计	650	1000	100

通过账龄分析，企业财务管理部门可以掌握以下信息：有多少欠款尚在信用期内；有多少欠款已超过信用期；有多少应收账款拖欠太久，可能会成为呆坏账。

如果账龄分析显示企业的应收账款账龄开始延长或者超期账款所占的比例逐渐增加，那么就必须及时估计坏账损失率，并采取措施，调整企业的信用政策，努力提高应收账款的收现效率。对尚未到期的应收账款，也不能放松监督，以防发生新的拖欠。

企业还可以依据账龄分析，结合销售合同，确立收款率和应收账款余额百分比，保证应收账款的安全性。

三、加强催收管理

对超过信用期的应收账款应逐笔查明原因，分清责任，并责成有关人员提出处理意见。同时组织力量加紧催收，制订具体的催收计划，使清欠工作落实到人。确定合理的催收账制度。催收账款的程序如图 5-4 所示。

信函通知　→　电报电话传真催收　→　派人面谈　→　法律行动

图 5-4　催收账款的程序

但在采取法律行动前应遵循成本效益原则，如遇以下几种情况时可不必履行法律程序：诉讼费用超过债务求偿额；客户抵押品折现可冲销债务；客户的债款额不大，起诉可能使企业运行受到损害；起诉后收回账款的可能性有限。

企业还可以委托信誉良好的代理机构协助催讨。若客户确实遇到暂时困难，经努力可有起色，企业可帮助其渡过难关，以便收回账款，比如：可以接受债务人以非货币性资产予以抵偿；可以改变债务形式，同意债务人制订分期偿债计划；还可以修改债务条件，延长付款期，甚至减少本金数额，激励其还款等。如债务人故意赖账，或确实资不抵债，已达到破产界限，则应及时向法院起诉，借助法律手段，以期尽早地收回账款，或在破产清算的时候得到部分清偿，及时止损，将损失减少到最低。

四、提高应收账款的变现能力

应收账款产生之后，企业除了积极催收以外，还应积极对其进行利用。应收账款融资业务是银行根据商务合同交易双方之间的赊销行为而设计的一种金融产品，它是一种专门为赊销设计的集融资、结算、财务管理和风险担保于一体的综合性金融服务产品。卖方将商务合同所产生的应收账款转让给银行，由受让银行提供贸易融资等金融服务，可以在一定程度上缓解企业资金需求压力，加速企业资金周转速度。应收账款在企业资产中属于变现能力较强、风险低的优质资产，其变现能力仅排在货币资金和短期投资之后。因此，企业为了解决临时的资金紧张，将应收账款出售给银行或以其做质押，银行和企业都能获益。

随着我国市场信用体制的不断完善，企业通过应收账款出售和质押进行融资的业务也将逐步开展起来。因此，企业可以积极尝试利用应收账款融资提高应收账款的变现能力，尽可能地减少坏账的产生。

第六章　如何高效激励员工

——企业薪酬管理

● 内容概览

　　员工是企业最重要的因素之一，如何激励他们使其更好地为企业的未来工作是每一位企业家必须考虑的问题。如何在有效控制人工成本的前提下用薪酬奖金等激励员工是本章要解决的问题。做好薪酬管理，使员工在这只看不见的手的指挥下共同朝着一个目标努力。

第一节　工资奖金很重要

——企业薪酬预算概述

在整个运营成本中，薪酬占着一个很重要的比例，建立一个系统的薪酬制度的目的之一就是理性地控制人工成本，而薪酬控制是从薪酬的预算开始的。

薪酬预算，是指企业管理者在薪酬管理过程中进行的一系列成本开支方面的权衡和取舍。薪酬预算是薪酬控制的重要环节，准确的预算可以保证企业在未来一段时间内的薪酬支付受到一定程度的协调和控制。薪酬预算要求管理者在进行薪酬决策时，综合考虑企业的财务状况、薪酬结构及企业所处的市场环境因素的影响，确保企业的薪酬成本不超出企业的承受能力。

一、薪酬预算所需考虑的因素

在设计薪酬预算时，要确保几个基本的原则：第一，薪酬的增长机制与人力成本的控制，薪酬平均水平在逐年增长的同时人力成本率是下降的。第二，对员工个人工资的增长幅度，要根据市场价位、员工个人劳动贡献和个人能力的发展来确定，对贡献大的员工，增薪幅度要大，对贡献小的员工，不增薪或减薪。第三，确定人力成本的支出与销售额、销售利润的比例关系。

薪酬预算需要同时考虑企业内部及外部的环境，具体见表6-1。

表 6-1　薪酬预算需要考虑的因素

	影响因素	作用机制
内部组织因素	企业战略	企业战略定义了其核心竞争力，使企业明确自身需要搭建什么样的架构，如何吸引和培养人才，如企业如果定位于成为市场的佼佼者，则应当提高薪酬标准，建立奖励机制，对于做出业绩的所有人都给予奖励
	薪酬策略	常见的薪酬策略有四种：领先型薪酬策略、跟随型薪酬策略、滞后型薪酬策略、混合策略
	企业经营状况	企业经营状况直接决定着员工的工资水平。经营状况较好的组织，一般薪酬水平较高，反之，则薪酬水平较低
	企业文化	企业文化影响管理层对薪酬支付的态度。企业管理层的人才观、企业所确定的薪酬制度和薪酬支付方式，这些都间接影响薪酬水平
外部环境因素	社会经济环境	薪酬分配和国民消费水平必然要受到社会劳动生产率和经济发展水平的制约。只有经济持续快速协调发展，才能为社会平均工作的持续增长提供必要的物质基础
	与薪酬有关的国家政策和法律法规	为了刺激消费，或是抑制通货膨胀，国家在不同时期会根据不同的经济政策推行相关的薪酬政策；此外，对员工薪酬设定的下限和性别歧视问题都有相应的规定
	劳动力市场供求状况	当劳动力供大于求时，求职困难，员工往往愿意接受较低的薪酬水平。当劳动力供不应求时，企业为了吸引人才，竞相提高待遇。劳动力市场供求情况与职业需求弹性、劳动力可替代性有关
	地区差异	不同地区企业的薪酬水平也是不同的，甚至同一家企业在不同地区的员工薪酬水平也不尽相同
	行业差距	企业所在的行业不同以及业务不同，其薪酬也不会相同
员工及岗位的不同	教育水平	主要表现为学历，是衡量员工工作能力和员工对企业潜在贡献的重要参数之一
	工作年限和经验	在企业工作时间较长的员工，积累的职位经验及技巧等对企业具有更大的重要性，薪酬也肯定会高些。另外，企业也需要补偿员工在企业工作过程中不断学习各种技能所耗费的时间、体能、金钱乃至心理压力等直接成本，从而促进员工不断地学习新技术，提高对企业的贡献
	工作技能	企业愿意支付高薪给两种人，一是掌握核心技术的专才，二是阅历丰富的通才
	工作绩效	员工的薪酬受个人的工作表现影响。健全的薪酬管理体系的一项基本特征，就是在薪酬支付上尽可能充分地考虑员工的工作绩效
	发展潜力	企业对员工支付的薪酬并不总是针对员工现时的绩效，有时也会考虑到与员工发展潜力相关的未来绩效。具有较大发展潜力者，可以得到较多的非货币形态的薪酬

二、薪酬水平策略选择

可以说，薪酬水平是企业对人力资源成本与吸引和保持员工的需要之间进行权衡的结果。一般说来，大多数企业都力图借助薪酬制度对其员工的业绩、知识、技能和能力提供尽可能合理的酬劳。另外，薪酬制度与薪酬水平也是支持实现企业目标和战略的手段之一。

企业在对自身的发展阶段、经营特点、经营战略及财务承受能力进行分析的基础上，并通过薪酬调查对外部市场薪酬水平有了充分的把握，就可以对企业薪酬水平的市场定位进行战略性决策，以保证企业的薪酬水平符合企业的战略发展需要。一般说来，企业在薪酬策略的选择上有三个层次的薪酬水平，如图 6-1 所示。

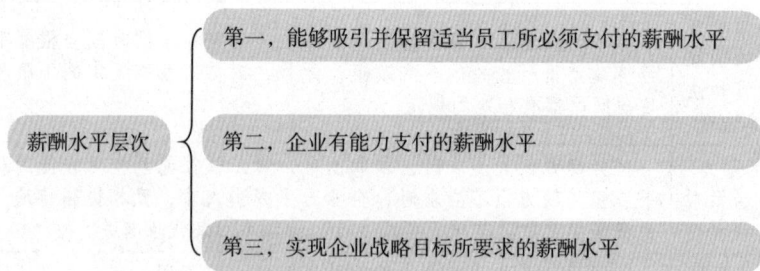

薪酬水平层次
- 第一，能够吸引并保留适当员工所必须支付的薪酬水平
- 第二，企业有能力支付的薪酬水平
- 第三，实现企业战略目标所要求的薪酬水平

图 6-1　薪酬水平层次

在薪酬定位设计时还要考虑到薪酬是刚性的，加薪容易降薪难，一旦企业的市场前景不好，企业压缩薪酬成本很容易导致人才流失和消极怠工行为。常见的薪酬策略有四种：领先型薪酬策略、追随型薪酬策略、滞后型薪酬策略和混合策略。

（一）领先型薪酬策略

领先型薪酬策略即采用高于在同行业竞争对手或领先于市场平均水平的薪酬水平。这时企业的薪酬管理人员还要确定究竟应领先市场水平多少最合适。一方面，企业通过提高薪酬水平，可以吸引和留住一流的优秀人才，提高员工的士气和工作效率。但另一方面，企业支付给员工的薪酬又会影响企业所生产的产品或服务的价格，从而降低其产品或服务的市场竞争力，影响企业经济效益。因而采用这一策略应当具备一定的条件（图6-2）。

图 6-2　领先型薪酬策略的条件

一些处于高成长期的高科技企业为了吸引优秀人才，提高市场份额，加速企业扩张，通常会采取领先型薪酬政策。在同行业的市场中处于领导地位、产品有很多的市场机会和成长空间的企业，通常也采用这种策略。

例如：

> 我国著名的民营通讯企业华为公司，在发展初期以及之后的相当长一段时间内，就明确地提出了让在公司工作的员工拿到与在外企甚至国外工作的同类员工等值的收入。实践证明，高薪政策帮助该公司获得了大量的创造性人才，激励了员工的工作积极性，从而为公司在产品市场上与同类外资企业抗衡起到了重要的作用。

一般说来，有较雄厚的经济实力，同时急需打开市场或提升经营业绩的企业可能会采用领先型薪酬策略，期望能通过完善的薪酬体系、较高的薪酬水平以及其他方面的配套措施吸引和保留能实现企业快速发展目标的优秀人才。尤其是那些处于创业初期或快速上升期的后起之秀，由于在企业福利或非经济性薪酬等方面没有明显的优势，必须以高薪挖到一流人才的公司，更会热衷于领先型薪酬策略。但是，品牌最响的公司未必采用最领先的薪酬水平，因为品牌响的公司可以依靠其综合优势，而不必花费最高的工资也可以找到最好的人才。

领先型薪酬策略的优势及缺点见表6-2。

表6-2 领先型薪酬策略的优缺点

优点	可以吸引大批素质更高的求职者，从而有利于企业在较短时间内吸引大批高素质的人才，解决比较紧急的人员需求
	可以提高其招募标准，从而挑选到最优秀、最合适的人才
	在甄选初期，可以轻易淘汰那些明显不符合要求者，从而在一定的程度上降低甄选费用
	提高了员工离职的机会成本，有助于改进员工的工作绩效
	降低员工的离职率以及减少对员工的工作过程进行监督而产生的费用
	使企业不必跟随市场水平经常性地为员工加薪加酬，从而节省薪酬管理成本
	有利于减少因为薪酬问题引起的劳资纠纷，同时有利于提高企业的形象和知名度
	可以抵消工作本身所具有的种种不利特征，如工作压力大、工作条件差等
缺点	提高了企业的人工成本
	高素质人才必须要有高水平的管理

（二）追随型薪酬策略

追随型薪酬策略也称市场匹配策略，实际上就是根据市场平均水平来确定本企业薪酬定位的一种常用做法。在劳动力市场上不是扮演领先者，而是扮演跟随者的角色。在我国劳动力充沛的情况下，这是一种最为通用的薪酬策略。

实施这种薪酬水平策略的企业往往是既希望确保自己的薪酬成本与产品竞争对手的成本保持基本一致，从而不至于在产品市场上陷入不利地位；同时又希望自己能够保留一定的员工吸引和保留能力，不至于在劳动力市场上输给竞争对手，也不至于引起员工的反感。因此，采取这种薪酬政策的企业的风险可能是最小的，它能够吸引到足够数量的员工为其工作，只不过在吸引那些非常优秀的求职者方面没有什么优势。

采取追随型薪酬策略的企业往往生产经营特点不突出，不能或不愿负担过高的薪酬成本。有时企业为了防止人才流失影响其市场竞争力，也不得不对薪酬做出一定的调整。但这种调整在很多情况下是存在时滞的,企业往往是在一些优秀的员工已经离职后才引起警觉,因此,这种力图确保本企业薪酬水平与市场薪酬水平保持一致的企业必须坚持做好市场薪酬调查工作,以确切掌握市场薪酬水平到底是多少。

（三）滞后型薪酬策略

滞后型薪酬策略也称成本导向策略或落后薪酬水平策略,即依据市场最低的薪酬水平,或只考虑尽可能地节约企业成本,而不考虑市场和竞争对手的薪酬水平来确定本企业的薪酬水平。企业采取滞后型薪酬策略的主要原因如图 6-3 所示。

图 6-3 采用滞后型薪酬策略的原因

显然,滞后型薪酬策略对于企业吸引和保留高素质员工来说是非常不利的,而且在实施这种政策的企业中,员工的流失率往往也比较高。这是因为,较低的薪酬水平在短期内可能会由于信息不对称或信息流动速度较慢等原因而不为员工知晓,但员工早晚是会了解这些信息的。此外,员工由于有获取收入的迫切需要,可能会临时性地接受一些比市场水平低的薪酬,但是一旦他们的这种需要没有那么迫切,他们就会试图寻找更为有利可图的就业场所。

当然,一些经营相对稳定、人际关系和谐的企业也可以采取滞后型薪酬策略。如果企业能提供稳定的工作和收入,具有和谐的人际关系（尤其是上下级关系）和没有竞争压力的工作环境以及高于社会平均水平的福利待遇,通过这种策略有利于实现企业的低成本扩张。

另外，如果滞后型薪酬策略是以提高未来收益作为补偿的，则这种做法反而有助于提高员工对企业的组织承诺度，培养他们的团队意识，进而改善绩效。比如在信息产业以及其他一些有发展前景或上市可能的高科技产业中，一些企业支付给员工的基本薪酬可能会低于市场水平，但是员工却可以获得企业的股票或者是股票期权，这种将滞后型的基本薪酬政策和未来的较高收入预期结合在一起的薪酬组合不但不会影响企业的员工招募和保留能力，反而有助于增强员工的工作积极性和责任感。

（四）混合策略

所谓混合策略，就是在企业中针对不同的部门、不同的职位、不同的人才采用不同的薪酬水平策略。混合政策最大的优点就是其灵活性和针对性，通常也是多数企业应采用的一种较为合理的薪酬策略，但这种策略容易产生内部公平性问题，可能引起某些部门或职位员工的不满。

企业发展阶段与薪酬策略的对应关系见表6-3。

表6-3 企业发展阶段与薪酬策略的对应关系

发展阶段	初创期和高成长阶段	成熟阶段	衰退阶段
薪酬策略	领先型策略	稍微领先或是追随型策略	滞后型策略

三、薪酬预算所采用的方法

（一）从下而上的薪酬预算方法

顾名思义，"下"指员工，"上"指各级部门，乃至企业整体。从下而上法是指从企业的每一位员工在未来一年薪酬的预算估计数字，计算出整个部门所需要的薪酬支出，然后汇集所有部门的预算数字，编制公司整体的薪酬预算，如图6-4的上部分所示。

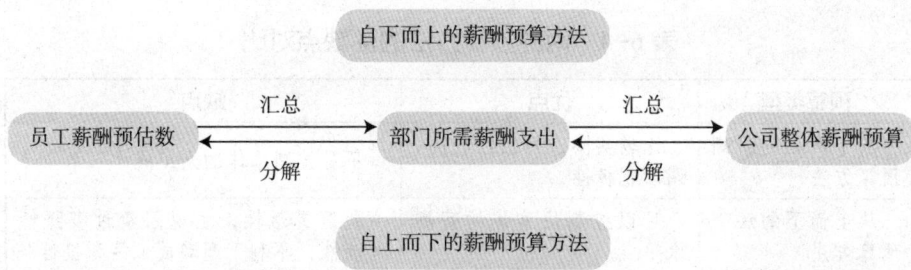

图 6-4　薪酬预算方法

通常，自下而上的方法比较实际，且可行性较高。部门主管只需按公司既定的加薪准则，如按绩效加薪、按年资或消费品物价指数的变化情况等调整薪酬，分别计算出每个员工的增薪幅度及应得的薪金额，然后计算出每一部门在薪酬方面的预算支出，再呈交给高层的管理人员审核和批准，一经通过，便可以着手编制预算报告。

（二）从上而下的薪酬预算方法

与从下而上法相对照，从上而下法是指，先由公司的高层主管决定公司整体的薪酬预算额和增薪的数额，然后再将整个预算数目分配到每一个部门。各部门按照所分配的预算数，根据本部门内部的实际情况，将数额分配到每一位员工，如图 6-4 的下半部分所示。

由此可见，从上而下法中的预算额是每一个部门所分配到的薪酬总额，也是该部门所有员工薪酬数额的极限。由部门经理决定将这笔薪酬总额如何分派给每一个员工。部门经理可以按公司所定的增薪准则，决定员工分配的薪酬数额。根据员工的不同的绩效表现来决定增薪率的高低，或者采取单一的增薪率，不过，这样会导致底薪较高的员工的薪酬增加较多，而底薪较低的员工实际得益较小。

两种方法的优缺点对比见表 6-4。

由于两种方法各有优劣，通常，公司会同时采用这两种方法。首先决定各部门的薪酬预算额，然后预测个别员工的增薪幅度，并确保其能配合部门的薪酬预算额。如果两者之间的差异较大，也要适当调整部门的预算额。

表6-4 两种预算方法的优缺点对比

预算类型	优点	缺点
从下而上的薪酬预算方法	比较实际，可行性较高，调动积极性	不易控制总体的人工成本
从上而下的薪酬预算方法	可以控制住总体的薪酬水平	缺乏灵活性，主观因素过多降低准确性，不利于调动员工的积极性

在选择了适合的预算方法之后，还要着手制定一张薪酬预算表，以便于统计分析，见表6-5。通过分析指标的变化，可以弄清薪酬变化的原因，从而能更好地实施控制。

表6-5 薪酬预算表

×× 部门

姓名职位名称	受聘日期	最近一次薪金调整数目及日期	目前薪金	工作表现	预测增薪幅度	调整后的薪金

四、做好薪酬衡量

确定了薪酬预算方法之后，还要做好薪酬衡量。最常用的衡量指标有两个：薪酬平均率与增薪幅度。

（一）薪酬平均率

计算公式为：

薪酬平均率=实际平均率/薪酬幅度的中间数

薪酬平均率的数值越接近于1，则实际平均薪酬越接近于薪酬幅度的中间数，薪酬水平越理想。当薪酬平均率等于1时，说明公司所支付的薪酬总额符合平均趋势。可以利用薪酬平均率指标衡量公司支付的薪酬标准，从而控制公司的总支出。

若薪酬平均率大于1，表示公司支付的薪酬总额过高，因为实际的平均薪酬超过了薪酬幅度的中间数。若薪酬平均率小于1，表示公司实际支付的薪酬数目较薪酬幅度的中间数要小，大部分职位的薪酬水平在薪幅中间数以下。导致这两种情况出现的原因如图 6-5 所示。

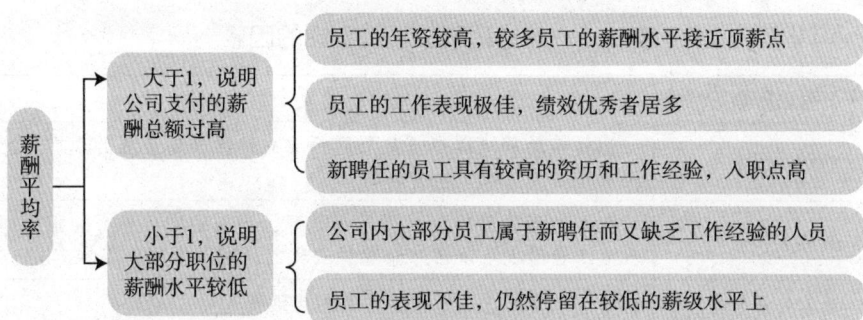

图 6-5　薪酬平均率分析

（二）增薪幅度

增薪幅度是指公司的全体员工的平均薪酬水平增长的数额。

计算公式为：

增薪幅度=本年度的平均薪酬水平-上年度的薪酬水平

增薪幅度越大，说明公司的总体人工成本增长得越快，要注意适当地加以控制，使其保持在公司所能承担的范围内。如果增薪幅度过小，说明公司的总体薪酬水平比较稳定，人工成本变化很小。

但并不是增薪幅度越小越好。如果公司总体薪酬水平变化极小，那么公司就是一个处于停滞状态的组织，仅是维持了生存而没有发展。此时必须弄清原因，采取有效的措施激励员工提高绩效，促进企业的不断发展。因此，将公司的增薪幅度控制在合理的范围内，使其既不超出公司的承受能力，又能激励员工努力工作，为公司的发展做出贡献。

除增薪幅度外，还可利用增薪百分率以及实际增加的金额作为控制薪酬的指数，并可以比较每增加一个百分率实际薪酬所需增加的数目，由此考虑公司是否可以负担以及员工对所增加金额的实际得益。

五、如何确立薪酬总额

薪酬总额是企业掌握和控制人工成本的主要信息来源，对薪酬总额的核算和控制十分重要，需要考虑的因素包括：市场薪酬水平、企业支付能力、员工生活费用以及员工现有的薪酬状况等（表6-6）。

表6-6　确立薪酬总额需考虑的因素

考虑因素	含义
市场薪酬水平	通过市场薪酬调查，参照同行或同地区其他企业的现有薪酬来调整企业对应工作的薪酬
企业支付能力	企业的销售额较大，销售业绩好，企业的支付能力较强，那么人工费用也可以相对地增加；反之，则不应盲目增加支出
员工生活费用	薪酬水平应该高于员工的基本生活费
员工现有的薪酬状况	与员工的级别相匹配

要想确定一个合理的薪酬总额，就必须将公司的支付能力精确化、量化，用几个指标将它明确地表示出来。衡量公司支付能力有以下几种方法。

（一）销售额与人工费用比率基准法

人工费用/销售额=（人工费用/员工总数）/（销售额/员工总数）

=人工费用比率

由上式可见，如果公司的销售额较大，销售业绩较好，那么人工费用也可以相对地增加，因为公司的支付能力较大；如果公司的销售额较低，那么也不应该盲目地增加人工费用的支出。这里，人工费用不仅包括员工的基本薪酬、奖金、津贴和福利，而且包括录用、培训员工所发生的一切费用。

在实际中，可以根据过去数年的经营实绩，求出人工费用与销售额的合理比率；再根据比率，求出合理的适合企业承受能力的人工费用。

以人事费用率来确定薪酬总额的优缺点见表6-7。

表6-7　以人事费用率来确定薪酬总额的优缺点

优点	保证薪酬成本占销售总额有一个合理的比例，从而保证组织的薪酬支付能力
缺点	人事费用率只与销售额相关，不能反映组织的利润水平和保证组织经营利润目标的实现
	在不同产业、不同部门、不同行业及同一行业中不同规模的企业之间，人事费用率有很大差异，不存在一个标准的、适合各种组织的人事费用率

（二）劳动分配率基准法

$$劳动分配率=人工费用/附加价值$$

$$附加价值=销售额-外部购入价值（材料+外托加工费）$$

根据劳动分配率，可以求出合理的人工费率，公式如下：

$$合理人工费率 = \frac{人工费用}{销售额} = \frac{\dfrac{附加价值}{销售额} \times 人工费用}{附加价值}$$

$$=目标附加价值率 \times 目标劳动分配率$$

应用劳动分配率确定薪酬总额，只要根据本年度目标劳动分配率和目标增加值总额测算出本年度人工成本总额，和上一年度实际人工成本总额相比较，还可以计算出本年度薪酬总额的增长幅度。

（三）损益平衡点基准法

损益平衡点：

$$固定费用 / [1-（流动资本/销售额）] = 固定费用/临界利益率$$

$$临界利益=销售额-流动费用$$

$$临界利益率 = 临界利益/销售额$$

通过市场薪酬调查，了解当地通行的薪酬水平，将本企业的薪酬与之对比，决定企业的总体的薪酬额。

以盈亏平衡点为基准确定薪酬总额的优点，是通过本量利分析能精确计算出保本或达到某个利润目标所需的销售额，以此为基础去控制薪酬总额，更有利于实现组织的经营目标。

当然，企业薪酬总额的高低还与企业的薪酬政策有关，如图6-6所示。

总之，为实行有效的薪酬控制，应该确定一个合理的薪酬总额，通过调整这个总额达到控制整个薪酬体系的目的。

六、控制过高的人工成本

人工成本要控制，但不应该采取直接降低薪酬的措施，而应该巧妙地处理，不致影响员工的积极性。

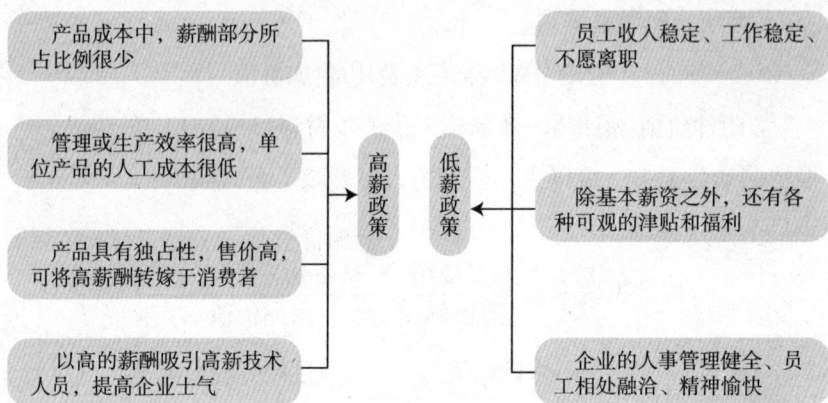

产品成本中，薪酬部分所占比例很少

管理或生产效率很高，单位产品的人工成本很低

产品具有独占性，售价高，可将高薪酬转嫁于消费者

以高的薪酬吸引高新技术人员，提高企业士气

高薪政策

低薪政策

员工收入稳定、工作稳定、不愿离职

除基本薪资之外，还有各种可观的津贴和福利

企业的人事管理健全、员工相处融洽、精神愉快

图 6-6　企业薪酬总额与企业的薪酬政策

一般说来，可以采取以下方法。

（一）冻结薪酬

当人工成本过高时，不是直接降低薪酬，而是使员工的薪酬水平保持不变。不要以为这样做与降低薪酬没什么不同。其实，实行冻结薪酬的措施一般不会引起员工的反感，相反，员工会这样想：一定是我的工作表现不佳，业绩不突出，所以才没增加奖金，我应该努力工作，争取做出更好的成绩。这样，反而激励员工为公司做出更大的贡献，增加变量，从而降低了单位产品的人工成本。

暂时的薪酬冻结使公司的实力增加，节省下来的一部分资金可用于提高产品的质量或开辟新的营销网络。其最根本的一点是稳定了员工的心情，保证了公司生产的连续性，从而为公司战胜竞争对手提供了机会和支持。

（二）延缓提薪

对于应该提薪的员工，暂时推迟一至两个月，等到公司摆脱了困境，经济效益好转之时再予以提薪。

不妨向全体员工说明公司所面临的现状，争取造成"同仇敌忾"的气氛，团结一心，共渡难关。

（三）延长工作时间

如果在调整薪酬方面确实存在困难的话，那么不妨走另外一条途径——适当延长工作时间，增加工作量，提高工作效率。这样做，不仅有利于控制公司的人工成本，而且可以使员工增加紧迫感，如果不努力工作将有可能失去工作的机会。

例如：

> 赵兴是一家手表生产公司的总经理。在控制人工成本方面，他的做法很值得学习。当他发现由于薪酬等级过少，使得不少员工的薪酬水平已经升到该级的顶薪点，而且公司的人工成本已占总成本的近2/3时，他果断地采取了延长工作时间的措施，超时工作可以得到加班费。员工为了增加收入，大部分都同意延长工作时间，由于生产时间延长了，产量大幅度增加，公司的利润也明显提高。

（四）控制其他费用支出

除了冻结薪酬、延缓提薪、延长工作时间三个措施之外，还可以适当地压缩公司在一些福利、津贴方面的开支，从而达到控制成本的目的。

具体措施主要有：要求员工少请假、缩短假期；缩小医疗保险范围或者要求员工们自己负担一部分医疗费用；调整差旅费支出，禁止乘坐一等舱位；严格控制拨打长途电话的次数；限制各种公费娱乐活动。

适当压缩部分福利项目的开支，可以避免强行降薪带来的不利影响，毕竟与基本薪资相比，人们对福利的享受或要求弹性稍大一些。

抑制企业的人工成本是薪酬管理的重要环节，如果成功地控制了成本的上升趋势，使企业在竞争中占据优势，管理者的管理水平将会跃上新的台阶。

七、如何及时进行薪酬调整

薪酬调整主要是指企业在建立系统的体现内部公平和对外具备竞争力的薪酬管理系统后，根据企业发展战略和市场和人员市场变化的需要，和企业内部问题解决的需要，在不损坏薪酬管理体系的系统性的基础上，所进行的权重比例的调整。

一般来说,薪酬调整主要有以下几种类型。

（一）奖励性调整

奖励性调整是为了奖励员工做出的优良的工作绩效,鼓励他们保持优点,再接再厉。这就是论功行赏,因此又称之为功劳性调整。这样会极大地调动员工的积极性和工作热情,同时也激励其他的员工向他学习,为公司的发展做出更大贡献。

（二）生活指数调整

这是为了补偿员工因通货膨胀而导致的实际收入无形减少的损失,使其生活水平不致降低,显示出对员工的关怀。

但是这种调整方法要注意一点:生活指数调整常用的方式有两类,一类是等比调整,另一类是等额式调整,两者各有特点（表6-8）。

表6-8　生活指数调整方式对比

调整类型	含义		优缺点
等比调整	所有员工都在原有薪酬基础上调高一定的百分比	优点	保持了薪酬结构内在的相对级差使代表企业薪酬政策的特征线的斜率虽有变化,但却是按同一规律变化的
		缺点	薪酬偏高调升的绝对值幅度较大,似乎进一步扩大了级差,从而产生"不公平"的怨言
等额式调整	全体员工一律给予等幅的调升	优点	一视同仁,无可厚非,不会引起员工的不满
		缺点	引来级差比的缩小,致使特征线上每一点的斜率按不同规律变化,造成了混乱,动摇了原薪酬结构设计的依据

（三）效益调整

这是当企业效益甚佳、盈利颇多时,对全体员工的薪酬普遍调高的措施。调整方式可以是浮动的而非永久性的,当效益欠佳时,有可能调回原来的水平。但是,要注意这类调整应涉及全体员工。否则,将使员工感到不公平,将导致工作积极性的降低,自然会影响工作效率,也违背了薪酬管理的最基本的原则。

（四）薪酬调整中的重点因素

在企业管理过程中，薪酬调整是一种十分普遍的现象，但是如果薪酬调整不当，效果会适得其反，在薪酬调整中要关注的两个重点因素就是岗位经验曲线和市场薪酬变化状况。

岗位经验曲线是指随着时间的增加，某个人对某个岗位、某项工作的熟悉程度也必然会随之增加，他的经验以及他对这项工作的理解也会越来越深，从而有利于他改进工作方法，提高工作效率，更好、更合理地完成本职工作。但是这种经验也不是永远增加的，随着时间推移，经验的积累也将越来越慢，直至停止（图 6-7）。

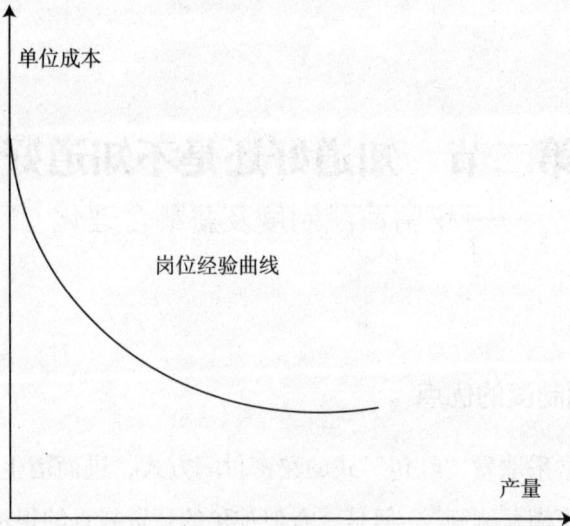

图 6-7　岗位经验曲线

一般来说，越是简单、易做的工作，其经验积累得越快，并且这种经验也将很快达到顶峰，不再继续增加。但如果工作本身难度很高，需要较强的创新精神，那么这种经验的积累速度将是十分缓慢并且是长期的，这种经验只要稍微增加就必将极大地促进员工能力的大幅提升和工作效率的提高。工资上调的一般原则是：经验效应曲线越强的工作，工资越需要上涨；经验曲线效应不强的简单工作，工资就可以很少调整。

确定企业内部各个岗位的经验曲线主要依据职位评价的结果。职位评价

（职位评估）重在解决薪酬的对内公平性问题，它有两个目的：一是比较企业内部各个职位的相对重要性，得出职位等级序列；二是为进行薪酬调查建立统一的职位评估标准，消除公司内由于职位名称不同或即使职位名称相同但实际工作要求和工作内容不同所导致的职位难度差异，使不同职位之间具有可比性（目前流行的薪点制就是以此为基础），为确保工资的公平性奠定基础。它是职位分析的自然结果，同时又以职位说明书为依据。所以我们在做职位评价时，必须注重各个岗位在岗人员经验的发展性，描绘出岗位的经验曲线，并根据经验曲线效应的强弱度细化为不同的等级，赋予各个等级合理的分值和权重，为薪酬调整提供准确的量化体系。

第二节　知道好还是不知道好
——秘密薪酬制度及薪酬合理化

一、秘密薪酬制度的优点

有些企业常采取发"红包"式的秘密付酬方式，进而衍生成目前已有一定普遍性的"模糊薪酬制"。但是，看似神秘的薪资袋真的很神秘吗？

企业制定薪酬制度一般会遵循两个原则：一是对外要有竞争力，二是对内要公平。一般情况下，人们会以同事、亲友、邻居或自己以前的情况作为参考，来评价自己是否得到公平、公正的待遇。人们不仅对自己的报酬与付出进行比较，还将自己的报酬与付出的比值与他人进行比较。而且在比较的过程中，人们总是倾向于过高估计自己的付出和他人的所得，而过低估计自己的所得和他人的付出，这种主观判断会大大增加员工心理上的不公平感，从而影响员工的工作态度。鉴于公平的感觉常常产生于比较之中，许多企业便实行秘密薪酬制度，以避免员工在相互比较中产生不公平感。由此，秘密薪酬制度可以给企业带来以下益处。

（一）防止员工在工资方面的盲目攀比行为，减少企业内部的矛盾

许多企业实行秘密薪酬制度，主要是为了防止员工在工资方面的盲目攀比行为，以避免不必要的麻烦。员工薪酬的多少体现了员工的个人价值，由于员工的能力不同、为企业创造的价值不同，必然会在薪酬上拉开差距。如果在差距过大的情况下将其公开化，会使一部分薪酬较低的员工心理失衡，挫伤其工作的积极性，甚至会引发企业与员工之间、员工与员工之间的矛盾，影响整体士气。另外，薪酬收入属个人隐私，因此在西方许多国家都推行薪酬保密，打听别人的工资是不礼貌的。

（二）有助于保护企业的骨干员工，避免核心人才的流失

核心人才是企业重要的资产，仅占企业员工总数 20% 的核心人才却为企业创造了 80% 的业绩。为了留住这些人才，企业往往支付高薪。推行秘密薪酬制度有助于保护核心人才免遭他人的嫉妒和攻击，为其创造一个平和的工作环境。若薪酬制度过于透明，迫于舆论压力，管理者会趋向于将工资差距最小化，从而更平均地分配收入。这不利于吸引、稳定和激励核心人才，最终会造成核心人才的流失。另外，实行秘密薪酬制度也有利于避免核心员工被竞争对手用高薪挖走。

（三）有利于企业在薪酬调节上的灵活性

企业的薪酬水平与企业经营效益密切相关，在不同时期，企业必然要根据自身的经营状况对薪酬水平或结构进行调整，薪酬保密制度在一定程度上有利于排解企业由于薪酬体系变化或调整员工薪资结构带来的风险。若实行透明、公开的薪酬制度，就等于企业对每位员工的薪酬做出了承诺，在此基础上的工资调整可能会引起员工的情绪波动，从而影响工作效率。

（四）有利于减少企业的人力资源成本

推行透明公开的薪酬制度所带来的攀比心理和企业内部的矛盾，会直接带来企业的内耗和管理成本的增加。而保密的薪酬制度，却可以使管理者和员工都减少麻烦，使其工作重心始终放在工作绩效与工作能力的提升上。人力资源部门不必对所有感觉不满意的员工以及所有的薪酬差异都一一做出解

释。另外,薪酬保密制度还可以使企业能够以较低的人力成本雇佣员工。从合理性角度说,应聘者有权了解企业的薪资情况,但实际上很难获得这方面的信息。在企业与个人信息不对称、存在大量后备人选的情况下,一旦信息上不平等,就会使得雇员或新应聘者在讨价还价中处于弱势,从而使企业可以较低的薪资雇佣员工。

二、秘密薪酬制度的缺点

秘密薪酬制度的确可以给企业带来一些好处,但它也存在着许多弊端,主要表现在以下几个方面。

(一)不利于完善企业的薪酬制度

在秘密薪酬制度下,员工的薪酬由部门领导制定,具有一定的主观性,缺乏必要的民主监督机制。这不利于发现现行薪酬制度的缺陷,会使本不完善的薪酬制度更加不完善。

(二)不利于企业的内部沟通,削弱团队凝聚力

在秘密薪酬制度下,因为员工没有了知情权,势必会引起小道消息满天飞,增加人与人之间的猜疑和不信任。而薪酬制度透明化,可以让员工明确企业不同岗位的价值大小、员工的职务体系和职业生涯发展方向,将企业的核心文化、薪酬理念告诉员工,从而避免通过小道消息发生的误传、谣传,拉近管理者和员工的距离,增强彼此的信任感,使内部沟通更为有效。如果员工对自己的薪酬有不满意的地方,可以根据薪酬制度的相关条款,向自己的上级反映,若能得到妥善解决,员工的不满情绪可以得到缓解。在这种公开、公正的氛围中,团队的凝聚力无疑会大大增强。

(三)不利于更好地激励员工

秘密薪酬制度不能很好地发挥薪酬的激励作用,老板为员工花钱加薪,员工可能认为给他人加薪的幅度会大大高于自己,这种无端的猜疑会削弱加薪对员工工作积极性的促进作用。另外,员工对自己的薪酬可能都有一个期望值,当期望值现在不能达到且不知道将来能否达到时,员工可能因为这种不确定性而选择离职。

如果实行透明的薪酬制度，让员工在选择企业之初，能够明确地知道他将来的发展方向和所得报酬，就可以避免上述情况的发生，既为企业节省招聘成本，也为员工提供公平的就业机会。若能将透明的薪酬制度与绩效考核结果挂钩，则会取得更大的激励效果。在绩效考核过程中，通过设定明确的绩效考核目标，让员工知道自己努力到什么程度会得到什么样的回报，同时客观地记录员工在考核期内的绩效表现，并将这些信息作为考核期结束后员工调薪的重要依据。当绩效好的员工得到奖励和加薪时，会激励他们更好地工作，而那些绩效不好的员工也会检讨自己的行为，并通过努力迎头赶上。

三、薪酬制度的透明度

我们知道，薪酬管理所强调的是薪酬制度必须公平，而员工对薪酬制度感到公平有赖于管理人员将正确的薪酬信息传达给员工，这样，员工才有机会参与及发表自己的意见，提出自己的合理建议。同时，如果员工对薪酬制度有任何抱怨的话，也可以通过适当的途径向管理者提出申诉，从而保证了薪酬制度的公平合理。因此，应该实行公开化的薪酬支付。

但是，该公开到哪种程度呢？研究显示，员工有一种高估较低职位的薪酬而低估较高职位薪酬的倾向。这种错误的猜测会导致上级与下级之间的薪酬差距较实际上的更加缩短。这种被压缩了上下级的薪酬差距，降低了员工对升职的兴趣；同时对上级也没有太大的激励性，由于高估下级员工的薪酬，他们会以为：我的责任大，事情多，也没比那些职位低的员工多拿很多。这样，他们的积极性反而降低了。

至于薪酬资料应开放到哪一种程度并没有硬性规定。一般的做法是公开薪级制度和可以晋升的职级、每一个薪级的起薪点、顶薪点以及每个职点的薪酬。而个别员工具体的薪酬数目，可以不公开。

有关加薪及晋升的准则，应由主管人员解释清楚，并且应让员工清楚薪酬与工作的关系，可将公司所编订的薪酬手册存放在人力资源管理部门，当员工遇到疑问的时候，可以随时翻查手册内的条文或向有关人员咨询。薪酬管理人员应采取较开放的态度，希望员工对公司的薪酬政策发表意见。员工提供的意见可以投入公司的意见箱，或在公司的刊物上发表看法等，这样就能使公司的管理人员与员工就薪酬问题互相沟通。

四、合理的薪酬支付方式

不同的职务应适用于不同的薪酬支付方式。如果公司实行"一刀切"的政策，只能使部分员工积极性下降。具体说来，主要有以下几种支付方式。

（一）计时薪酬

计时薪酬是指报酬与工作时间直接相关的薪酬支付方式。计时薪酬可分为小时薪酬、周薪酬和月薪酬。一般而言，工厂的工人多领取周薪酬，而办公室的职员多领取月薪酬，兼职的员工则应领取小时薪酬。

在进行工作评价之后，每种工作都对应相应的级别，而每个级别都对应一定的薪酬。在每个等级中又有不同的档次。员工从某一档次开始，每年提升一档，最终升到该级别的最高档。这种体系对经历的关注大于对业绩的关注，员工一般每年依服务年限长短领取一次年度奖金。计时薪酬受工作评价的影响，注重工作本身的价值，而不是员工在此岗位上所表现出的技能和能力的价值，或是业绩的质量或数量。计时薪酬的优缺点见表6-9。

表6-9　计时薪酬的优缺点

优点	它可以保证员工有稳定的收入
	同工同酬的角度出发具有一定的平等性
	通过建立一种稳定的报酬体系而有利于留住人才，降低流动率
	员工留任和劳动力资源的稳定使员工有机会提高其技能和效益
	较易于管理，劳动力成本易于预测，便于检查
	不以牺牲质量为前提强调产出数量
缺点	对员工缺乏激励的效果，员工缺乏动力提高其生产效率
	如果某一级别的工人无论业绩好坏，薪酬均相同，那员工就很难努力提高自己的业绩

（二）绩效薪酬

绩效薪酬是将薪酬与员工个人的产出量直接关联。绩效薪酬的前身是计件薪酬，即将薪酬与生产产品的个数挂钩，这在制造业中十分常见。绩效薪酬的优缺点见表6-10。

表6-10　绩效薪酬的优缺点

优点	员工受到激励，将投入更多的努力
	报酬与产量挂钩也是公平合理的
	具有成本优势，中间的监控环节有所减少
缺点	容易使产品质量出现问题，这给质量管理造成困难
	提高产量的同时，也应强调安全标准
	工厂如果不兑现报酬，容易引起工人和管理层之间的矛盾

从积极的一面看，经过仔细策划，在工作及产出均可量化的情况下，在与员工事先进行沟通和咨询后，在管理层与工人之间保持良好的关系的场合，绩效薪酬的实施将会是有效的。

（三）业绩挂钩薪酬

业绩挂钩薪酬不只考虑工作结果或产出，还关注实际工作效果。员工个人的业绩是依照预先设定的目标，或是对比岗位描述中所列的各项任务，利用业绩评估手段进行测量，然后根据评估结果支付薪酬。

业绩挂钩薪酬的激励作用也很明显，但是要有效地实施业绩挂钩薪酬，需具备以下条件：个人之间的业绩有显著差异；薪酬范围应足够大，以便拉开员工薪酬的距离；评估人员拥有熟练技能设定业绩标准，并操作评估过程；企业文化支持业绩挂钩薪酬；报酬水平既有竞争性，又不失公平；企业在薪酬与业绩挂钩方面富有经验；经理及下属之间相互信任，经理人员应该做好充分准备针对业绩指标进行积极的交流、说明，同时要面对困难的决策问题。

业绩挂钩薪酬的优缺点见表6-11。

表 6-11 业绩挂钩薪酬的优缺点

优点	薪酬与可量化的业绩挂钩，更具公平性
	企业向业绩优秀者做报酬倾斜，此举会因目标集中而节省薪酬支出
	业绩报酬足以激发进一步的努力
	突出一种关注绩效的企业文化
缺点	影响到经理与下属之间的公开交流
	对自我中心的个人努力进行奖励，会影响到团队合作
	业绩不良者受到处罚，但企业更应鼓励这部分员工改进自身业绩

充分认清业绩挂钩薪酬的特色，有助于更好地应用它，发挥其优点，防止其缺点。

（四）利润挂钩薪酬

通过使薪酬与利润挂钩，企业可以使薪酬成本更加明晰，员工也会受到激励更加努力工作。经营好时分享收获，经营差时共担风险，当然也应设计相应的方式使员工利益在利润下降时受到保护。企业可以在现有薪酬的基础上，利用利润挂钩薪酬作为奖金，或将员工薪酬一并纳入挂钩体系。

这种报酬方式使员工与公司的利害关系更大。他们在晚间下班时会随手关灯，注意不让机器整夜空转，也许还可减少增加薪酬的要求。当然，利润挂钩薪酬并不是对所有公司都有效。对那些员工收入水平较低、纳税较少的公司，或是利润变化很大、无法预测的公司都不太适合。

这种支付方式的优点有：员工明确自身利益与企业成功的关系更为密切，从而增加责任，提高业绩水平；有利于消除员工中"他们"与"我们"的心理屏障；企业鼓励员工为了共同利益而进行合作；当经营环境恶化（如出现衰退）时，企业利润中用于薪酬的部分会有所下降；员工意识到业绩与企业盈利水平之间的关系，因而对成本和自身表现更加关注。这种认识对企业应付员工提出的薪酬要求有利。

企业应根据实际情况以及职位的特点，选择合适的薪酬支付方式，不断提高员工的努力程度，实现企业的成长目标。

第三节 对超额贡献需要有超额回报
——奖金管理体系

一、奖金激励机制

奖金作为一种工资形式，其作用是对与生产或工作直接相关的超额劳动给予报酬。奖金是对劳动者在创造超过正常劳动定额以外的社会所需要的劳动成果时，所给予的物质补偿。

奖金具有如下特点。

（1）奖金具有很强的针对性和灵活性。奖励工资有较大的弹性，它可以根据工作需要，灵活决定其标准、范围和奖励周期等，有针对性地激励某项工作的进行；也可以抑制某些方面的问题，有效地调节企业生产过程对劳动数量和质量的需求。

（2）奖金可以有效地弥补计时、计件工资的不足。任何工资形式和工资制度都具有功能特点，也都存在功能缺陷。例如，计时工资主要是从个人技术能力和实际劳动时间上确定劳动报酬，难以准确反映经常变化的超额劳动；计件工资主要是从产品数量上反映劳动成果，难以反映优质产品、原材料节约和安全生产等方面的超额劳动。而这些都可以通过奖金形式进行弥补。

（3）奖金具有更强的激励作用。在这种工资制度和工资形式中，奖金的激励功能是最强的，这种激励功能来自依据个人劳动贡献所形成的收入差别。利用这些差别，使雇员的收入与劳动贡献联系在一起，起到奖励先进、鞭策后进的作用。

（4）奖金分配形式的收入具有明显的差别性。

（5）奖金分配所形成的收入具有不稳定性。

二、奖金发放标准合理

奖金的发放能否激励职工的工作热情，一个重要原因是职工能否认可奖金发放标准。标准合理，职工就能认可，奖金激励作用就能发挥出来；反之，事与愿违，就会严重挫伤其积极性。要使广大职工对奖金分配产生公平合理感，起到奖金的激励作用，必须做到认识清楚，坚持原则，发放合理。奖金发放原则如图 6-8 所示。

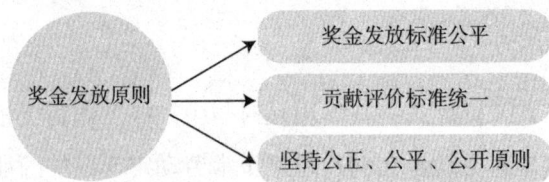

图 6-8　奖金发放原则

（一）奖金发放标准公平

亚当·斯密在美国企业中做了大量调查，认为职工对分配公平与否，有三种衡量标准，即贡献率标准、平均率标准、需求率标准。目前，各企业的奖金分配制度中，贡献率标准已为大多数人所认同，但在各单位的奖金分配实际操作中，大多数单位实际上实行的是一种平均率标准基础上的按劳分配，劳动贡献率的物质满足度很小，起不到应有的效果。

奖金是对超过正常劳动定额以外的有效劳动所给予的物质补偿。劳动者为创造这一部分超额劳动，将消耗超过一般水平的体力和精力，应该获得较高水平的物质补偿。另外，奖金的主要目的是激励职工加倍努力工作，创造出更多的、企业所需要的超额财富，也理应比基本工资具有更强的激励性。因此，如果劳动贡献率的物质满足差异度不够大，一方面将使劳动者的超额劳动得不到足够的补偿，影响其进一步挖掘潜力的积极性；另一方面，则使一部分人认为不值得为多几个小钱而拼命干，从而削弱了奖金应起的激励作用。所以，只有根据劳动者的贡献大小，实行差额较大的补偿，才会使职工产生真正意义上的公平感，并以此激发起职工的工作热情。

（二）贡献评价标准统一

如前所述，奖金是从超额劳动中产生出来的，因此奖金的计量发放依据应是超额劳动量。目前，各单位综合奖构成了奖金的主要组成部分，而综合奖的评价尺度很大程度上是以计划完成程度为标准的。这种做法从一定程度上改变了奖金的本质意义，使奖金逐步演化成福利性的补充工资，每到月末职工们都等着发奖金，却没有人去想为什么要发奖金，结果大大地弱化了奖金的激励作用。实际上，职工计划内工作已经通过工资得到了补偿，不存在奖金发放的问题。因此，对企业来说，真正要加以奖励的应是超额的劳动。只有这样，职工才能意识到奖金的真正作用，从而激发职工工作热情，而企业也能借此获得更多的产出，达到降低成本，提高效益的目的。所以，充分认识超额劳动是奖金发放最重要的评价尺度。

（三）坚持公正、公平、公开原则

以上两个标准是建立职工公平合理感的基础；而公正、公平、公开原则是建立职工公平合理感的保证。公正，就是按照奖金发放标准办事，对职工无亲疏之分，一视同仁；公平，就是贡献评价标准统一，制定合理的考核办法，做到有章可循；公开，就是提高分配的透明度，让职工充分认识到为何而奖，如何发放。目前，有相当一部分企业流行模糊奖，这种做法是不可取的。模糊发奖容易使职工认为发奖者有可能在徇私情，从而恶化干群之间、职工之间的正常关系，影响奖金激励的实际效果，不利于企业和谐稳定大局。

三、运用好奖金激励的技巧

奖金奖励作为激励的一种手段有很强的技巧性，在操作过程中必须善于运用这些技巧，才能妥善处理好劳资双方的关系。

奖金激励过程是一个心理的内在动机过程，它遵循报酬的心理物理法则。在社会稳定、物价不变的条件下，如果职工原劳动报酬水平较低，则他对报酬增量的期望就小，小额的报酬增量就可使职工明显感到收入增加，并对此引起重视。但随着劳动报酬水平的提高，职工对报酬增量的期望也在增大。因此，如果报酬水平增长率小于职工对报酬增量的期望，报酬增量不易被职工明显地感知，就起不到应有的激励作用。要想提高报酬激励作用，唯一的方法就是调整报酬刺激强度。准确掌握职工边际期望值的强度，利用边际效应原理，并采取相应的奖励形式，是充分发挥和提高奖金激励功能的有效途径。

目前，随着我国整个社会经济的发展，人民生活水平在逐步提高，工资收入与几年前相比显著增加。但是，生活必需品价格的上涨幅度也较大，且变动频繁。这就使职工对报酬增量的期望也相应地增高。因此，各企业应及时地调整、加大奖金刺激力度，以强化奖金激励作用。当然，绝对增加奖金发放总额是不可行的。当前奖金分配改革的重点，应放在发放条件及发放方式上。

（1）应进一步统一对奖金性质的认识，考虑在综合奖的基础上，增加超额奖、特别贡献奖等奖项的发放。

（2）建立合理的奖金发放体系，形成发放制度，向基层职工、科技工作者倾斜。

（3）要使职工充分认识奖金作为超额劳动的报酬，具有一定的不稳定性，不是变相的保障性收入。

（4）灵活地变换奖励形式，将货币性奖励与实物性、其他形式奖励有机地结合起来，提高奖金的心理价值放大量。

心理学研究证明，当人渴望获得某种需要时，如果给予满足，则在人的心理上产生的边际效用就大；相反，则其心理边际效用就小。奖金的发放亦同此理，当职工渴望发奖金时得到奖金补偿，他就会感到这点奖金很重要、很珍贵。因此，科学地选择奖金发放时机，其激励功能必然明显增强。

第一，要打破职工长期以来形成的每月发奖金的心理习惯，适当延长奖金发放间隔期，降低报酬增量的感觉差别，提高奖金感知强度，以强化奖金激励作用。

第二，适当增加不定期、不定额奖金的发放，增加奖金发放种类，并与超产、超效、节能、减排相结合。

第三，在奖金兑现准时性和兑现率问题上，也应引起重视。

一般来说，职工创造超额劳动价值并被确认之后，奖金兑现越准时，兑现率越高，则奖金的刺激效果就越高；反之，则越低。当前，有些单位存在这样一种现象，即派任务时许以重奖，但任务完成后，或拖延发奖，或不能按规定的奖金标准如约兑现。这种状况实际上无形中增加了奖金的心理成本，使最终发下来的奖金起不到应有的激励作用，甚至产生负面影响。

第四，要确定合理的差距和比例，促进企业和谐关系的建立与发展。

有些企业在拉开个人分配差距上采取了很多措施，这对打破长期存在的平均主义起到了积极作用。但是在一些企业中由于过分强调岗位的分配差距，导致干群、职工之间人际关系恶化，企业凝聚力下降，结果引发一系列生产不协调问题。企业不和谐、不稳定将会影响企业大局、社会大局，因此，要确定合理的差距和比例，从而促进企业和谐关系的建立与发展，以达到提高企业经济效益的目的。

四、完美的个人奖励计划

个人奖励计划是以人作为计算奖金的单位的一种奖励计划。它使员工的收入与工作表现直接联系起来，若员工能超额完成或表现超过预先制定的标准，便可以获得奖金或者额外的报酬。

个人奖励计划可以根据产量多少或工作时间的长短作为奖励的标准。按产量多少进行奖励的方式我们称为计件制。它又衍生出各种不同形式的计件法。把时间作为奖励尺度，我们称为计效制，它鼓励员工努力提高工作效率，减少完成工作所需要的时间，节省人工和各种制造成本，并且根据员工不同的情况进行相应的奖励。

另外，奖励计划可以按照生产水平与工资的关系分为定分与变分两种。定分奖工制是指在节余利益的分配过程中，雇主与雇员按某个确定的比例进行分配。比如，在计件制中，员工每做一件就会得到一定额的奖励，而其他的节余归老板所有。变分奖工制是指在节余利益的分配方面，劳资双方的比例因为工作效率不同而有所差别，比如著名的罗恩制，即在相同时间内，不同员工所做产品量不同，奖励额也不同，将奖金与工效进行挂钩是这种方法的核心。

（一）计件制

第一，简单计件制。这种计件制计算方法易于掌握，计算过程非常简便，因而得到了普遍采用。简单计件制的公式：

完成件数×每件工资率=应得工资

这种方法将报酬与工作效率相结合，可以激励员工的工作表现，完成产品数量多的员工收入比较多，可以使员工更加勤奋工作，减少员工偷懒。但是，每件工资率往往很难确定，而且容易引起员工的猜忌。而且，在这种方式下，工人没有最低的工资保障，假设因原料供应中断而停产数日，员工的工资就会受到很大影响。这种方式还容易引起员工一味追求数量而忽视质量，导致产品粗制滥造，所以必须要有检验制度加以配合。

第二，梅里克计件制。这种计件制将工人分成了三个等级，随着等级变化，工资率递减10%。中等和劣等的工人获得合理的报酬，而优等的工作则会得到额外的奖励。

第三，泰勒的差别计件制。这种计件制首先要制定标准的要求，然后根据员工完成标准的情况有差别地给予计件工资。

梅里克和泰勒的计件制的特点在于用科学方法加以衡量，高工资率要高于单纯计件制中的标准工资，一方面对高效率的员工有奖励作用，另一方面对低效率员工改进工作也有一定的刺激作用。

计件工资的好处是能够从劳动成果上准确反映出劳动者实际付出的劳动量，并按体现劳动量的劳动成果计酬，不但劳动激励性强，而且使人们感到公平。由于产量与工作直接相联，所以能够促进工人经常改进工作方法，提高技术水平和劳动熟练程度，提高工时利用率，增加产品数量。计件工资由于按件发放，故而从企业管理的角度来说，还易于计算单位产品的直接人工成本，可减少相关管理人员的数目以及他们的工资支出。

但计件工资也有局限。第一是容易出现片面追求产品和数量，而忽视产品质量、生产安全等问题；第二是因管理或技术改造使生产效率提高时，提高定额会遇到阻力，而如果不提高定额，则会增加生产成本；第三是由于工人追求收入有可能紧张过度，从而有碍健康；第四是企业以利润最大化为目标时，容易导致对计件制的滥用，使计件工资成了延长劳动时间和降低工资的手段；第五是计件工资的本身不能反映物价的变化。

（二）计效制

鉴于计件制侧重于产品数量而相对忽视产品质量的情况，在其后又出现了计效制。计效制也有多种衍生形式，这里简要介绍几种。

第一，标准 T 时制。这种奖励制度以节省工作时间的多寡来计算应得的工资。当工人的生产标准有要求时，按照超出的百分比给予不同比例的奖金，对每位员工均有最低工资率做保障。

第二，哈尔西 50-50 奖金制。哈尔西 50-50 奖金制的特点是工人和公司分享成本节约额，通常进行五五分账，若工人在低于标准时间内完成工作，可以获得的奖金是其节约工时的工资的一半。

第三，罗恩制。罗恩制的奖金水平不固定，依据节约时间占标准工作时间的百分比而定。

根据这种方法所计算出的奖金，其比例可以随着节约时间的增多而提高，但平均每超额完成一个标准工时的奖金额会递减，即节省工时越多，工人的奖金水平越低于工作超额的幅度，这一方面避免了过度高额奖金的发出，另一方面也使低效率员工能够获取计时的薪金。

（三）佣金制

佣金制也叫"提成制"，是直接按销售额的一定比例确定销售人员的报酬的一种工资制度，它是根据业绩确定报酬的一种典型形式，主要用于销售人员的工资支付制度。

第一，单纯佣金制。对销售人员而言，单纯佣金制是一种风险较大而且挑战性极强的制度。其公式为：

收入 = 每件产品单价 × 提成比率 × 销售的件数

第二，混合佣金制。其公式为：

收入 = 销出产品数 × 单价 × 提成比率 + 底薪

一般混合佣金制的提成比率会低于单纯佣金制，但由于底薪的存在而使得销售人员的风险减少。

第三，超额佣金制。其公式为：

收入=销出产品数×单价×提成比率-定额产品数×单价×提成比率

即必须完成事实上的定额才能开始有所收入。

佣金计划的优势是由于报酬明确地同绩效挂钩，因此销售人员为得到更多的工资报酬，会努力扩大销售额，促进企业市场份额的迅速扩大；另外，佣金制由于计算简单，易于为销售人员理解，所以管理和监督成本也比较低。在我国，许多企业还将销售回款额作为与个人工资挂钩的一项重要指标。这种工资支付制度的缺陷是会导致销售人员只注重扩大销售额，而忽视培养长期顾客，不愿推销难以出售的商品。而且由于市场的风险性，使企业风险转嫁到销售人员的身上，有可能造成销售人员收入的忽高忽低。

（四）团体奖励计划

前面所提到的都是个人奖励计划，即奖励对象是针对个人，但往往由于员工之间工资差距过大会导致企业内部人心浮动，而且企业效益提高不仅仅是生产人员的功劳，还凝聚着管理人员和后勤人员的劳动，因此在某些情况下还应当将个人奖励与团体奖励结合起来。此外，连续性生产工作流程条件也是团体奖励计划产生的原因之一。

团体奖励计划可以促进团体内部成员间的合作精神，也可以利用团队压力，防止及减少个别员工的工作标准不一致的情况。集体统一计算奖励还可以节省不少行政费用和时间。当然，没有区别的奖励不容易激发个别员工的努力，因而也有可能比不上个别奖励计划的效果。

团体奖励计划有许多种方法，主要有两种，一种以节约成本为基础，另一种以分享利润为基础。

以节约成本为基础的奖励制度能够使工人努力提高效率，减少工时，节省原料，然后从工人的节约中获得奖金。以分享利润为基础的奖励制度目的是通过将企业的部分盈利分给全部有关的员工，以激发员工付出更大努力，展现最佳的合作精神。斯坎伦计划、克拉克计划以分享利润为基础。

第一，斯坎伦计划。斯坎伦计划的目的是减少员工劳动力成本而不影响公司的运转。奖励主要根据员工的工资（成本）与企业销售收入的比例，鼓励工人增加生产以降低成本，因而使劳资双方均可以获得利益，下面我们用一个例子进行说明。

基本公式：

员工奖金=节约成本×75%=（标准工资成本-实际工资成本）×75%

=（商品产值×工资成本占商品产值百分比-实际工资成本）×75%

其中：工资成本占商品产值的百分比由过去的统计资料得出。

在西方国家，斯坎伦奖励计划实施得非常成功，企业内所有员工，从经理到工人，从主管人员到办事人员都参与提出节约成本的办法，改进生产和管理的方法，提高员工的工作情绪，而员工随着参与决策程度的提高，埋怨情绪也相应减少。

当然，在实施过程中也存在着不少的问题，由于所生产的产品结构、价格及工人工资对成本节约额有很大影响，因而即使付出了很大的努力，节约成本还是不尽如人意，奖金数目自然也会减少。而普通员工并不了解这一切，在他们看来，所付出的节约和种种努力应当得到相应的回报，而看着几乎毫无变化的工资单会形成十分强烈的反对情绪。此外，奖金以个人的工资为基数，按工资的比例进行计划，若所有员工均以薪金的百分之十作为奖励，工资较低的员工所获奖励必定比较少，因而不利于提高低工资员工的积极性，而他们恰是公司存在的根本所在。

长时间的实践表明，这个奖励计划适用于组织规模较小而产品线及成本较为稳定的公司。如果在实施过程中有优良的管理制度与劳资关系相配合，那一定也会事半功倍。

第二，克拉克计划。克拉克计划在原理上与斯坎伦计划相仿，但计算方式要复杂得多。克拉克计划的基本假设是工人的工资总额保持在工业生产总值的一个固定水平上。克拉克主张研究公司过去几年的记录，以其中工资总额占生产价值（或净产值）的比例作为标准比例，以确定奖金的数目。计算方法是计算每元工资占生产价值的比例。

（五）利润分享计划

利润分享计划是指员工根据其工作绩效而获得一部分公司利润的组织整体激励计划。在这种计划下，报酬的支付是建立在对利润这一组织绩效指标的评价的基础上的，利润分享计划是一次性支付的奖励，它不会进入到雇员的基本工资中去，因而不会增加组织的固定工资成本。在实际运用中，利润分享计划在成熟型企业中显得更为有效。利润分享计划的基本思想是按照一定比例将公司利润分配给雇员。具体做法有多种：有些企业按照雇员绩效评价的结果来分配年度总利润；有些企业则每隔一定时期向雇员发放固定数额的反映企业利润的奖金；还有些企业在监督委托代理的情况下按预先规定的比例把一部分利润存入雇员账户，雇员退休后可以领取这部分收入，并可享受较低的税率。利润分享计划主要有三种形式：现金现付制、递延式滚存制、现付与递延两者混合奖励制。

第一，现金现付制。现金计划是最流行的利润分享计划形式，即每隔一定时间，把一定比例的利润作为利润分享额。现金现付制通常将所实现利润按预定部分发给员工。将奖金与工作表现直接挂钩，在员工做出努力表现后随即支付奖金，一般最好是每月或每两个月就进行及时的奖励。当然在每季或每年发一次奖金也可以，但这笔奖金数量应当相当多，否则对员工的激励效果不会十分明显。而且需要注意的是，要将奖金与基本工资区分开，防止员工形成奖金制度化的认识，否则不仅起不到激励的作用，若员工奖金减少，还会引起他们的反对。

第二，递延式滚存制。这种方式是指利润中发给员工应得的部分不会及时派发，而是转入该员工的账户，留待将来支付，通常员工到退休时才会得到这笔奖金。在某些国家，员工离开公司时若尚未退休，则这笔奖金不会发给员工，这对员工跳槽形成了一定的约束。

这种奖金类似于养老保险，将奖金延迟支付，可以累积到较高的金额，使员工增添一些保障。但因为员工看不到眼前的利益，因而会大大降低激励员工的作用。

第三，现付与递延两者混合奖励制。这种制度将前两种制度的优点结合在了一起，以现金即时支付一部分应得的奖金，余下部分转入员工账户，留待将来支付。它既保证了对员工有现实的激励作用，又为员工日后，尤其是退休以后的生活提供了一定的保障。

从以上三种分享利润为基础的奖金制度我们还应注意到：利润分享计划的优点是将员工的利益在同一计划中体现，使全体员工都关注公司的利润，公司利润的大小直接影响员工的收益。利润分享计划的缺点是该计划通常与员工的基本薪资挂钩，即利润分享计划没有考虑员工个人的业绩，它仅关注企业的经营目标。员工奖金的高低没有同员工工作效率的高低相挂钩，与公司的原则有所违背，奖金与付出的努力没有明确关系，员工也很难清楚地知道自己在利润变化过程中应当承担的具体责任。

（六）股票奖励制

在前面我们所谈到的奖金奖励都是以现金的形式进行发放的，但随着公司制的不断发展和股份制经济的蓬勃成长，以股票作为奖励形式的制度应运而生。股票期权即公司授予经营者在一定期限内按照某个固定的价格购买一定数量的本公司股票的权利。股票期权旨在解决公司的"委托—代理"矛盾，它通过赋予经营者一定的剩余分享权，使经营者和股东利益相一致。主要有以下特点。

（1）它是可选择性行使的一项权利，不需要履行义务。当企业经营者被授予股票期权后，意味着经营者享有的是一种权利，即他可以视企业股票在市场上的表现而决定行使权利还是放弃权利。如果企业的经营业绩良好，股价呈上涨趋势，享有该权利的经营者可行使权利取得股票，从而获得股票行权价格与市场价格的差额收益；如果企业的经营状况不佳，股价下跌，持权者可以不行使取得股票的权利。这就是说，股票期权激励机制的设计主要是基于一种良性循环的预期，如图 6-9 所示。正因为如此，股票期权被视为一种能有效解决两权分离下的代理问题的长效激励机制。

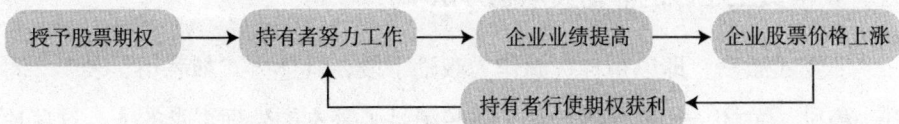

授予股票期权 → 持有者努力工作 → 企业业绩提高 → 企业股票价格上涨

持有者行使期权获利

图 6-9　股票期权激励机制的良性预期

（2）行权时间有延期的限制性规定。为了降低经营者的离职风险，留住专业人才，许多企业规定股票期权不可在赠予后立即执行，持权者只有在股票期权授予期结束后，才能获取行使权。

（3）以财务指标作为授予股票期权的主要依据。业绩评定主要是以财务指标体系为标准，如税后利润总额、每股盈余、资产报酬率、净资产利润率和净现金流量等。

（4）其激励作用依赖于股票市场的有效性。按照美国经济学家法玛的理论，市场有效性按强弱可分为弱式有效市场、半强式有效市场和强式有效市场。只有强式有效市场，股价才能充分反映所有可能获得的信息。也就是说，只有通过有效的股票市场，企业高层经营者的管理能力和经营业绩才能通过股票市场的价格信息充分反映出来。我国资本市场还处于弱式有效市场，采用这种激励机制，并不能充分反映经营者的管理能力和经营业绩。

在目前，股票奖励制主要有两种形式。

第一，股票折扣优惠制。即以一定折扣的方式将股票出售给员工。如果说发奖金可以使员工吃穿好一些，那发股票就等于给员工一台生钱的机器。钱的增值或许比钱本身更重要，这也就是股票奖励备受青睐的原因了。

第二，股票优惠选购权奖励制度。即给与员工以一定的折扣购买企业股票的选择权。当义务变成权利时，不管它是否有根本性的改变，至少会得到愉快的认同，于是产生了这种制度。

股票奖励制最大的优点就是企业所有者多元化，就连员工也成了企业的所有者，能够极大地调动员工的工作热情。实践证明，员工持股有非常好的效果并且被越来越多的企业所采用，但管理者一定要记住，切忌强行发售。

五、获得员工忠诚的非物质激励方法

非物质激励，即以精神资源作为激励手段，具体方式如表扬、表彰、晋升、鼓励、关怀、信任等等。对于那些满足了基本的生理需求的人，这些比较高级的人才如企业的经理、政府职能部门的管理人员、医生教授等来说，这些人的生存条件和物质需要得到了相对满足后，权力需要、关系需要和成就需要成了人的高层次需要。

马斯洛需求层次理论如图 6-10 所示。

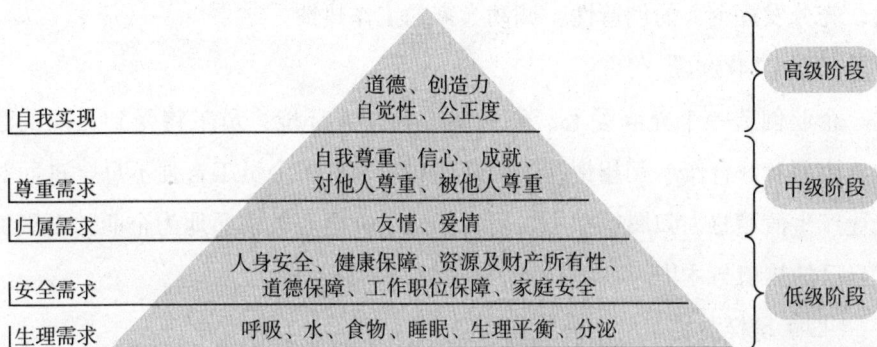

图 6-10　马斯洛需求层次理论

归属感、对成功的追求是大多数知识工作者的工作乐趣所在，他们喜欢具有个人责任，他们对自己感兴趣的工作愿意全力以赴，并期望获得工作上的反馈，他们从成就中获得鼓励超过物质激励的作用。

非物质激励的方法主要有以下五种。

（一）情感激励

情感激励体现的是人与人之间互相尊重互相关心的良好的人际关系，以情理的疏导，达到尊重和信任，从精神上激发人们去努力克服工作中碰到的曲折和困难，从而激发自觉自愿的工作热情。

例如：

　　创建于 1939 年的美国惠普公司不仅以其卓越的业绩跨入全球百家大公司行列，更以其对人的重视、尊重和信任的企业精神闻名于世。惠普之道就是关怀和尊重每个人和承认他们的成就，使每个人的尊严和价值得到承认。

（二）目标激励

通过目标的设置激发员工的工作动机，把企业的目标、方向和使命与员工个人的理想目标的使命感和追求感融为一体，激发员工奋发进取的内在动力，充分发挥个人的创造性，调动大家的工作热情。

（三）文化激励

企业创造一个充满爱心、积极向上的企业环境，员工将受到无形的激励。内部友好合作、互相帮助的团队文化将驱使每个员工自强不息，进而对企业产生信赖感、归属感和主人翁责任感，并会心甘情愿地为企业的发展贡献自己的热情与才华。

（四）榜样激励

榜样的力量是无穷的。树立榜样的模范作用，会在企业内部形成一种你追我赶的良好氛围，发挥充分的激励作用。

例如：

中国外语出版的第一大社外研社每年会给在岗位上做出突出贡献的员工设立"社长特别奖"，获奖员工的工作风格便成了大家的楷模。

（五）荣誉激励

荣誉表现为一个员工在企业中存在的价值，它在人的精神生活中占有重要地位。给员工授予荣誉会带给员工莫大的内在激励。员工的荣誉感增强了，自信心增强了，积极性提高了，工作的干劲也就越大了。

非物质激励强调的精神层面的激励作用。非物质激励往往在不需要太多投入的前提下，就可以对员工实行有效的管理，发挥员工的潜力和干劲，获得较高的工作满意度和成就感。

相关案例分析

科诺威公司的安全作业奖励制度

一、做法简介

科诺威公司是美国一家大型石油公司设在英国的分公司，主要从事加油站业务，共有职工1700人。1993年，该公司因油车运输故障、火灾等意外事故损失了945个工作日，严重影响了公司正常的经营活动。

为此，公司的安全部门于次年推行了安全奖励计划，对没有发生任何意外事故的职工在年末给予一千英镑的奖励。但在该奖励计划实施之后，公司的管理当局发现意外事故虽有所减少，但情况并没有得到根本的改善。首先，职工对一年细致谨慎工作的回报仅为一千英镑并不十分满意，但公司尚缺乏充裕的资金满足工人提高奖励金额的要求；同时公司无法确信提高奖金是否可以有效地避免意外事故的发生。其次，该项奖励计划并未改变大多数公司职工在事故发生后缺乏必要的应对技能的状况。

针对以上问题，公司于1995年在运输部门和各加油站推行了一种以积分为基础的新的奖励制度，旨在激励职工树立安全意识，加强自我培训，开展安全作业。根据这项奖励制度，职工可在当年没有发生任何意外事故或是取得某种成就时得到一定的奖励积分。例如，油车司机和加油站工作人员在一年内没有发生任何事故，均可以得到120分；油车司机如果通过公司每年组织的高级驾驶考试可以获得30分，加油站工作人员如果通过急救工作考试（如救火）可获得50分；在事故抢救中发挥重要作用的非肇事人员也可得到50分。同时，为了提高职工的安全保障能力，促使他们努力学习更多的业务知识，公司每年开展一次大规模的"安全竞赛"，在竞赛中取得名次的职工可获得高额分数，其中冠军可得1000分。当职工的分数积累到36分时，他们可以在以下三种奖励方式中做出选择：现金150英镑；价值180英镑的名牌产品；8.4小时的带薪休假。

为了加强对安全作业的协调工作，科诺威公司在每个部门都设立了安全委员会。该委员会由职工代表组成，每个月集会一次，委员们在会上就有关安全作业的种种问题进行深入的讨论。同时，公司总部派专人对会议内容进行记录、整理，编辑名为"安全标准"的通讯简报，同时登载职工安全竞赛获奖信息及讨论安全问题的论文，发给每位职工。这使得上述奖励制度成为职工长期注意的中心。

此外，公司为了保证这种奖励制度的有效实施，还强化员工安全作业的培训，严格推行"末位惩罚"制度，对各基层单位（加油站和运输车队）得分最低并且没有达到规定积分的两名职工取消奖励，若其连续两年得分最低则给予行政降级或取消公费旅行资格的惩罚。同时，在公司内部的提升计划中，将积分作为评价考察对象的重要参数。这些有效地推动了职工利用业余时间钻研安全作业及相关业务技术，提高工作质量。

总的来说，科诺威公司的安全作业奖励制度具有以下几个特点。

第一，采用不同的奖励方式并允许员工自由选择，满足了职工对奖励的不同偏好，有效地激发了全体职工尤其是那些偏好休假的职工开展安全作业的热情。与此同时，在实际执行过程中，这三种奖励方式所耗费的企业资源大致相当，没有给企业带来额外的财务负担。

第二，"末位惩罚"制度对连续落后分子采取了经济手段之外的惩罚方式，有效地保证了安全作业奖励制度在实施过程中不至于仅仅局限在那些热衷于得分的职工范围内。

第三，变员工被动接受公司培训为主动进行自我培训。原先的奖励计划仅对安全作业给予奖励，而忽视了职工除安全作业外钻研其他业务技术的努力。因此，公司不得不制订详细的员工培训计划，既耗费了大量的人力和财力，又难以有效地调动职工的积极性，实现培训的目的。而新的奖励制度将职工个人的利益和其钻研各种业务知识的努力程度紧密地结合起来，有效地促进了职工展开自我培训，为公司减少意外事故发生和减小事故损失打下了良好的业务技术基础。

新的奖励制度实施后的几年内，取得了良好的效果。首先，它有效地避免了由于人为因素造成的油车在公路上损坏的情况，保证了准时送油，大大降低了由于缺油而给公司带来的损失。其次，意外事故发生率降为 1993 年水平的 33%，1996 年公司由于意外事故仅仅损失了 140 个工作日，且事故基本由不可抗力造成。公司的车辆保险费用也因此比 1993 年减少了 54%，大大低于英国国内同等规模公司的保险费用水平。更重要的是，在职工中间，交流安全作业方面的经验和学习安全作业知识蔚然成风，强化了职工之间互助合作的氛围，员工的工作热情高涨，离职率很低。这种由奖励制度带来的积极变化已成为公司企业文化中不可缺少的组成部分。

二、分析思考

科诺威公司的安全作业奖励制度有效地解决了公司严重的意外事故问题，因此，它的思想对于那些必须强调安全生产或对员工专业技能要求高的部门，尤其是运输、建筑、化工等企业有着广泛的适用性。此外，它对于企业提高产品质量，降低生产损耗也具有借鉴意义。可以事先确立质量标准和损耗标准，当生产工人在一定时期内（如 1 个月）达到上述两类标准的要求，则给予积分，否则视具体情况给予再培训、换岗等处理。需要说明的是，在检查工人工作成果的时候，要注意质量问题的可控性，并且必须事先明确各种质量问题的责任人，否则容易造成企业内部各部门、各岗位之间的矛盾，不利于提高工人士气。

从企业内部职能分工的角度来说，科诺威公司的安全作业奖励制度不仅仅适用于企业生产、经营的一线职工，在工作性质并不存在安全问题的行政工作人员中，也可以实行这种制度。如果一个办公室的工作人员，在一个季度内没有出现重大差错，即可得到一定的积分；若他通过了某项反映实际工作能力的国家级考试，这个工作人员就可以在其后的一定年限内连续得到该积分。如果某一个部门在一定工作期间内（如两年）不出任何重大差错，则可以给该部门颁发奖杯，并同时奖励其中的每一名职工。这样有助于各部门在工作上形成良性循环，促进企业整体经营绩效的提高。

各企业在采用这种奖励制度时要注意以下两个方面的内容。

第一，积分的决定要充分听取基层管理人员的意见。只有这样，才能弄清不同岗位对职工业务技术的要求，才能使所确定的积分切实反映职工的努力程度，有效地激励员工按照企业整体目标的要求开展工作。

第二，在确定奖励方式的过程中，要充分了解职工的实际需要，不应仅仅局限于物质刺激，还应关注晋升、工作岗位安排、任务分派等因素。只有充分地尊重并合理满足职工的实际需要，才能在职工实现自我价值的同时促进企业经营目标的实现。

第七章 善于利用别人的资源
——企业的筹资管理

● 内容概览

资金是企业的血液，供血不足，企业就会陷入倒闭的绝境，而资金的匮乏始终伴随着企业的成长发展过程。因此，一个成功的企业经营管理者必须能够利用一切可以利用的渠道和方法，使企业保持供血充足，运转自如。

目前我国企业主要资金来源为银行和股市，中小企业融资状况不容乐观。而您将在本章中学会不同的融资方法，使您八面玲珑，广开融资渠道，借用别人的钱发展壮大自己。

第一节　用别人的钱壮大自己

——筹资的概念与类别

　　筹资是指企业根据其生产经营、对外投资及调整资金结构的需要，通过一定的渠道，采取适当的方式，获取所需资金的一种行为。要成立企业，就必须有相应的资本，否则企业的生产经营无从谈起。在企业生产经营过程中，由于季节性和临时性等原因，或由于扩大生产经营规模的需要，同样也要资金。因此，资金筹集既是企业生产经营活动的前提，又是企业再生产顺利进行的保证。

一、筹资活动的作用

　　筹资活动是企业一项重要的财务活动。如果说企业的财务活动是以现金收支为主的资金流转活动，那么筹资活动则是资金运转的起点。筹资的作用主要有以下两点。

（一）满足经营运转的资金需要

　　企业筹资，能够为企业生产经营活动的正常开展提供财务保障。筹集资金，作为企业资金周转运动的起点，决定着企业资金运动的规模和生产经营发展的程度。企业新建时，要按照企业战略所确定的生产经营规模核定长期资本和流动资金的需要量。在企业日常生产经营活动运行期间，需要维持一定数额的资金，以满足营业活动的正常波动需求。这些都需要筹措相应数额的资金，来满足生产经营活动的需要。

（二）满足投资发展的资金需要

　　企业在成长时期，往往因扩大生产经营规模或对外投资而需要大量资金。企业生产经营规模的扩大有两种形式，详见表7-1。

表 7-1 扩大经营规模的方式

方式	具体做法
外延式的扩大再生产	新建厂房、增加设备
内涵式的扩大再生产	引进技术、改进设备，提高固定资产的生产能力，培训工人，提高劳动生产率

不管是外延式的扩大再生产还是内涵式的扩大再生产，都会发生扩张性的筹资机动。同时，企业由于战略发展和资本经营的需要，还会积极开拓有发展前途的投资领域，以联营投资、股权投资和债权投资等形式对外投资。经营规模扩张和对外产权投资，往往会产生大额的资金需求。

二、企业筹资的渠道和方式

（一）筹资渠道

筹资渠道是指企业取得资金的来源，即企业可以从哪些渠道获取资金。我国企业的筹资渠道见表 7-2。

表 7-2 企业筹资渠道

国家财政资金	国家对企业的直接投资是国有企业最主要的资金来源渠道，主要包括无偿拨款、国家对企业"税前还贷"或减免各种税款形成的资金、有偿使用周转金贷款三种形式
银行信贷资金	银行对企业的贷款是我国目前各类企业最为重要的资金来源
非银行金融机构资金	非银行金融机构主要是指信托投资企业、保险企业、租赁企业、证券企业、企业集团的财务企业等。 这些企业所提供的各种金融服务，既包括信贷资金投放，也包括物资的融通，还包括为企业承销证券等金融服务
其他企业资金	企业在生产经营过程中，形成部分暂时闲置的资金，并为一定的目的而进行相互投资；另外，企业间的购销业务可以通过商业信用方式来完成，从而形成债务人对债权人的短期信用资金占用。企业间的相互投资和商业信用的存在，使其他企业的资金也成为企业资金的重要来源
民间资本	企业职工和居民个人的结余货币，作为"游离"于银行及非银行金融机构之外的个人资金，形成民间闲置资金，可用于对企业进行投资，从而为企业所利用
企业自留资金	它是企业内部形成的资金，主要包括计提折旧、提取盈余公积和未分配利润等。它们无须企业通过一定的方式去筹集，而直接由企业内部自动生成或者转移

（二）筹资方式

筹资方式是指企业筹措资金所采用的具体形式。目前我国企业的筹资方式主要有吸收直接投资、发行股票、银行或其他金融机构的长期贷款和短期借款、商业信用筹资、发行债券、融资租赁、申请创业基金、出售有关业务等。

（三）筹资渠道和筹资方式的配合

企业的筹资渠道和筹资方式有着密切的联系，一定的筹资方式可能只适用于某一特定的筹资渠道，但同一筹资渠道的资本往往可以采取不同的筹资方式取得，而同一筹资方式又往往适用于不同的筹资渠道。因此，企业在筹资时，应当实现筹资渠道和筹资方式两者之间的合理配合。两者的对应关系见表 7-3。

表 7-3　筹资方式和筹资渠道的配合

	吸收直接投资	发行股票	银行借款	发行债券	融资租赁	商业信用
国家财政资本	√	√				
银行信贷资本			√			
非银行金融机构资金	√	√	√	√	√	
其他企业资金	√	√		√		√
民间资本	√	√		√		
企业自留资金	√	√				

三、企业筹资的原则

企业筹资管理的原则，是在严格遵守国家法律法规的基础上，分析影响筹资的各种因素，权衡资金的性质、数量、成本和风险，合理选择筹资方式，提高筹集效果（图 7-1）。

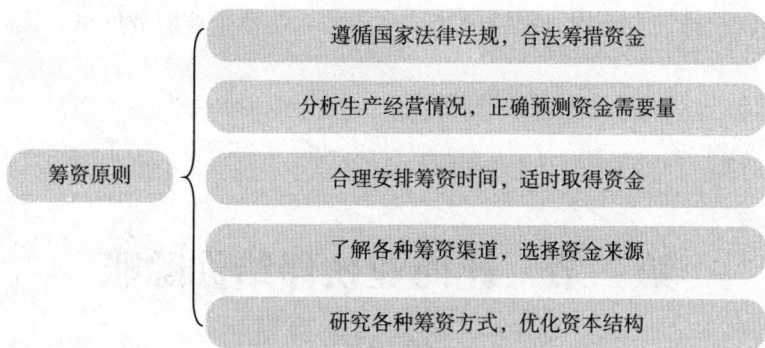

图 7-1　企业筹集资金的原则

（1）遵循国家法律法规，合法筹措资金。不论是直接筹资还是间接筹资，企业最终都通过筹资行为向社会获取资金。企业的筹资活动不仅为自身的生产经营提供资金来源，而且也会影响投资者的经济利益，影响社会经济秩序。企业的筹资行为和筹资活动必须遵循国家的相关法律法规，依法履行法律法规和投资合同约定的责任，合法合规筹资，依法信息披露，维护各方的合法权益。

（2）分析生产经营情况，正确预测资金需要量。企业筹集资金，首先要合理预测资金的需要量。筹资规模与资金需要量应当匹配一致，既避免因筹资不足，影响生产经营的正常进行，又要防止筹资过多，造成资金闲置。

（3）合理安排筹资时间，适时取得资金。企业筹集资金，还需要合理预测确定资金需要的时间。要根据资金需求的具体情况，合理安排资金的筹集时间，适时获取所需资金。使筹资与用资在时间上相衔接，既避免过早筹集资金形成的资金投放前闲置，又防止取得资金的时间滞后，错过资金投放的最佳时间。

（4）了解各种筹资渠道，选择资金来源。企业所筹集的资金都要付出资本成本的代价，不同的筹资渠道和筹资方式所取得的资金，其资本成本各有差异。企业应当在考虑筹资难易程度的基础上，针对不同来源资金的成本进行分析，尽可能选择经济、可行的筹资渠道与方式，力求降低筹资成本。

（5）研究各种筹资方式，优化资本结构。企业筹资要综合考虑股权资金与债务资金的关系、长期资金与短期资金的关系、内部筹资与外部筹资的关系，合理安排资本结构，保持适当偿债能力，防范企业财务危机，提高筹资效益。

第二节 让商业伙伴给你赊账
——商业信用筹资

商业信用是指在商品交易中，由于延期付款或预收货款所形成的企业间的借贷关系。企业通过原材料的赊购和产品的预售，获得商业信用筹资，这就扩大了企业的资金来源，在一定程度上弥补了企业自身积累的不足。商业信用融资是指企业之间在买卖商品时，以商品形式提供的借贷活动，是经济活动中的一种最普遍的债权债务关系。

一、商业信用筹资的主要形式

商业信用筹资运用广泛，在短期负债筹资中占有相当大的比重。商业信用的具体形式有应付账款、预收账款、商业承兑汇票等（图 7-2）。

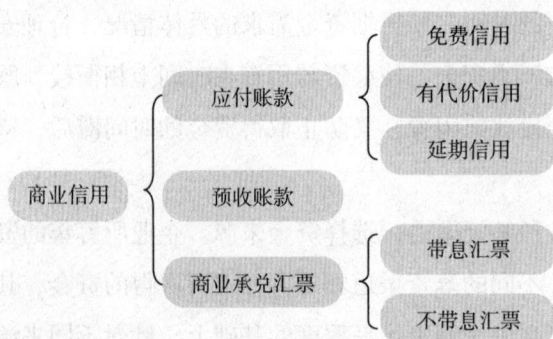

图 7-2 商业信用筹资的形式

（一）应付账款

应付账款是企业购买货物时不立即付款，而延迟一定时间付款，实质是企业以商业信用使供应商满足自身采购货物的需求。购方企业从赊购产品到还清货款有一段时间，在一定时间段里解决了企业资金不足的问题，等于给自己增加了一笔贷款。

应付账款一般有付款期、折扣等信用条件。应付账款的商业信用可以分为以下几种。

（1）免费信用。倘若买方企业购买货物后在卖方规定的折扣期内付款，便可以享受免费信用，这种情况下企业不会因为享受信用而付出代价。

（2）有代价信用，即买方企业放弃折扣付出代价而获得的信用。

（3）延期信用，即买方企业超过规定的信用期推迟付款而强制获得的信用。如果企业因缺乏资金而欲展延付款期，则需在降低了的放弃折扣成本与展延付款带来的损失之间做出选择。展延付款带来的损失主要是指因企业信誉恶化而丧失供应商乃至其他贷款人的信用，或日后招致苛刻的信用条件。

所以，企业在应付账款发生时，必须要考虑成本。在附有信用条件的情况下，因为获得不同信用要负担不同的代价，买方企业便要在利用哪种信用之间做出决策。面对提供不同信用条件的卖方，企业应通过衡量放弃折扣成本的大小，选择信用成本最小（或所获利益最大）的一种。

（二）预收货款

预收货款是销货方按照合同或协议规定，在发出商品之前向购货方预先收取部分或全部货款的信用行式，即企业向买方借用资金后用商品来抵偿。对卖方来说，这是一种短期融资方式。但这种方式要求企业必须具有良好的商业信誉，使得客户可以信赖，而且需要良好的生产能力和管理制度，以保证能够按合同的要求及时供货。

预收账款一般用于生产周期长、资金需用量大的货物销售。此外，企业往往还存在一些在非商品交易中产生，但亦为自发性筹资的应付费用，如应付工资、应交税金、其他应付款等。应付费用使企业受益在前、费用支付在后；相当于享用了收款方的借款，一定程度上缓解了企业的资金需求。

（三）商业承兑汇票

商业承兑汇票是买方以票据形式承诺其所负债务的一种商业信用。这种商业信用是由卖方提出要求，买方在购买货物时应签发商业承兑汇票，承诺支付货款日期，卖方才将货物交给买方，双方以票据作为债权债务的法律依据。

商业承兑汇票可以带息，也可以不带息。商业承兑汇票的利率一般比银行借款的利率低，且不用保持相应的补偿余额和支付协议费，所以商业承兑汇票的筹资成本低于银行借款成本。但是汇票到期必须归还，如若延期便要交付罚金，则风险较大。

商业承兑汇票按照双方协定，可以由付款人签发，也可以由收款人签发。具有良好的业务合作关系的客户之间可以互相开具商业承兑汇票，让债权企业用商业承兑汇票先向银行贴现，然后再将从银行取得的贴现款转划给原票据债务企业，从而达到原票据债务企业从银行融资的目的。

二、商业信用筹资的优缺点

商业信用筹资的优缺点见表7-4。

表7-4　商业信用筹资的优缺点

优点	筹资便利	非常方便，因为商业信用与商品买卖同时进行，属于一种自然性融资，不用做非常正规的安排，也无须办理正式筹资手续
	筹资成本低	如果没有现金折扣，或者企业不放弃现金折扣，以及使用不带息应付票据和采用预收货款，则企业采用商业信用筹资没有实际成本
	限制条件少	商业信用筹资限制条件较少，选择余地较大，条件比较优越
缺点	期限较短	期限一般都很短，如果企业要取得现金折扣，期限则更短
	筹资数额较小	一般只能筹集小额资金，而不能筹集大量的资金
	有时成本较高	如果企业放弃现金折扣，必须付出非常高的资金成本

三、商业信用筹资的注意事项

商业信用筹资是企业的有效融资方式，但在运用时要注意以下几点。

（1）商业信用筹资是一种短期筹资行为，企业要合理安排资金偿付，不要超过规定的信用期，不要太长时间占用供应商的资金，以保证在供应商那里的信用，超出使用期而不支付欠款会影响企业信用，对以后的合作关系产生不利影响。

（2）商业信用筹资对有长期供货关系的企业容易，对无长期稳固供货关系的企业比较难。弱势企业采取这种方式，要求企业必须有良好的商业信用，否则，会使得本来资信水平就不高的弱势企业信用更差，反而对企业的融资环境不利。

（3）企业在商业信用筹资时应该衡量融资的成本，所以不能滥用。

第三节　让银行相信你

——银行借款筹资

企业可供选择的融资方式多种多样，但是以从银行贷款的方式居多。因为随着金融市场的变化，越来越多的银行相继推出企业的贷款政策，可以为企业解决筹资问题。现在，企业贷款的门槛大幅降低，产品特色也日益鲜明，企业在筹资时可充分了解各银行的相关政策信息，"货比三家"，择优借贷。银行借款筹资主要包括短期借款和长期借款两种。

一、银行短期借款

短期借款是指借款期限在 1 年以内的借款。

（一）短期借款的方式

企业在申请借款时，应根据各种借款的条件和需要加以选择。主要的方式见表 7-5。

表 7-5　银行短期借款的方式

方式	含义	说明
信用借款	完全凭借款人信用，无须提供经济担保和财产抵押	一般只适用于少数经营特别好、经济实力强、信用高的企业
担保借款	要求借款人以第三方的经济信誉和财产担保作为还款保证而发放的借款	在企业无力偿还时，第三方承担连带责任
抵押借款	借款人将自己的财产作为抵押物而取得银行借款	抵押物必须是所有权明确、具有使用价值和价值、容易保管和变卖的金融资产或实物资产
贴现借款	指持有商业汇票的企业，以未到期票据向银行取得借款的方式	银行要按票据到期价值扣除从贴现日到汇票到期日的利息，予以贴现

需要注意的是，贴现的票据到期，付款单位无力付款时，如原贴现的票据是商业承兑汇票，则贴现银行将汇票及其有关凭证退回企业，并从企业的账户中扣回款项。

（二）短期借款的信用条件

银行发放短期借款往往带有一些信用条件的限制，如图 7-3 所示。

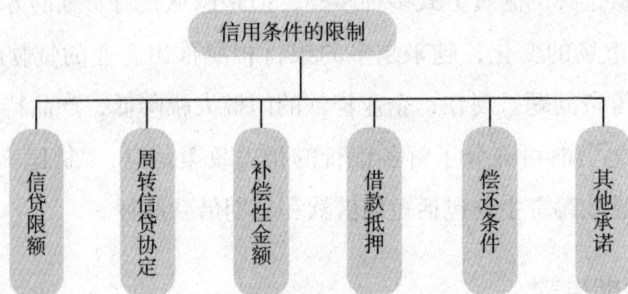

图 7-3　短期借款的信用条件限制

1.信贷限额

信贷限额是银行对借款人规定的无担保贷款的最高额。一般说来，企业在批准的贷款限额内，可随时使用银行借款。但是，银行并不承担提供全部贷款限额的义务。而且如果企业信誉恶化，银行有权不向企业提供贷款。

2. 周转信贷协定

周转信贷协定是银行具有法律义务地承诺提供不超过某一最高限额的贷款协定。在协定的有效期内，只要企业的借款总额未超过最高限额，银行必须满足企业任何时候提出的借款要求。企业享有周转信贷协定，通常要就贷款限额的未使用部分付给银行一笔承诺费。

3. 补偿性余额

补偿性余额是银行要求借款人在银行中保持按贷款限额或实际借用额的一定百分比（通常为 10% ~ 20%）计算的最低存款余额。补偿性余额有助于银行降低贷款风险，但加重了企业的利息负担。

4. 借款抵押

短期借款的抵押品经常是借款企业的应收账款、存款、股票、债券等。银行根据抵押品的面值决定贷款金额，一般为抵押品面值的 30% ~ 90%。

5. 偿还条件

贷款的偿还方式有到期一次偿还和在贷款期限内定期（每月、季）等额偿还两种方式。

6. 其他承诺

银行有时还要求企业为取得借款而做出其他承诺，如及时提供财务报表，保持适当的财务水平（如特定的流动比率）等。如企业违背所做出的承诺，银行可要求企业立即偿还全部贷款。

（三）短期贷款的还款及利息支付方式

短期借款偿还有到期一次偿还和在贷款期内定期（每月、季）等额偿还两种方式。一般来说企业不希望采用分期等额偿还方式借款，而是愿意在贷款到期日一次偿还，因为分期偿还会加大贷款的实际利率。但是银行不希望采用到期一次偿还方式，因为到期一次偿还借款本金会增加企业的财务负担，加大企业拒付风险，同时会降低借款的实际利率。

借款利息的支付方式有以下几种。

（1）利随本清法。又称收款法，是指借款到期时向银行支付利息的方法。采用这种方法，借款的名义利率等于实际利率。

（2）贴现法。是指银行向企业发放贷款时，先从本金中扣除利息部分，而到期时借款企业再偿还全部本金的计息方法。这种方法是在借款时即把利息扣除，这将导致实际利率高于名义利率。

$$实际利率=本金×名义利率÷实际借款额$$
$$=本金×名义利率÷（本金-利息）$$
$$=名义利率÷（1-名义利率）$$

银行短期借款与其他短期筹资方式和长期借款相比，具有一定的特点（表7-6）。

表7-6 银行短期借款的优缺点

优点	筹资效率较高	企业获得短期借款所需时间要比长期借款短得多，无须全面调查分析
	筹资的弹性大	可以按需随时借款，在现金充裕时及早偿还，便于企业灵活安排
缺点		筹资风险高，实际利率较高

二、银行长期借款

长期借款是指企业向银行或其他金融机构借入的使用期超过1年的各种借款。长期借款按照不同的分类标准，可以划分成不同的类别，见表7-7。

表7-7 长期借款分类

分类标准	分类		
贷款的用途	固定资产投资借款	更新改造借款	科研开发和新产品试制借款
贷款有无担保	信用借款		抵押借款
偿还方式	到期一次偿还借款		分期偿还借款
提供贷款的机构	政策性银行借款	商业银行借款	其他金融机构借款

与其他长期负债资金筹资相比，利用长期借款筹资的特点主要表现在以

下方面。

（1）融资的速度快，取得手续比较简便，得到借款所花费的时间较短。

（2）借款弹性较大，在借款使用期内，如果企业经营情况发生变化，可与金融机构直接协商增减借款数量或调整借款时间。

（3）各金融机构实力雄厚，可以一次提供较大数量的长期借款，并且种类较多，便于满足企业对大额资金的需求。

（4）借款成本低，长期借款利率相对于企业债券的利率低，取得费用也较低。长期借款的缺点是其限制性条款比较多，约束了企业的生产经营和借款的使用。

三、银行借款的特点

银行借款的特点见表7-8。

表7-8 银行借款的特点

优点	筹资速度快	银行借款的程序相对简单，所花时间较短，公司可以迅速获得所需资金
	资本成本较低	银行借款筹资，比发行债券和融资租赁的利息负担要低；且无须支付证券发行费用、租赁手续费用等筹资费用
	筹资弹性较大	公司根据当时的资本需求与银行等贷款机构直接商定贷款的时间、数量和条件。在借款期间，若公司的财务状况发生某些变化，也可与债权人再协商，变更借款数量、时间和条件，或提前偿还本息
缺点	限制条款多	银行借款合同对借款用途有明确规定，通过借款的保护性条款，对公司资本支出额度、再筹资、股利支付等行为有严格的约束，以后公司的生产经营活动和财务政策必将受到一定程度的影响
	筹资数额有限	银行借款的数额往往受到贷款机构资本实力的制约，不可能像发行债券、股票那样一次筹集到大笔资金

四、企业的贷款新思路

目前各商业银行纷纷出台支持企业发展的举措，推出了手续更简便、额度更灵活的企业专项贷款。

（一）用好政府的担保功能

针对银行对企业信用心存顾虑的问题，有的省市政府的财政部门专门拿出资金，成立了民营企业贷款投融资担保中心或专户。规定生产型企业连续正常经营半年以上、非生产型企业连续正常经营一年以上即可提出担保申请。担保中心或专户会对企业的规模、经营、信用等情况进行调查，如果符合条件，可以由中心或专户提供担保，签约银行可以向企业主发放担保贷款。这种贷款方式不需要企业交纳保险基金，具有门槛低、成本少、手续简便的特点。

（二）企业经营循环贷款

常规贷款一般是一笔一清的，不允许贷款循环，但目前部分股份制银行针对企业营业收入的回笼特点，推出了企业经营循环贷款，有合适抵押或担保的企业均可向银行申请办理。这种贷款由银行和借款人一次性签订借款合同，在合同规定的期限和最高额度内，可以随时借款，随时还款，并可循环使用，能够实现"一次抵押，多次借款，随时还款"的融资目标。

（三）企业联合担保贷款

"小企业联合担保贷款"是近来部分股份制银行推出的一项新贷款品种。这种贷款是借款人通过缴纳一定保证金的方式组成互助的联合担保小组，相互提供贷款保证担保，银行以此发放一定额度的贷款。这种贷款不需要其他抵押和担保，更多地依靠企业之间的互相监督和约束。

（四）票据贴现融资

当企业在办理结算收到生意合作方开出的商业汇票时，其中的银行承兑汇票及商业承兑汇票需要一定时间才能兑付，这时许多企业往往只能坐等兑付日期到达。这时收款人或持票人可以到将来到期的银行办理票据贴现业务，银行便会按票面金额扣除贴现利息后将款项立即支付给收款人。与普通贷款相比，这种融资方式更为简便，并且贴现的利率非常低，只需贷款成本的三分之一即可取得与短期贷款相同的融资效果。

（五）动产抵押盘活资金

办理动产抵押贷款的手续非常简单，只要将汽车、货物、设备等银行认可的物品进行抵押，贷款人就可以轻松获取一定额度的贷款。这种"死物变活钱"的贷款抵押模式有点典当的味道，但其贷款利率却大大低于典当行的利率，适合缺乏普通抵押资源、具有短期借款用途的企业。

小链接

银行实际上也是企业，企业贷款还息对银行来说是有利可图的事情。但是银行一般不直接参与企业的经营过程，所以信用对银行来说是极其重要的。和银行打交道，最重要的是取得信用。企业应该让银行有安全感，觉得把钱贷出去将来还可以收回来。

第四节　小企业要善于发现伯乐
——吸收风险投资

风险投资（Venture Capital）简称是 VC，在我国是一个约定俗成的具有特定内涵的概念，其实把它翻译成创业投资更为妥当。广义的风险投资泛指一切具有高风险、高潜在收益的投资；狭义的风险投资是指以高新技术为基础，生产与经营技术密集型产品的投资。根据美国全美风险投资协会的定义，风险投资是由职业金融家投入到新兴的、迅速发展的、具有巨大竞争潜力的企业中的一种权益资本。

由于小型高新技术企业的成长是一个漫长而极具风险的过程，其间又需要大量的资金投入。一般来说，个人没有能力提供企业发展所需的全部资金；而以债权、债务形式存在的间接融资体制由于过于强调资金的安全性，也不可能对中小企业，尤其是小型高新技术企业提供带有风险性的强有力的资金支持；在市场经济条件下，国家更不可能为中小企业提供全部资金。而风险投资作为一种权益资本，则可以为中小企业，特别是中小型高新技术企业提供带有风险性的强有力的资金支持。所以，吸引风险投资是成长型中小企业的重要融资渠道。

一、风险投资的特点

企业所吸收的风险投资具有与其他融资方式不同的特点，表现在以下方面。

（一）风险投资是一种无担保、高风险的投资

风险融资与银行贷款不同，风险投资者不是像银行那样有意回避风险，而是主动进入高风险区域，积极驾驭风险。融资企业必须是掌握着高新技术并从事着高新技术产品开发的企业。这类企业通常都为小型企业，且由于技术与市场都具有很高的不确定性，从而使企业具有很高的风险性，但同时又具有潜在的高收益性；技术创新能使企业在生产技术、产品特性上有很大的提高，甚至可能生产出全新的产品，一旦获得成功，则能够获得丰厚的利润。技术创新的高收益性正是风险投资者所看好的主要原因。形象地说，风险投资是一种与企业捆绑在一起发展的投资行为，它不回避资金的风险性，只要是被风险投资家看好的企业，就能获得风险资金的援助。

（二）风险投资是一种组合投资

为了分散风险，风险投资通常投资于一个包含 10 个项目以上的项目群，利用成功项目所取得的高回报来弥补失败项目的损失并获得收益。风险投资者与融资企业之间往往是合伙关系，共同组建新公司。

（三）风险投资是一种权益投资

风险投资是一种权益资本（Equity），而不是借贷资本（Debt）。风险投资为风险企业投入的权益资本一般占该企业资本总额的30%以上。对于高科技创新企业来说，风险投资是一种昂贵的资金来源，但是它也许是唯一可行的资金来源。银行贷款虽然说成本相对比较低，但是银行贷款回避风险，安全性第一，中小型高科技创新企业很难得到它。

风险投资机制与银行贷款完全不同，其差别见表7-9。

表 7-9　风险投资与银行贷款对比

	银行贷款	风险投资
风险偏好	追求安全性，回避风险	偏好高风险项目，追逐高风险后隐藏的高收益，意在管理风险，驾驭风险
流动性偏好	以流动性为本	以不流动性为特点，在相对不流动中寻求增长
关注重点	关注企业的现状、企业目前的资金周转和偿还能力	放眼未来的收益和高成长性
指标	实物指标	被投资企业的管理队伍是否具有管理水平和创业精神，考核的是高科技的未来市场
投向企业	需要抵押、担保，一般投向成长和成熟阶段的企业	不要抵押，不要担保，投资到新兴的、有高速成长性的企业和项目

（四）风险投资是一种金融与科技、资金与管理相结合的专业性投资

风险投资家（公司）在向风险企业注入资金的同时，为降低投资风险，必然介入该企业的经营管理，提供咨询，参与重大问题的决策，必要时甚至解雇公司经理，亲自接管公司，尽力帮助该企业取得成功。

（五）风险投资是一种股权投资形式

风险投资期限较长，不加重企业的债务负担，很适合资金比较紧张的小企业技术创新融资。

值得一提的是，对于被投资企业来说，风险融资其实是最没有风险的，风险全部由投资方承担；因此风险投资公司对项目的筛选是极其严格的，需要有一系列的调研程序和市场可行调查。而一旦投入，风险投资要求极大的回报。风险投资看中的是利润最大化。

（六）风险投资最终将退出企业

风险投资最终将退出风险企业。风险投资虽然投入的是权益资本，但他们的目的不是获得企业所有权，而是盈利，是得到丰厚利润和显赫功绩后从风险企业退出。风险投资从风险企业退出有三种方式：首次公开发行（IPO，Initial Public Offering）；被其他企业兼并收购或股本回购；破产清算。显然，能使风险企业达到首次公开发行是风险投资家的奋斗目标。破产清算则意味

着风险投资可能遭受一部分或全部损失。

以何种方式退出，在一定程度上是风险投资成功与否的标志。在做出投资决策之前，风险投资家就制定了具体的退出策略。退出决策就是利润分配决策，以什么方式和什么时间退出可以使风险投资收益最大化为最佳退出决策。

二、风险投资六要素

风险资本、投资人、投资对象、投资期限、投资目的和投资方式构成了风险投资的六要素（图 7-4）。

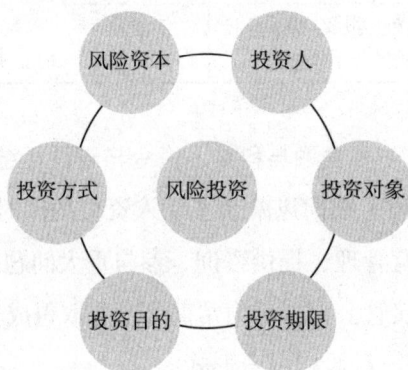

图 7-4　风险投资六要素

（一）风险资本

风险资本是指由专业投资人提供给快速成长并且具有很大升值潜力的新兴公司的一种资本。风险资本通过购买股权、提供贷款或既购买股权又提供贷款的方式进入这些企业。

按投资方式分，风险资本分为直接投资资金和担保资金两类。前者以购买股权的方式进入被投资企业，多为私人资本；而后者以提供融资担保的方式对被投资企业进行扶助，并且多为政府资金。

（二）投资人

风险投资人大体可以分为以下四类。

1. 风险资本家

他们是向其他企业家投资的企业家，与其他风险投资人一样，他们通过投资来获得利润。但不同的是风险资本家所投出的资本全部归其自身所有，而不是受托管理的资本。

2. 风险投资公司

风险投资公司的种类有很多种，但是大部分公司通过风险投资基金来进行投资，这些基金一般以有限合伙制为组织形式。

3. 产业附属投资公司

这类投资公司往往是一些非金融性实业公司下属的独立风险投资机构，他们代表母公司的利益进行投资。这类投资人通常主要将资金投向一些特定的行业。和传统风险投资一样，产业附属投资公司也同样要对被投资企业递交的投资建议书进行评估，深入企业做尽职调查并期待得到较高的回报。

4. 天使投资人

这类投资人通常投资于非常年轻的公司以帮助这些公司迅速启动。在风险投资领域，"天使投资人"这个词指的是企业家的第一批投资人，这些投资人在公司产品和业务成型之前就把资金投入进来。

（三）投资目的

风险投资虽然是一种股权投资，但投资的目的并不是为了获得企业的所有权，不是为了控股，更不是为了经营企业，而是通过投资和提供增值服务把投资企业做大，然后通过公开上市、兼并收购或其他方式退出，在产权流动中实现投资回报。

（四）投资期限

风险投资人帮助企业成长，但他们最终会寻求渠道将投资撤出，以实现增值。风险资本从投入被投资企业起到撤出投资为止所间隔的时间长短就称为风险投资的投资期限。作为股权投资的一种，风险投资的期限一般较长。其中，创业期风险投资通常在 7 ~ 10 年内进入成熟期，而后续投资大多只有几年的期限。

（五）投资对象

风险投资的产业领域主要是高新技术产业。比如网络科技、生物医药、无人驾驶和通信科技等等。

（六）投资方式

从投资性质看，风险投资的方式有三种：一是直接投资；二是提供贷款或贷款担保；三是提供一部分贷款或担保资金的同时投入一部分风险资本购买被投资企业的股权。但不管是哪种投资方式，风险投资人一般都附带提供增值服务。

风险投资还有两种不同的进入方式。第一种是将风险资本分期分批投入被投资企业，这种情况比较常见，既可以降低投资风险，又有利于加速资金周转；第二种是一次性投入。这种方式不常见，一般风险资本家和天使投资人可能采取这种方式，一次投入后，很难也不愿提供后续资金支持。

三、企业吸收风险投资的实现

（一）获得风险投资的条件

并不是所有的企业都能得到风险资本的投资。一个风险投资家是否投资需要考虑的方面有很多，具体如图 7-5 所示。

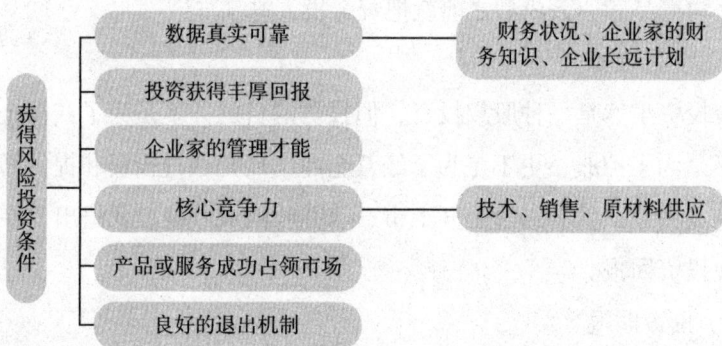

图 7-5　获得风险投资的条件

（二）寻求意向投资机构

风险投资机构是指向风险企业提供风险资本的专业的资金管理机构。风险投资机构从风险投资者那里筹集风险资本，然后搜寻、调研、筛选投资项目，制定投资方案，对投资进行监督、管理和提供必要的辅助，并以适当的退出方式实现资本的增值。

按照投资机构的分类，风险投资可分为一般企业投资基金、政府机构的风险基金、投资银行、风险投资基金、保险公司、小金融机构、银行的风险投资基金、个人的投资基金、合伙制的风险基金等。为了获得理想的意向投资机构，风险企业应初步选定若干家风险投资机构，并对其基本情况进行了解，包括投资机构的资金实力、财务结构、经营管理、商誉及其投资偏好、投资政策、项目业绩等主要方面。在此基础上，选定少数几家进行接触。

（三）与风险投资机构谈判

（1）做好谈判前的准备。在与备选投资机构谈判前，为了争取在谈判过程中的主动，提高风险融资效率，除了加强对投资机构的了解外，企业在谈判前应该做好必要的准备。主要提供给对方表7-10所示的文件资料。

表7-10　谈判所需准备资料

投资建议书	对本企业的主营业务、管理队伍、利润水平、战略定位等做出概要描述
项目经营计划书	对本企业的生产经营项目发展战略、市场开发与推广策略、项目投资预算、盈利前景以及经济、社会等综合效应评估等进行概要描述
市场调查报告	对本行业的经济政策背景、发展现状与趋势预测，以及本企业和投资项目在同行业的竞争状况、市场地位做出深入细致调研后形成书面报告
本企业对投资方的基本要求	包括对方投资规模、投资方式、股权比例、管理权限、利润分配以及股权转让与退出等一般要求

（2）谈判过程中应遵守的原则。在与风险投资机构进行融资谈判时，通常应遵循表7-11所示的"四要"和"四不要"原则。

表7-11　谈判应遵守的原则

四要	四不要
要对本企业的发展和项目前景持肯定态度并充满信心	不要回避投资方的合理提问
要明确自己的交易底线	不要透露己方重要商业机密或详细计划
要公正合理地考虑投资方利益，增强投资方对己方的信任	回答投资方问题不要模棱两可，不要弄虚作假，不要隐匿重要问题
要进一步加强对投资重要方面的了解	不要急于求成，给予对方一定的考虑时间

（四）与风险投资机构签订合同

企业经过与几家备选风险投资机构谈判后，会选定一家风险投资机构进行合作，此时便进入签订投资合同阶段。此时，企业通常会收到风险投资机构提交的条款清单，内容主要涉及以下方面。

（1）企业与投资机构双方的出资方式、出资额与股份分配。

（2）企业的技术开发设想和最初研究成果的股份评定、技术股所有权的限制与应承担的责任。

（3）股权保障方式。主要内容包括：董事、监事席位的分配、董事会的权利义务与财务责任、重大资本预算的决策和确认方式。

（4）参与经营管理的方式。对风险投资机构参与决策以及协助经营管理的范围和介入程度等事宜加以确认，主要经理人员指派权也是协议的重要事项。

（5）资金退出时机与方式。即对于风险投资基金投资回收年限、出售持股的时机与规定、被投资公司股票上市的时机与方式以及被投资公司无法达到预期财务目标时所应承担的责任等事宜达成协议。

另外，风险投资方为了保护自身利益，合同中通常还有以下规定：企业定期向投资方提供财务报告和其他重要生产经营情况汇报，投资方有拒绝新增外来投资的权利和出售股份的权利，投资方要求企业以已有的资产做抵押等事项。

融资协议在风险融资过程中具有重要地位，这主要是因为风险融资的高风险性。企业发展中可能面临无法克服的经营困难甚至失败，此时企业与风险投资机构之间由于各自利益着眼点的不同，可能发生利益冲突。如果在此前将双方的权利义务界定清楚，则事后就有依据解决彼此之间的摩擦。

第五节　不要忘记获得政府的扶持

——政策性融资

在中国市场经济体制还没有完全建立的情况下，大部分的金融机构，包括绝大部分银行系统，商业化进程缓慢，依然主要在政府政策的指导下运行。因此企业在创业发展初期争取到来自政策方面的拨款或投资是最佳的融资方式之一。政策性融资是指基于政策目标的融资安排。它具有由政府直接或间接提供全部或部分资金、政策目标明确、限定在商业性融资不愿做或做得不充分的业务领域等特征。政策性融资与商业性融资是互补关系。

> **小链接**
>
> 政策性扶持资金的特点是利息低，甚至是免息，偿还期限长，甚至不用偿还。

一、申请创业基金

创业基金主要是政府机构为鼓励企业发展一些重要产业而设立的投资基金。创业基金对申请人资格设置了一些比较严格的条件，同时也规定了申请人必须承担的义务。创业基金总的投资规模都不是很大，主要受政府计划的控制。值得注意的是，我国不少企业还不知道也不善于利用这些基金。所有技术创新的企事业单位都可申请科技创新基金，包括民营企业。

科技型中小企业技术创新基金是一项专门用于培育、扶持和促进科技型中小企业技术创新的政府专项基金。创新基金由财政拨款，每年 10 亿元，主要支持科技型中小企业进行高新技术成果转化及开展技术创新活动。管理体制和运作机制是以政府部门决策和监督为主，专家咨询和指导、基金管理机构组织为辅的三位一体的管理模式。通过拨款资助、贷款贴息和资本金投入等方式，扶持和引导科技型中小企业的技术创新活动。

（一）创新基金的支持方式

根据中小企业和项目的不同特点，创新基金支持方式主要有如下几种。

1. 贷款贴息

对已具有一定水平、规模和效益的创新项目，原则上采取贴息方式支持其使用银行贷款，以扩大生产规模。一般按贷款额年利息的 50% ～ 100% 给予补贴，贴息总额一般不超过 100 万元，个别重大项目可不超过 200 万元。

2. 无偿资助

主要用于中小企业技术创新中产品的研究、开发及中试阶段的必要补助、科研人员携带科技成果创办企业进行成果转化的补助，资助额一般不超过 100 万元。

（二）创新基金的条件

创新基金面向在中国境内注册的各类中小企业，支持的项目及承担项目的企业应当具备下列条件。

1. 创新企业（项目）的产业及产品状况

创新基金支持的项目应当是符合国家产业技术政策、有较高创新水平和较强市场竞争力、有较好的潜在经济效益和社会效益、有望形成新兴产业的高新技术成果转化的项目。

2. 创新企业（项目）的资本及人员条件

已在所在地工商行政管理机关依法登记注册，具备企业法人资格，具有健全的财务管理制度；职工人数原则上不超过 500 人，其中大专以上学历的科技人员占职工总数的比例不低于 30%。经省级以上人民政府科技主管部门认定的高新技术企业进行技术创新项目的规模化生产，其企业人数和科技人员所占比例条件可适当放宽。

3. 创新企业（项目）的技术条件

主要从事高新技术产品的研制、开发、生产和服务业务，企业负责人应当具有较强的创新意识、较高的市场开拓能力和经营管理水平。企业每年用于高新技术产品研究开发的经费不低于销售额的 3%，直接从事研究开发的科技人员应占职工总数的 10% 以上。对于已有主导产品并将逐步形成批量和已形成规模化生产的企业，必须有良好的经营业绩。

4. 创新基金不支持的企业

不支持已上市、资产负债率超过 70%、中方股权不足 51% 的企业。

二、中小企业发展基金

中小企业发展基金是国家专门投资于中小企业专向用途的资金。根据《中华人民共和国中小企业法》的相关规定，国家设立中小企业发展基金，国家中小企业发展基金用于下列扶持中小企业的事项：创业辅导和服务，支持建立中小企业信用担保体系，支持技术创新，鼓励专业化发展以及与大企业的协作配套，支持中小企业服务机构开展人员培训、信息咨询等项工作，支持中小企业开拓国际市场，支持中小企业实施清洁生产等。

三、中小企业国际市场开拓资金

中小企业国际市场开拓资金是由中央财政和地方财政共同安排的，专门用于支持中小企业开拓国际市场的专项资金。财政部与外经贸部为鼓励中小企业参与国际市场竞争，提高中小企业参与国际市场竞争能力，联合制定了《中小企业国际市场开拓资金管理（试行）办法》，明确规定了中小企业国际市场开拓资金的性质、使用方向、方式及资金管理等基本原则。2001 年 6 月，两部委又根据此办法的原则，联合制定了《中小企业国际市场开拓资金管理办法实施细则（暂行）》，对这项资金的具体使用条件、申报及审批程序、资金支持内容和比例等具体工作程序做出了明确规定。

四、地方性优惠政策

各地为发展经济和扶持中小企业的发展，也纷纷制定了一些地方性的资金扶持政策，解决中小企业筹资难的问题。厦门市 2007 年设立中小企业贷款风险补偿资金，专项用于承担信用担保机构为重点民营企业、最具成长性的中小企业提供融资服务的风险补偿。

因此企业要特别关注政府的政策性融资信息，力争在创业和发展中得到充分利用。

五、企业对政策性融资要保持清醒

然而新兴部门的真正发展壮大不可能依赖于政策性融资，其原因如下。

（1）政府相比于民间部门，其信息优势并不是很强，试图依靠政策性金融的扶持，新兴企业的投资方向就会受到左右，抑制了新兴部门的成长。

（2）由于政府往往是政策性金融机构的最后风险承担者，因而对政策性金融机构往往不能构成严格的约束，容易引致道德风险和机会主义行为，因而极易导致政策性金融机构的行为扭曲，同时抑制和排斥了民间融资机构对新兴领域的进入。

（3）企业也因为对政策性投资过分依赖而降低企业运营的风险意识，不注重提高管理能力而使企业的发展受到限制。

所以，企业要对政策性融资有正确的认识，保证企业科学、快速地发展。

第六节　大件设备不妨先租后买
——租赁筹资

租赁，是指通过签订资产出让合同的方式，使用资产的一方（承租方）通过支付租金，向出让资产的一方（出租方）取得资产使用权的一种交易行为。在这项交易中，承租方通过得到所需资产的使用权，完成了筹集资金的行为。租赁分为融资租赁和经营租赁。

经营租赁是由租赁公司向承租单位在短期内提供设备，并提供维修、保养、人员培训等的一种服务性业务，又称服务性租赁。经营租赁的主要特点如下。

（1）出租的设备一般由租赁公司根据市场需要选定，然后再寻找承租企业。

（2）租赁期较短，短于资产的有效使用期，在合理的限制条件内承租企业可以中途解约。

（3）租赁设备的维修、保养由租赁公司负责。

（4）租赁期满或合同终止以后，出租资产由租赁公司收回。经营租赁比较适用于租用技术过时较快的生产设备。

融资租赁是由租赁公司按承租单位的要求出资购买设备，在较长的合同期内提供给承租单位使用的融资信用业务，它是以融通资金为主要目的的租赁。融资租赁的主要特点如下。

（1）出租的设备由承租企业提出要求购买，或者由承租企业直接从制造商或销售商那里选定。

（2）租赁期较长，接近于资产的有效使用期，在租赁期间双方无权取消合同。

（3）由承租企业负责设备的维修、保养。

（4）租赁期满，按事先约定的方法处理设备，包括退还租赁公司，或继续租赁，或企业留购。通常采用企业留购办法，即以很少的"名义价格"（相当于设备残值）买下设备。两者的区别见表7-12。

表7-12　融资租赁与经营租赁的区别

对比项目	融资租赁	经营租赁
业务原理	融资融物于一体	无融资租赁特征，只是一种融物方式
租赁目的	融通资金，添置设备	暂时性使用，预防无形损耗风险
租期	较长，相当于设备经济寿命的大部分	较短

续表

对比项目	融资租赁	经营租赁
租金	包括设备价款	只是设备使用费
契约法律效应	不可撤销合同	
租赁标的	一般为专用设备，也可为通用设备	通用设备居多
维修与保养	专用设备多为承租人负责，通用设备多为出租人负责	全部为出租人负责
承租人	一般为一个	设备经济寿命内轮流租给多个承租人
灵活方便	不明显	明显

一、租赁筹资的种类

（一）直接租赁

直接租赁是出租人直接将购入设备租给承租人，直接签订合同并收取租金，它涉及出租人与承租人两个当事人。这种租赁形式的出租者多数是专业的租赁公司。通常所指的租赁，不做特别说明时，即为直接租赁。企业由于资金的限制或信息的限制，对欲使用的设备或其他资产不采用市场购入而直接由租赁公司提供。而企业只需与出租公司签订租赁协议，把自己对设备规格、技术的要求提供给租赁公司即可。

（二）售后租回

售后租回是指先将资产售出，再向购买者租回的租赁形式。企业使用售后租回的方式，实际上是把自己投资形成并正在使用或将要使用的资产出售给出租者以筹集资金。企业因出售资产而获得的现金流量收入，可以留出一部分用来逐期支付应付租金，另外的现金收入可以用来支付购置或建设该资产借入的资金，也可以用来投资其他项目，满足企业扩张、偿债或流动性的需要。其租赁程序是先做资产买卖交易，然后再进行资产租赁交易。

这种方式可以使企业既保留设备的使用权，又可以将设备占用的资金变为可利用的资金。

（三）杠杆租赁

杠杆租赁是指涉及承租人、出租人和资金出借人三方的融资租赁业务。一般来说，当所涉及的资产价值昂贵时，出租方自己只投入部分资金，通常为资产价值的20%～40%，其余资金则通过将该资产抵押担保的方式，向第三方（通常为银行）申请贷款解决。租赁公司然后将购进的设备出租给承租方，用收取的租金偿还贷款，该资产的所有权属于出租方。出租人既是债权人也是债务人，如果出租人到期不能按期偿还借款，资产所有权则转移给资金的出借者。

二、租赁的程序

融资租赁的程序如图7-6所示。

图 7-6　融资租赁程序

1. 选择租赁公司，提出委托申请

当企业决定采用融资租赁方式以获取某项设备时，需要了解各个租赁公司的资信情况、融资条件和租赁费率等，分析比较选定一家作为出租单位。然后，向租赁公司申请办理融资租赁。

2. 签订购货协议

由承租企业和租赁公司中的一方或双方，与选定的设备供应厂商进行购买设备的技术谈判和商务谈判，在此基础上与设备供应厂商签订购货协议。

3. 签订租赁合同

承租企业与租赁公司签订租赁设备的合同，如需要进口设备，还应办理设备进口手续。租赁合同是租赁业务的重要文件，具有法律效力。融资租赁合同的内容可分为一般条款和特殊条款两部分。

4. 交货验收

设备供应厂商将设备发运到指定地点，承租企业要办理验收手续。验收合格后签发交货及验收证书交给租赁公司，作为其支付货款的依据。

5.定期交付租金

承租企业按租赁合同规定，分期交纳租金，这也就是承租企业对所筹资金的分期还款。

6.合同期满处理设备

承租企业根据合同约定，对设备续租、退租或留购。

三、融资租赁租金的计算

（一）租金的构成

融资租赁每期租金的多少，取决于以下几项因素。

（1）设备原价及预计残值，包括设备买价、运输费、安装调试费、保险费等，以及该设备租赁期满后，出售可得的市价。

（2）利息，指租赁公司为承租企业购置设备垫付资金所应支付的利息。

（3）租赁手续费，指租赁公司承办租赁设备所发生的业务费用和必要的利润。

（二）租金的支付方式

租金的支付方式有以下几种分类方式（表7-13）。

表7-13　租金的支付方式分类

分类标准	支付间隔期长短	期初和期末支付	每次支付额
分类	年付	先付	等额支付
	半年付		
	季付	后付	不等额支付
	月付		

（三）租金的计算

我国融资租赁实务中，租金的计算大多采用等额年金法。等额年金法下，通常要根据利率和租赁手续费率确定一个租费率，作为折现率。

四、融资租赁的筹资特点

和其他融资方式相比，融资租赁的筹资特点有所不同，如图 7-7 所示。

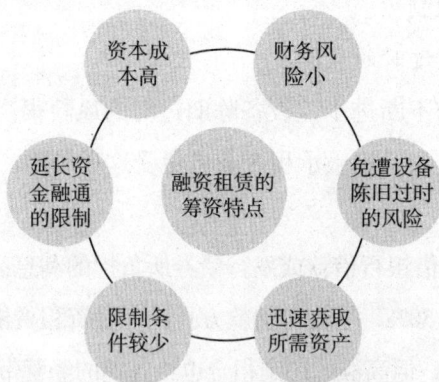

图 7-7 融资租赁的筹资特点

1. 在资金缺乏情况下，能迅速获得所需资产

融资租赁集"融资"与"融物"于一身，融资租赁使企业在资金短缺的情况下引进设备成为可能。特别是针对中小企业、新创企业而言，融资租赁是一条重要的融资途径。有时，大型企业对于大型设备、工具等固定资产，也需要通过融资租赁解决巨额资金的需要，如商业航空公司的飞机，大多是通过融资租赁取得的。

2. 财务风险小，财务优势明显

融资租赁与购买的一次性支出相比，能够避免一次性支付的负担，而且租金支出是未来的、分期的，企业无须一次筹集大量资金偿还。还款时，租金可以通过项目本身产生的收益来支付，是一种基于未来的"借鸡生蛋、卖蛋还钱"的筹资方式。

3. 融资租赁筹资的限制条件较少

企业运用股票、债券、长期借款等筹资方式，都受到相当多的资格条件的限制，如足够的抵押品、银行贷款的信用标准、发行债券的政府管制等。相比之下，融资租赁筹资的限制条件很少。

4. 融资租赁能延长资金融通的期限

通常为设备而贷款的借款期限比该资产的物理寿命要短得多，而融资租赁的融资期限却可接近其全部使用寿命期限；并且其金额随设备价款金额而定，无融资额度的限制。

5. 免遭设备陈旧过时的风险

随着科学技术的不断进步，设备陈旧过时的风险很高，而多数租赁协议规定此种风险由出租人承担，承租企业可免受这种风险。

6. 资本成本高

其租金通常比举借银行借款或发行债券所负担的利息高得多，租金总额通常要高于设备价值的 30%。尽管与借款方式比，融资租赁能够避免到期一次性集中偿还的财务压力，但高额的固定租金也给各期的经营带来了分期的负担。

第七节　敢于成长为上市公司
——股票筹资

股票是股份制企业为筹集股权资本而发行的表示股东按其持有的股份享有权益并承担义务的可转让的书面凭证。股票持有人即为企业的股东。股票筹资是指以发行股票的形式向股东筹集资本金的过程，即投资者是占股份，而不是借贷，是带有一定风险投资性质的融资，是直接融资的一种。这种融资方式不仅便捷，而且可操作性强，是解决中小企业融资问题的有效途径。

股票分为不可上市及可上市两种。前者只适用于未上市的股份有限公司。其股票只在少量的股东内部发行，只能进行有条件的内部流动。其筹集的资金主要作为企业的注册资本。还有一些股票是可上市的。尽管在国外股票上市是一件很平常的事，但在中国这个过于年轻的证券市场中，对于大部分的企业来讲，只能凭优良的业绩以中小企业板的形式，并通过国家证券管理机构严格审查的企业才有可能获得发行这种股票的机会。因此，股票上市是很多企业轻易获取大量资金的最佳途径，也是最难以实现的途径。

一、普通股筹资

（一）普通股股票特点

普通股股票有如下特点。

1. 永久性

公司发行股票所筹集的资金属于公司的长期自有资金，没有期限，无须归还。换言之，股东在购买股票之后，一般情况下不能要求发行企业退还股金。

2. 流通性

股票作为一种有价证券，在资本市场上可以自由转让、买卖和流通，也可以继承、赠送或作为抵押品。股票特别是上市公司发行的股票具有很强的变现能力，流动性很强。

3. 风险性

由于股票的永久性，股东成了企业风险的主要承担者。风险的表现形式有：股票价格的波动性、红利的不确定性、破产清算时股东处于剩余财产分配的最后顺序等。

4. 参与性

股东作为股份公司的所有者，拥有参与企业管理的权利，包括重大决策权、经营者选择权、财务监控权、公司经营的建议和质询权等。此外，股东还有承担有限责任、遵守公司章程等义务。

（二）普通股股东的权利

普通股股东的权利如下。

（1）企业管理权。投票权：对企业重大问题进行投票（比如修改企业章程、改变资本结构、批准出售企业重要资产、吸收或兼并其他企业等）。查账权：通常股东的查账权是受限制的，但是股东可以委托会计师进行查账。阻止越权经营的权利：阻止管理当局（经营者）的越权行为。

（2）分享盈余权。普通股股东可以按照股份的占有比例分享利润。

（3）出让股份权。

（4）优先认股权。优先认股权是指原有普通股股东在企业发行新股时具有优先认购权。

（5）剩余财产要求权。当企业进入解散、清算阶段时，股东有权分享企业的剩余财产。

（三）普通股筹资的优劣势

普通股筹资的优劣势见表7-14。

表7-14　普通股筹资的优劣势

优势	可以形成稳定而长期占用的资本
	有利于增强企业的实力，为债务筹资提供基础
	资本使用风险小，数额较大
	股本不存在固定到期日，也不存在固定股利支付义务和支付风险
劣势	股东所承担的投资风险大，从而股东期望投资报酬也高，它直接加大资本使用成本
	股利税后支付，不存在负债等其他筹资方式下的税收抵免作用
	发行成本相对较高，直接加大筹资成本
	新股发行会稀释原有股权结构，削弱原股东对企业的控制权
	发行过量会直接导致每股收益下降，从而不利于股价上扬

二、优先股筹资

优先股的优先权主要表现为优先分配股息和优先分配企业剩余财产。与其他证券相比，优先股兼有普通股和债券的一些特征。优先股票持有者对公司的净资产和利润有优先要求权，但是对公司的经营管理决策方面的重大问题没有投票表决权。

股份有限公司发行优先股主要出于筹集自有资本的需要。但是，由于优先股固有的特性，使优先股的发行也会有其他动机的考虑。

1. 防止股权分散化

优先股不具有表决权，因此，企业出于普通股发行会稀释其股权的需要，在资本额一定的情况下，发行一定数量的优先股，以保护原有普通股股东对企业经营权的控制。

2. 维持举债能力

由于优先股筹资属于股权资本筹资的范畴，因此，它可作为企业举债的基础，以提高其负债能力。

3. 增加普通股股东权益

由于优先股的股息既定，且优先股股东对企业留存收益不具有要求权，因此，在企业收益一定的情况下，提高优先股的比重，会相应提高普通股东的权益，提高每股收益额，从而具有杠杆作用。

4. 调整资本结构

由于优先股在特定情况下具有"可转换性"和"可赎回性"，因此它在企业安排自由资本与对外负债比例关系时，可借助于优先股的这些特性，来调整企业的资本结构，从而达到企业目的。

企业在发行优先股时，都要以某一目的或动机选择其发行时机，优先股的发行一般有以下几种情况：企业初创、急需筹集资本时期，企业财务状况欠佳、不能追加债务时，企业发生财务重整、为避免股权稀释时等。

优先股筹资的优缺点见表 7-15。

表 7-15 优先股筹资的优缺点

优点	没有固定到期日，不用偿还本金
	股利支付既固定，又具有一定的弹性
	非累积优先股的股利虽固定，但可供分配的利润不足时，可以不发放
	有利于增强企业信誉
缺点	筹资成本高，筹资限制多，财务负担重

三、股票筹资

（一）股票筹资的优点

与其他筹资方式相比，发行股票筹集资金具有如下优点。

（1）发行股票筹集的资金具有永久性，无到期日，在企业持续经营中无须偿还，能充分保证企业生产的资金需求，维持企业长期稳定发展。

（2）发行股票筹资没有固定的利息负担，股利的支付与否和支付多少，视企业有无盈利和经营需要而定，经营波动给企业带来的筹资风险相对较小。

（3）发行股票筹集的是权益资金，它是企业最基本的资金来源。权益资金增多了，企业的实力就加强了，信誉也提高了，最终能为企业利用更多的债务筹资创造条件。

（4）可以使企业接受更多、更广泛的监督和压力，促使企业经营者创造最佳业绩。企业上市，要面临会计师事务所每年的财务审计、证券交易所和市场所在国的证券监督机构的审查、新闻机构的新闻监督等，这些都促使企业经营者要提高经营管理水平，不断提高业绩水平，以树立良好的企业形象。

（二）股票筹资的缺点

股票筹资的缺点主要有以下方面。

（1）股票发行的门槛较高，绝大部分的企业难以满足上市条件。

（2）股票筹资的上市时间跨度长，竞争激烈，无法满足企业紧迫的融资需求。

（3）企业要负担较高的信息公开成本，各种信息公开的要求可能会暴露商业秘密。

（4）利用股票筹资会增加新股东，分散企业的控制权，给企业的管理带来困难；同时，企业要让出较高的利润收益，从而使股票筹资的成本较高。

股票筹资利弊相依，但不是所有的企业都可以发行股票，也不是所有的企业都适宜发行股票。

第八节　直接向市场借钱

——债券筹资

债券是社会各类经济主体为筹集负债性资金而向投资人出具的、承诺按一定利率定期支付利息并到期偿还本金的债务凭证。目前已有部分有自主知识产权、拥有一定定价能力的中小企业、民营企业以捆绑式进入了债券市场，集合发行短期债券。这是因为，单独一家中小企业发行债券的可能性十分渺茫，如果将一批中小企业捆绑起来，其可行性将大为增加。所以企业的经营管理者有必要了解债券筹资这种筹资方式。

在所有筹资方式中，债券筹资有其独到之处，这主要表现在债券筹资对象广，范围大。此外，发行债券不会稀释股东的权益，有利于股东保持控股权，而且具备条件的企业债券还可以在二级市场转让，这无论是对债券发行人、企业股东还是债券投资人，都是非常有利的。

一、企业债券的分类

企业债券有不同的分类方法，见表 7-16。

表 7-16　企业债券的分类

分类方式	种类	含义
是否记名	记名债券	应当在公司债券存根簿上载明债券持有人的姓名及住所、债券持有人取得债券的日期及债券的编号等债券持有人信息；由债券持有人以背书方式或者法律、行政法规规定的其他方式转让；转让后由公司将受让人的姓名或者名称及住所记载于公司债券存根簿
	无记名债券	应当在公司债券存根簿上载明债券总额、利率、偿还期限和方式、发行日期及债券的编号；由债券持有人将该债券交付给受让人后即发生转让的效力

续表

分类方式	种类	含义
是否能够转换成公司股权	可转换债券	持有者可以在规定的时间内按规定的价格转换为发债公司的股票。这种债券在发行时，对债券转换为股票的价格和比率等都做了详细规定；可转换债券的发行主体是股份有限公司中的上市公司
	不可转换债券	不能转换为发债公司股票的债券，大多数公司债券属于这种类型
有无特定财产担保	担保债券	以抵押方式担保发行人按期还本付息的债券，主要是指抵押债券。抵押债券按其抵押品的不同，又分为不动产抵押债券、动产抵押债券和证券信托抵押债券
	信用债券	属于无担保债券，是仅凭公司自身的信用发行的、没有抵押品做抵押担保的债券。在公司清算时，信用债券的持有人因无特定的资产做担保品，只能作为一般债权人参与剩余财产的分配

二、债券的发行价格

债券的发行分为溢价发行、平价发行和折价发行。企业可根据一定的票面利率和市场利率，确定债券的发行价格。一般来说，如果票面利率高于同期的市场利率，则称溢价发行；如果票面利率低于同期的市场利率，则称折价发行；如果票面利率等于同期的市场利率，则称平价发行。在我国暂时不允许折价发行债券，具体的发行价格会由本企业的财务部门或委托专门的机构进行核算。

债券发行价格由图 7-8 所示的因素确定。

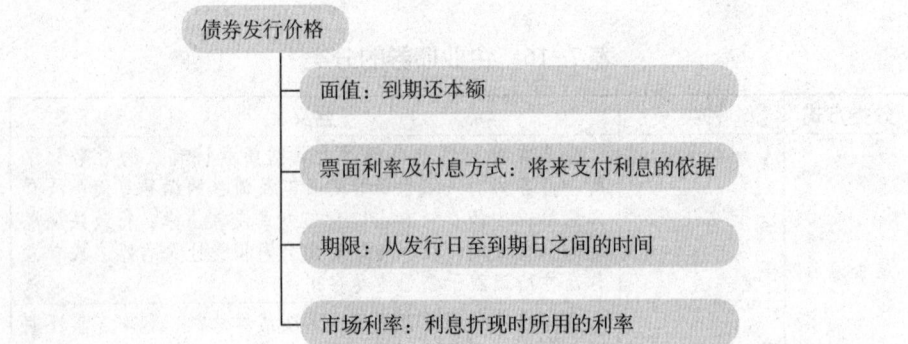

债券发行价格

- 面值：到期还本额
- 票面利率及付息方式：将来支付利息的依据
- 期限：从发行日至到期日之间的时间
- 市场利率：利息折现时所用的利率

图 7-8　债券发行价格的影响因素

债券发行价格的确定其实就是一个求现值的过程，等于各期利息的现值和到期还本的现值之和，折现率以发行时的市场利率为标准。

三、债券的发行方式

债券的发行有私募发行与公募发行两种方式。

（1）私募发行。私募发行又称不公开发行，其发行的对象一般可分为两类：一类是个人投资者，如企业自己的员工；另一类是机构投资者，如大的金融机构或与发行企业有密切往来关系的企业等。

（2）公募发行。公募发行又称公开发行，是指发行人通过中介机构向不特定的社会公众广泛地发售证券。在公募发行情况下，所有合法的社会投资者都可以参加认购。为了保障广大投资者的利益，各国对公募发行都有严格的要求，如发行人要有较高的信用，并符合证券主管部门规定的各项发行条件，经批准后方可发行。一般来说，公募发行是债券发行中最基本、最常用的方式。

私募和公募发行的优缺点见表7-17。

表7-17 私募和公募发行的优缺点

私募发行	优点	有确定的投资人，发行手续简单，可以节省发行时间和费用
	缺点	投资者数量有限，流通性较差，也不利于提高发行企业的社会信誉
公募发行	优点	它以众多的投资者为发行对象，筹集资金潜力大
		可投资者范围大，可避免囤积证券或被少数人操纵
		公开发行的证券方可申请在交易所上市，因此这种发行方式可增强证券的流动性，有利于提高发行企业的社会信誉
	缺点	发行过程比较复杂、登记核准所需时间较长、发行费用较高

四、债券的发行程序与偿还

（一）债券发行

债券的发行程序如图 7-9 所示。

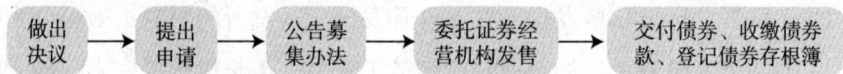

图 7-9　债券发行程序

1. 做出决议

公司发行债券要由董事会制定方案，股东大会做出决议。

2. 提出申请

我国规定，公司申请发行债券由国务院证券管理部门批准。证券管理部门按照国务院确定的公司债券发行规模，审批公司债券的发行。公司申请发行债券应提交公司登记证明、公司章程、公司债券募集办法、资产评估报告和验资报告。

3. 公告募集办法

企业发行债券的申请经批准后，向社会公告债券募集办法。公司债券分私募发行和公募发行，私募发行是以特定的少数投资者为对象发行债券，而公募发行则是在证券市场上以非特定的广大投资者为对象公开发行债券。

4. 委托证券经营机构发售

公募间接发行是各国通行的公司债券发行方式，在这种发行方式下，发行公司与承销团签订承销协议。承销团由数家证券公司或投资银行组成，承销方式有代销和包销两种。代销是指承销机构代为推销债券，在约定期限内未售出的余额可退还发行公司，承销机构不承担发行风险。包销是由承销团先购入发行公司拟发行的全部债券，然后再售给社会上的投资者，如果约定期限内未能全部售出，余额要由承销团负责认购。

5. 交付债券，收缴债券款，登记债券存根簿

发行债券通常无须经过填写认购过程，由债券购买人直接向承销机构付

款购买，承销单位付给企业债券。然后，发行公司向承销机构收缴债券款并结算代理费及预付款项。

（二）债券偿还

债券偿还时间按其实际发生与规定的到期日之间的关系，分为提前偿还与到期偿还两类，其中后者又包括分批偿还和一次偿还两种。

1. 提前偿还

提前偿还又称提前赎回或收回，是指在债券尚未到期之前就予以偿还。只有在公司发行债券的契约中明确规定了有关允许提前偿还的条款，公司才可以进行此项操作。提前偿还所支付的价格通常要高于债券的面值，并随到期日的临近而逐渐下降。具有提前偿还条款的债券可使公司筹资有较大的弹性。当公司资金有结余时，可提前赎回债券；当预测利率下降时，也可提前赎回债券，而后以较低的利率来发行新债券。

2. 到期偿还

（1）分批偿还。如果一个公司在发行同一种债券的当时就为不同编号或不同发行对象的债券规定了不同的到期日，这种债券就是分批偿还债券。因为各批债券的到期日不同，它们各自的发行价格和票面利率也可能不相同，从而导致发行费较高；但由于这种债券便于投资人挑选最合适的到期日，因而便于发行。

（2）一次偿还。到期一次偿还的债券是最为常见的。

五、债券筹资的特点

债券筹资的特点如图 7-10 所示。

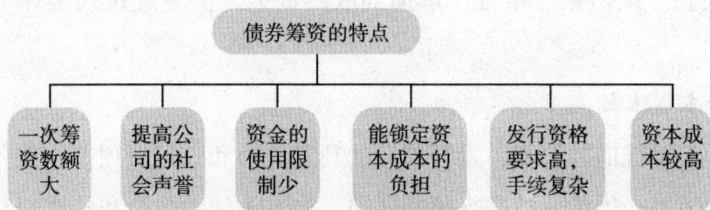

图 7-10 债券筹资的特点

1. 一次筹资数额大

利用发行公司债券筹资，能够筹集大额的资金，满足公司大规模筹资的需要。这是在银行借款、融资租赁等债权筹资方式中，企业选择发行公司债券筹资的主要原因，也能够适应大型公司经营规模的需要。

2. 提高公司的社会声誉

公司债券的发行主体，有严格的资格限制。发行公司债券，往往是股份有限公司和有实力的有限责任公司所为。通过发行公司债券，一方面筹集了大量资金，另一方面也扩大了公司的社会影响。

3. 筹集资金的使用限制条件少

与银行借款相比，债券筹资筹集资金的使用具有相对的灵活性和自主性。特别是发行债券所筹集的大额资金，主要用于流动性较差的公司长期资产上。从资金使用的性质来看，银行借款一般期限短、额度小，主要用途为增加适量存货、增加小型设备等；反之，期限较长、额度较大，用于公司扩展、增加大型固定资产和基本建设投资的需求多采用发行债券方式。

4. 能够锁定资本成本的负担

尽管公司债券的利息比银行借款高，但公司债券的期限长、利率相对固定。在预计市场利率持续上升的金融市场环境下，发行公司债券筹资，能够锁定资本成本。

5. 发行资格要求高，手续复杂

发行公司债券，实际上是公司面向社会负债，债权人是社会公众，因此国家为了保护投资者利益，维护社会经济秩序，对发债公司的资格有严格的限制。从申报、审批、承销到取得资金，需要经过众多环节和较长时间。

6. 资本成本较高

相对于银行借款筹资，发行债券的利息负担和筹资费用都比较高。而且债券不能像银行借款一样进行债务展期，加上大额的本金和较高的利息，在固定的到期日，将会对公司现金流量产生巨大的财务压力。

小链接

凡有下列情形的，企业不得再次发行债券：前一次发行的公司债券尚未募足的；对已发行的公司债券或者其债务有违约或者延迟支付本息的事实，且仍处于继续状态的；最近3年平均可分配利润不足以支付发行债券1年利息的。

第九节　量出为入

——资金需要测量

资金的需要量是筹资的数量依据，必须科学合理地进行预测。筹资数量预测的基本目的，是保证筹集的资金既能满足生产经营的需要，又不会产生资金多余而闲置。

一、因素分析法

因素分析法又称分析调整法，是以有关项目基期年度的平均资金需要量为基础，根据预测年度的生产经营任务和资金周转加速的要求，进行分析调整，来预测资金需要量的一种方法。这种方法计算简便，容易掌握，但预测结果不太精确。它通常用于品种繁多、规格复杂、资金用量小的项目。

因素分析法的计算公式如下：

资金需要量 =（基期资金平均占用额-不合理资金占用额）

　　　　　　×（1±预测期销售增减额）×（1±预测期资金周转速度变动率）

例如：

> 甲企业上年度资金平均占用额为 2200 万元，经分析，其中不合理部分 200 万元，预计本年度销售增长 5%，资金周转加速 2%。则：
>
> 预测年度资金需要量 =（2200-200）×（1+5%）×（1+2%）= 2058（万元）

二、销售百分比法

销售百分比法，是根据销售增长与资产增长之间的关系，预测未来资金需要量的方法。企业的销售规模扩大时，要相应增加流动资产；如果销售规模增加很多，还必须增加长期资产。为取得扩大销售所需增加的资产，企业需要筹措资金。这些资金，一部分来自留存收益，另一部分通过外部筹资取得。通常，销售增长率较高时，仅靠留存收益不能满足资金需要，即使获利良好的企业也需外部筹资。因此，企业需要预先知道自己的筹资需求，提前安排筹资计划，否则就可能发生资金短缺问题。

销售百分比法，将反映生产经营规模的销售因素与反映资金占用的资产因素联结起来，根据销售与资产之间的数量比例关系，预计企业的外部筹资需要量。销售百分比法首先假设某些资产与销售额存在稳定的百分比关系，根据销售与资产的比例关系预计资产额，根据资产额预计相应的负债和所有者权益，进而确定筹资需要量。

其基本步骤如图 7-11 所示。

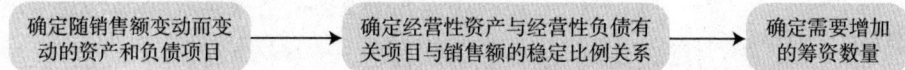

确定随销售额变动而变动的资产和负债项目	→	确定经营性资产与经营性负债有关项目与销售额的稳定比例关系	→	确定需要增加的筹资数量

图 7-11　销售百分比法的基本步骤

1. 确定随销售额变动而变动的资产和负债项目

资产是资金使用的结果，随着销售额的变动，经营性资产项目将占用更多的资金。同时，随着经营性资产的增加，经营性短期债务也会相应增加，如存货增加会导致应付账款增加，此类债务称之为"自动性债务"，可以为企业提供暂时性资金。经营性资产与经营性负债的差额通常与销售额保持稳定的比例关系。这里，经营性资产项目包括库存现金、应收账款、存货等项目；而经营性负债项目包括应付票据、应付账款等项目，不包括短期借款、短期融资券、长期负债等筹资性负债。

2. 确定经营性资产与经营性负债有关项目与销售额的稳定比例关系

如果企业资金周转的营运效率保持不变，经营性资产与经营性负债会随销售额的变动而呈正比例变动，保持稳定的百分比关系。企业应当根据历史资料和同业情况，剔除不合理的资金占用，寻找与销售额的稳定百分比关系。

3. 确定需要增加的筹资数量

预计由于销售增长而需要的资金需求增长额，扣除利润留存后，即为所需要的外部筹资额。

销售百分比法的优点，是能为筹资管理提供短期预计的财务报表，以适应外部筹资的需要，且易于使用。但在有关因素发生变动的情况下，必须相应地调整原有的销售百分比。

三、资金习性预测法

资金习性预测法，是指根据资金习性预测未来资金需要量的一种方法。所谓资金习性，是指资金的变动同产销量变动之间的依存关系。按照资金同产销量之间的依存关系，可以把资金区分为不变资金、变动资金和半变动资金。

不变资金是指在一定的产销量范围内，不受产销量变动的影响而保持固定不变的那部分资金。也就是说，产销量在一定范围内变动，这部分资金保持不变。这部分资金包括：为维持营业而占用的最低数额的现金，原材料的保险储备，必要的成品储备，厂房、机器设备等固定资产占用的资金。

变动资金是指随产销量的变动而同比例变动的那部分资金。它一般包括直接构成产品实体的原材料、外购件等占用的资金。另外，在最低储备以外的现金、存货、应收账款等也具有变动资金的性质。

半变动资金是指虽然受产销量变化的影响，但不成同比例变动的资金，如一些辅助材料上占用的资金。半变动资金可采用一定的方法划分为不变资金和变动资金两部分。

（一）根据资金占用总额与产销量的关系预测

这种方式是根据历史上企业资金占用总额与产销量之间的关系，把资金分为不变和变动两部分，然后结合预计的销售量来预测资金需要量。

设产销量为自变量 X，资金占用为因变量 Y，它们之间的关系可用下式表示：

$$Y = a+bX$$

式中，a 为不变资金；b 为单位产销量所需变动资金。

可见，只要求出 a 和 b，并知道预测期的产销量，就可以用上述公式测算资金需求情况。a 和 b 可用回归直线方程求出。

（二）采用逐项分析法预测

这种方式是根据各资金占用项目（如现金、存货、应收账款、固定资产）同产销量之间的关系，把各项目的资金都分成变动和不变两部分，然后汇总在一起，求出企业变动资金总额和不变资金总额，进而来预测资金需求量。

进行资金习性分析，把资金划分为变动资金和不变资金两部分，从数量上掌握了资金同销售量之间的规律性，对准确地预测资金需要量有很大帮助。实际上，销售百分比法是资金习性分析法的具体运用。

应用线性回归法必须注意以下几个问题。

（1）资金需要量与营业业务量之间线性关系的假定应符合实际情况。

（2）确定 a、b 数值，应利用连续若干年的历史资料，一般要有 3 年以上的资料。

（3）应考虑价格等因素的变动情况。

第十节　善于寻找最廉价的筹资方案

——融资成本比较

　　企业的资金，可以从多种渠道，用多种方式来筹集。不同来源的资金，其使用时间的长短、附加条款的限制、财务风险的大小、资金成本的高低都不一样。这就要求企业在筹集资金时，不仅需要从数量上满足生产经营的需要，而且要考虑各种筹资方式给企业带来的资金成本的高低和财务风险的大小，以便选择最佳筹资方式，实现财务管理的总体目标。一般来说，企业在进行筹资时，通常选择资本成本较低的筹资方式，以提高筹资效益。

一、影响企业融资成本的因素

　　影响融资成本的因素很多，主要有以下方面。

　　（一）总体经济环境

　　总体经济环境决定了整个经济中资本的供给和需求，以及预期通货膨胀水平。显然，如果整个社会经济中的资金需求和供给发生变动，或通货膨胀水平发生变化，投资者也会相应改变其所要求的收益率。具体来说，如果货币需求增加，而供给没有相应增加，投资人便会提高其投资收益率，企业的资本成本就会上升；反之，则会降低其要求的投资收益率，使资本成本下降。如果预期通货膨胀水平上升，货币购买力下降，投资者也会提出更高的收益率来补偿预期的投资损失，导致企业资本成本上升。

　　（二）证券市场条件

　　证券市场条件影响证券投资的风险，它包括证券的市场流动难易程度和价格波动程度。如果某种证券的市场流动性好，投资者想买进或卖出证券相对困难，变现风险加大，要求的收益率就会提高。或者虽然存在对某证券的需求，但其价格波动较大，投资的风险大，要求的收益率也会提高。

（三）企业内部的经营和融资状况

投资者是否愿意把资金投入到企业中去，同企业经营的风险性和资金收益率的高低有关。如果企业内部的经营和企业筹资决策风险大，投资者便会有较高的收益率要求。融资的成本费用，同时也决定了企业资金运用的方向和范围。

（四）融资规模

企业在筹集资金时，首先要确定企业的融资规模。融资过多，或者可能造成资金闲置浪费，增加融资成本，也可能导致企业负债过多，使其无法承受，从而增加经营风险；如果企业融资不足，则又会影响企业投融资计划及其他业务的正常开展。因此，企业在进行融资决策之初，要根据企业对资金的需要、企业自身的实际条件以及融资的难易程度和成本情况，量力而行来确定企业合理的融资规模。

（五）资金结构配比

企业融资时，要考虑各种筹资方式对它的利害关系，同时要高度重视融资风险的控制，尽可能选择风险较小的融资方式。企业在进行融资决策时，应当在控制融资风险与谋求最大利益之间寻求一种均衡，即寻求企业的最佳资本结构。按结构上的配比原则，企业用于固定资产和永久性流动资产上的资金，以中长期融资方式筹措为宜；由于季节性、周期性和随机因素造成企业经营活动变化所需的资金，以短期融资方式筹措为宜。强调融资和投资在资金结构上的配比关系对企业尤为重要。

（六）融资期限

企业融资按照期限来划分，可分为短期融资和长期融资。企业做融资期限决策，即在短期融资与长期融资两种方式之间进行权衡时，做何种选择，主要取决于融资的用途和融资人的风险性偏好。

从资金用途上来看，如果融资是用于企业流动资产，则根据流动资产具有周期快、易于变现、经营中所需补充数额较小及占用时间短等特点，宜于选择各种短期融资方式，如商业信用、短期贷款等；如果融资是用于长期投资或购置固定资产，则由于这类用途要求资金数额大、占用时间长，因而适宜选择各种长期融资方式，如长期贷款、企业内部积累、租赁融资、发行债券、股票等。

（七）投资机构的选择

应选择理念双赢、关注成长前景、资金充足费用低、机构全、素质好的金融机构，投资机构根据企业的经营方针、发展计划、财务状况给企业以恰当的资金支持，使企业的融资成本降至最低。

二、企业融资模式的选择

企业融资的成本是决定企业融资效率的决定性因素，对企业选择哪种融资方式有着重要的意义。由于融资成本的计算要涉及很多种因素，具体运用时有一定的难度。一般情况下，按照融资来源划分的融资方式、融资成本由低到高的排列顺序如图 7-12 所示。

图 7-12　不同融资方式的融资成本排序

但这仅是不同融资方式、融资成本的大致顺序，具体分析时还要根据具体情况而定。比如，财政融资中的财政拨款不仅没有成本，而且有净收益，而政策性银行低息贷款则要有较少的利息成本。对于商业融资，如果企业在现金折扣期内使用商业信用，则没有资金成本；如果放弃现金折扣，那么，资金成本就会很高。再如，对股票融资来说，其中发行普通股与发行优先股，融资成本也不同。企业选择融资模式时一定要注意筹资组合。

企业融资决策的核心在于：在及时充分地满足企业生产经营所需的前提下，选择最佳的速效途径及资金组合，以使融资成本最低。因此，企业首先要正确计算资金成本，同时计算资金利润率，只有后者大于前者，其"融资—投资"才构成良性循环，才能给企业带来利润。

第八章 如何让企业拥有未来
——企业投资项目决策

● 内容概览

投资贯穿于企业的整个存续期间，它是企业生存和发展的基础。一个成功的项目会给企业带来丰厚的回报，相反，失败的项目则有可能使企业伤筋动骨甚至导致企业破产。如何从众多的投资机会中挑选出好的项目呢？选择项目的原则是什么？需要考虑哪些因素？企业可以进行投资的种类有哪些？项目评价判断的标准如何制定等等问题就显得至关重要。本章将一一解答以上问题。

第一节　企业需要投资吗

——投资的种类

投资是指企业投放财力于一定的对象，以期望在未来获取收益的经济行为。企业除了可以直接依靠自身的生产经营来获得经济利益外，还可以通过投资活动来提高资金的利用效率和企业整体、长远的经济效益。投资目前已成为企业一项重要的经济活动。

在市场经济条件下，企业能否把筹集到的资金投放到收益高、回报快、风险小的项目上，对企业的生存和发展有着十分重要的意义。投资方向正确，时机恰当，投资就会成功，反之则可能失败，而投资的成功与否，将直接关系到企业的兴衰成败，因此，必须对影响投资决策的因素进行分析。

一、企业投资的目的

企业投资的目的一般有以下几方面。

1. 积累资金，保持正常运转

与此相联系，企业必须进行重置投资，主要包括购买新设备，更换旧设备，建立必要的原材料储备等，以满足企业简单再生产的需要。为保证本企业的正常生产有足够的原材料或零配件的供应，对这些供应企业进行投资，其目的不仅仅是取得投资收益，还有稳定原材料供应来源之意。

2. 用活存量资金，通过投资实现资本增值

企业若将闲置的资金存在银行，不做任何使用，除了获得很少一部分利息外，没有任何收益；另外，闲置的资金如果长期得不到有效利用，就会造成资金沉淀，以致资金的贬值。为此，企业就有必要为正常经营中多余的资金寻找出路，用暂时闲置的资金购入各种可随变现的证券或其他资产，以

取得一定的收益。把资本投入到新的经营领域，必然面临着一定的风险，企业之所以愿意承担这些风险，就是为了获得较高的资本收益，实现资本的增值。当企业获得一定的资金积累之后，首先想到的就是继续投资，扩大生产规模，或者扩大经营范围。

3. 技术改造和扩大再生产

在企业经营过程中，技术不断更新，企业为了紧跟时代的步伐，除了不断提高自身的竞争力水平外，也会选择通过投资来扩大再生产。这些投资主要包括：增添新设备、引进新技术、加强技术改造、增加职工人数、加强职工培训等。

4. 追求某领域的高投资回报

某些企业在一个或几个较稳定的行业进行经营的同时，为了提高自身的利润率水平，往往选择一些回报率较高的行业，而且由于自身经营情况比较稳定，所以它们也能够承担由此所带来的风险，这样，投资行为也会发生。

5. 改善职工的工作条件

改善职工的工作条件，是企业必须关注的重要方面。企业的社会价值，从根本上来说，就是要满足社会的需要以及人的需要，当然也包括企业职工的需要，因而，企业理所当然应该为职工创造良好的工作环境。

6. 改善投资区域分布，转移投资方向

投资还是转移投资方向的一个良好的手段。在区域经济发展的过程中，发展中心也在不断变化，企业可以根据这个中心的变化不断调整自己的区域分布。在企业发展的过程中，也要求规模经济效益的实现，这种通过扩大经营区域占领市场的做法，也是发展的途径之一。

尽管企业投资的目的多种多样，但其最终目的都是寻求发展，增强自身的能力以适应市场的需要。

二、投资所具有的特点

1. 目的性

投资是一种有目的的经济行为，是现在支出一定价值，为了获得未来的报酬的经济行为。总体上说，企业投资的目的是为了获得投资收益，从而实现企业的财务目标。但企业的投资总是通过各个相对独立的投资项目进行的，具体投资业务的直接目的也是有区别的。

2. 时间性

投资从支出价值到获得报酬，总要经过一定的时间间隔。投资并不是随便进行的，只有在客观上存在投资的有利条件时，投资时机才能真正到来。

3. 收益性

投资的目的在于得到报酬，投资报酬可以是各种形式的收入，如利息、股息，可以是价格变动的资本利得，可以是本金的增值，还可以是各种财富的保值或权利的获得。

4. 风险性

现在投入的价值是确定的，投资收益是在未来才能获得的，最终收益多少，事先难以准确把握。正由于投资收益的这种不稳定性，使投资存在一定的风险。

三、投资的分类

为了加强投资管理，提高投资效益，必须对投资进行科学的分类，以分清投资的性质。企业投资的具体分类见表8-1。

表8-1　投资的分类

分类标准	分类	含义
投资与企业生产经营的关系	直接投资	直接投资是指把资金投放于生产经营环节中，以期获取利润的投资。在非金融性企业中，直接投资所占比重较大
	间接投资	间接投资又称证券投资，是指把资金投放于证券等金融性资产，以期获得股利或利息收入的投资
投资回收时间的长短	短期投资	短期投资是指准备在一年以内收回的投资，主要指对现金、存货、短期有价证券等的投资
	长期投资	长期投资是指一年以上才能收回的投资，主要指对房屋、建筑物、机器、设备等能够形成生产能力物质技术基础的投资，也包括对无形资产和长期有价证券的投资

续表

分类标准	分类	含义
投资的方向和范围	对内投资	对内投资是指把资金投放在企业内部，购置各种生产经营用资产的投资
	对外投资	对外投资是指企业以现金、实物、无形资产等方式或者以购买股票、债券等有价证券方式向其他单位的投资
投资方式和权利形式	实业投资	基于产业扩张或者其他盈利目的，对于某种权利或者实物或者企业的投资
	证券投资	以公开或者非公开发行的证券类产品作为投资对象的一种投资，主要的证券类产品如股票、债券、期权等，这些投资的特点是投资对象是一种份额、权益或者约定
	广义的私募股权投资	涵盖企业首次公开发行前各阶段的权益投资，即对处于种子期、初创期、发展期、扩展期、成熟期和Pre-IPO各个时期的企业所进行的投资

（1）长期投资中对房屋、建筑物、机器、设备等能够形成生产能力物质技术基础的投资，是一种以特定项目为对象，直接与新建或更新改造项目有关的长期投资行为，且投资所占比重较大，建设周期较长，所以称为项目投资。

（2）从理论上讲，对内投资的风险要低于对外投资，对外投资的收益应高于对内投资，随着市场经济的发展，企业对外投资机会越来越多。

（3）实业投资的形式可以是多样的，比如企业投资建立的项目公司等之类的，均可被称之为实业投资。实业投资的主要特点是基于现状进行评估后的投资，所获得的是一种所有权和控制权。比如投资一个房产项目，我们主要的投资依据就是它现在的价值，获得房产的所有权。投资新建一家企业也是，投资人获得的是这家企业的所有权。

（4）Private Equity（PE）在中国通常称为私募股权投资，从投资方式角度看，是指通过私募形式对私有企业，即非上市企业进行的权益性投资，在交易实施过程中附带考虑了将来的退出机制，即通过上市、并购或管理层回购等方式，出售持股获利。

广义的私募股权投资，相关资本按照投资阶段可划分为创业投资、发展资本、并购基金、夹层资本、重振资本，Pre-IPO资本，以及其他如上市后私募投资、不良债权和不动产投资等等。狭义的PE主要指对已经形成一定规模的，并产生稳定现金流的成熟企业的私募股权投资部分，主要是指创业投资后期的私募股权投资部分，而这其中并购基金和夹层资本在资金规模上占最大的一部分。

四、把好投资决策关

一个重要的投资决策失误往往会使一个企业陷入困境，甚至破产。因此，企业要把好投资决策关。

1. 开展市场调查，捕捉投资机会

捕捉投资机会是企业投资活动的起点，也是企业投资决策的关键。在商品经济条件下，投资机会是不断变化的，它要受到诸多因素的影响，最主要的是受市场需求变化的影响。企业在投资之前，必须认真进行市场调查和市场分析，寻找最有利的投资机会。市场是不断变化、发展的，对于市场和投资机会的关系，应从动态的角度加以把握。正是由于市场不断变化和发展，才有可能产生一个又一个新的投资机会。随着经济不断发展，人民收入水平不断增加，人们对消费的需求也将发生很大变化，无数的投资机会正是在这种变化中产生的。

2. 建立科学决策程序，开展投资项目的可行性分析

在市场经济条件下，企业的投资决策都会面临一定的风险。为了保证投资决策的正确有效，必须按科学的投资决策程序，认真进行投资项目的可行性分析。投资项目可行性分析的主要任务，是对投资项目技术上的可行性和经济上的有效性进行论证，运用各种方法计算出有关指标，以便合理确定不同项目的优劣。财务部门是对企业的资金进行规划和控制的部门，财务人员必须参与投资项目的可行性分析。

3. 及时筹集资金，保证资金供应

企业的投资项目，特别是大型投资项目，建设工期长，所需资金多，一旦开工，就必须有足够的资金供应；否则，就会使工程建设中途下马，出现

"半拉子工程"，造成很大的损失。因此，在投资项目上马之前，必须科学预测投资所需资金的数量和时间，采用适当的方法，筹措资金，保证投资项目顺利完成，尽快产生投资效益。

4. 适度把握均衡，控制投资风险

收益与风险是共存的。一般而言，收益越大，风险也越大，收益的增加是以风险的增大为代价的，而风险的增加将会引起企业价值的下降，不利于财务目标的实现。企业在进行投资时，必须在考虑收益的同时认真考虑风险情况，只有在收益和风险达到比较好的均衡时，才有可能不断增加企业价值，实现财务管理的目标。

企业在投资之前，一定要考虑以下几个方面的问题。

1. 本金的安全性

投资本身就是有赚有赔，企业用来投资的本金是否经得起投资失败带来的损失，或者对这种损失能经受到多大的程度，另外是通货膨胀的影响，因为它会稀释投资的回报率。

2. 资金的流动性

也就是资金变现的难易程度。资金流动性好坏的标准如下。

（1）某项投资工具在变现时损失的成本（钱与时间）愈少，其流动性愈好。

（2）这项投资工具在转移所有权或变现时，所需支付的手续费或佣金愈低，其流动性则愈好。

3. 投资期限

投资前一定要搞清，一笔闲置的资金到底可运用多长时间，否则资金的投资期限未到，就要变现，往往会有很大损失。此外不同的投资工具税率不同，因此应注意这个问题。某些投资工具报酬看似不错，但由于不好操作管理，会在别的方面造成损失，这就属于不易管理的投资。

五、企业投资的原则

企业投资原则如图 8-1 所示。

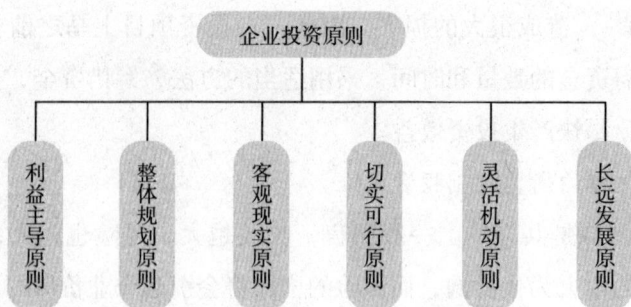

图 8-1 企业投资的原则

1. 利益主导原则

经济效益是投资活动的出发点和归结点。一项优秀的投资决策，必须以效益为主要原则。一个项目能够顺利地、较有保障地实现企业利润的最大化，就是一个值得考虑的项目，否则，这项投资就是没有意义的。

2. 整体规划原则

企业在选择投资方式时，要以企业全局为出发点，为企业总体发展规划服务，要在对企业环境和企业能力进行综合分析的基础上确定企业投资方向，让局部利益服从、服务于全局利益。另外，在进行投资决策时，还要均衡企业的短期利益和长期利益，不能一味地强调短期利益。市场竞争越来越激烈了，生产的专业性问题、规模经济问题、品牌积累的问题都要求企业从长远的角度来考虑企业的发展轨迹。但是，也不能一味地强调长期利益，因为企业要想获得发展，首要的条件是生存下来。

3. 客观现实原则

好的投资决策要符合客观的发展规律，从现实条件出发，根据企业所拥有的实物、所具有的财力、所能利用的资源，以及所有可信的信息来源等，做出符合实际的可行方案。

4. 切实可行原则

要在科学理论的指导下，在进行了实际调查、研究、预测的基础上严格按照策划程序进行投资决策，其目的就是要使投资决策科学、合理、切实可行。

5. 灵活机动原则

规律是客观的、必然的，而机遇是随机的、偶然的，两者要达到统一，既要充分发挥人的主观能动性，又要顺应客观发展规律。也就是说，主体在策划过程中，要善于掌握、利用、巧用规律，顺应必然规律，及时抓住机遇。因为，一方面，墨守成规难以获得市场竞争中的超额利润，所以，不能被动消极、按部就班地等待；另一方面，灵活机动不是随意遐想，不能异想天开，也不能投机取巧，要适宜、适度。

6. 长远发展原则

很多企业刚成立时，都处于孕育期和成长期，企业从产品市场到管理模式都尚未定型，同时企业规模的局限也限制企业的抗风险能力，企业投资应以利于企业长远的发展为前提，量力而行。

六、影响因素

投资决策决定着企业的前景，企业的投资战略是投资成功与否的关键。投资战略选择正确了，今后的操作会事半功倍。相反，投资战略选择发生了偏差，在之后的操作过程中即使付出成倍的努力，效果也不一定明显，甚至出现投资失败，导致大幅度的亏损。对于企业来说，承担风险的能力往往不强，一次大规模的投资失败，就有可能导致整个企业的死亡。因此，企业在进行投资时，需要考虑几方面的因素，如图 8-2 所示。

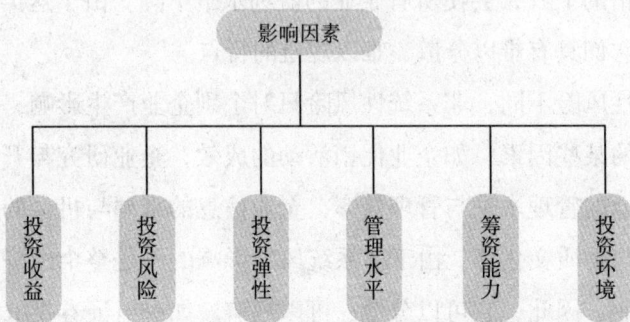

图 8-2 投资需考虑的因素

1. 投资收益

尽管投资的目的多种多样，但是，根本动机是追求较多的投资收益和实现最大限度的投资增值。投资收益是企业投资获得的报酬。企业投资的基本目的是获取收益，故在进行投资评估和投资决策时，需要准确计算投资的收益和收益率。在投资中考虑投资收益，要求在投资方案的选择上必须以投资收益的大小采取舍，要以投资收益具有确定性的方案为选择对象，要分析影响投资收益的因素，并针对这些因素及其对投资方案作用的方向、程度，寻求提高投资收益的有效途径。

2. 投资风险

投资风险表现为未来收益和增值的不确定性。诱发投资风险的主要因素有政治因素、经济因素、技术因素、自然因素和企业自身的因素，各种因素往往结合在一起共同发生影响。在投资中考虑投资风险意味着必须权衡风险与收益的关系，充分合理预测投资风险，防止和减少投资风险给企业带来损失的可能性，并提出合理规避投资风险的策略，以便将实施投资的风险降至最低程度。

投资风险按来源和影响范围的不同，可以分为系统性风险和非系统性风险。系统性风险是对经济体系中绝大多数企业都会产生影响的风险，它来源于经济体系中总的需求水平、税收水平、利率水平、原材料价格水平等因素的变动，如需求水平下降，会使所有企业的产品销售变得困难；而税率、利率和能源价格的上升，会使所有企业的盈利水平下降。由于这类风险影响所有企业，故它们具有难以分散、难以规避的特点。

与系统性风险不同，非系统性风险只对个别企业产生影响，它往往产生于企业本身的某些因素，如企业促销活动的成效，企业研究与开发计划执行的成效，企业的管理水平与管理效率，企业信息的来源与机会的把握，企业的干群关系与物质文化等。由于非系统风险影响的不是整个经济体系，而是个别特殊企业，因此，它可以分散、可以规避。如进行证券投资时，只要扩大证券购买的范围，形成一定的投资组合，企业就可以用较小的成本，达到分散风险、降低风险的目的。

一般来说，投资的收益率与风险之间存在同向变动的关系，收益率越高，风险也越大；风险越低，收益率越小。因此，企业在进行投资时，必须在收益率与风险之间进行权衡，以兼顾投资的经济性与安全性。

3. 投资弹性

投资弹性涉及两个方面：一是规模弹性，即投资企业必须根据自身资金的可供能力和市场供求状况，调整投资规模，或者收缩或者扩张；二是结构弹性，即投资企业必须根据市场的变化，及时调整投资结构，主要是调整现存投资结构，这种调整只有在投资结构具有弹性的情况下才能进行。

4. 管理水平

对外投资管理与对内投资管理相比，涉及的因素多、关系复杂、管理难度大。比如，股票投资就需要有扎实的证券知识和较强的证券运作技能。所以，对外投资要有相应的业务知识、法律知识、管理技能、市场运作经验为基础。在许多情况下，通过投资获得其他企业的部分或全部的经营控制权，以服务于本企业的经营目标，这就应该认真考虑用多大的投资额才能拥有必要的经营控制权，取得控制权后，如何实现其权利等问题。

5. 筹资能力

企业对外投资是将企业的资金在一定时间内让渡给其他企业。这种让渡必须以不影响本企业生产经营所需资金正常周转为前提。如果企业资金短缺，尚不能维持正常生产，筹资能力又较弱，对外投资必将受到极大限制。对外投资决策要求企业能够及时、足额、低成本地筹集到所需资金。

6. 投资环境

市场经济条件下的投资环境具有构成复杂、变化较快等特点。这就要求财务管理人员在进行投资决策分析时，必须熟知投资环境的要素、性质，认清投资环境的特点，预知投资环境的发展变化，重视投资环境的影响作用，不断增强对投资环境的适应能力、应变能力和利用能力，根据投资环境的发展变化，采取相应的投资策略。

分析投资环境时，应着重考虑几个方面，见表8-2。

表 8-2　投资环境分析

因素	含义	包含内容
投资的宏观环境	政治和经济的稳定性	财政、金融、外贸、外汇政策
投资的软环境	一个国家的法律法规制度框架有效性	市场的进入和退出、劳动关系、劳动力市场灵活程度、金融与税收的效率
投资的硬环境	基础设施的数量和质量	电力、电讯、交通运输、银行
投资的相关环境	与特定投资项目有关的一系列因素	市场上的供求关系、各种资源的供应状况、供应价格、相关的地理环境、基础设施等

投资环境是不断变化的，企业必须适应这种变化，但如果跟在环境后面被动地变化，就难以取得好的效果。

七、企业投资程序

为了科学地进行投资决策，一般应按以下六个步骤进行，如图 8-3 所示。

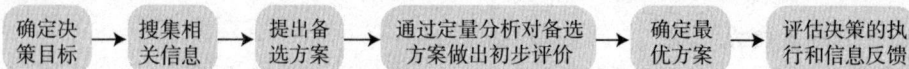

确定决策目标 → 搜集相关信息 → 提出备选方案 → 通过定量分析对备选方案做出初步评价 → 确定最优方案 → 评估决策的执行和信息反馈

图 8-3　企业投资程序

第一，确定决策目标。决策目标是投资决策的出发点和归宿。确定决策目标就是弄清这项决策究竟要解决什么问题。例如，在产品生产方面，有新产品的研制和开发的问题、生产效率如何提高的问题、生产设备如何充分利用的问题、生产的工艺技术如何革新的问题等；在固定资产投资方面，有固定资产的新建、扩建、更新等问题。但不论如何，决策目标应具体、明确，并力求目标数量化。

第二，搜集相关信息。搜集信息就是针对决策目标，广泛搜集尽可能多的、对决策目标有影响的各种可计量和不可计量的信息资料，作为今后决策的根据。对于搜集的各种信息，特别是预计现金流量的数据，还要善于鉴别，进行必要的加工延伸。应当指出，信息的搜集工作，往往要反复进行，贯穿于各步骤之间。

第三，提出备选方案。提出备选方案就是针对决策目标提出若干可行的方案。提出可行性的备选方案是投资决策的重要环节，是做出科学决策的基础和保证。所谓可行，是指政策上的合理性、技术上的先进性、市场上的适用性和资金上的可能性。各个备选方案都要注意实事求是，量力而行，务求使企业现有的人力、物力和财力资源都能得到合理、有效的配置和使用。

第四，通过定量分析对备选方案做出初步评价。这个步骤是把各个备选方案的可计量资料分别归类，系统排列，选择适当的专门方法，建立数学模型对各方案的现金流量进行计算、比较和分析，再根据经济效益的大小对备选方案做出初步的判断和评价。

第五，确定最优方案。根据上一步骤定量分析的初步评价，进一步考虑各种非计量因素的影响。例如，针对国际、国内政治经济形势的变动，以及人们心理、习惯、风俗等因素的改变，进行定性分析。把定量分析和定性分析结合起来，通盘考虑，权衡利害得失，并根据各方案提供的经济效益和社会效益的高低进行综合判断，最后筛选出最优方案。

第六，评估决策的执行和信息反馈。决策的执行是决策的目的，也是检验过去所做出的决策是否正确的客观依据。当上一阶段筛选出的最优方案付诸实施以后，还需对决策的执行情况进行跟踪评估，借以发现过去决策中存在的问题，然后再通过信息反馈，纠正偏差，以保证决策目标的最终实现。

八、投资额的预测

投资额是指一定时期内企业对内投资和对外投资的总数额。正确预测企业的投资数额，对合理安排资金筹集，不断提高投资效果，加强投资决策的正确性，具有十分重要的意义。

1. 确定所有可以进行投资的投资项目

一定时期内企业可进行投资的项目可能会很多，既有比较大的项目，也有比较小的项目；既有对内投资项目，也有对外投资项目。但不管这些投资项目的差异有多大，只要是已经列入企业投资计划的，都需要企业支出资金。因此，企业在进行投资额预测时，对面临的所有投资项目都必须认真地加以考虑，不能有任何遗漏。

2. 预测各个项目的投资额

在确定了各种可投资项目以后，企业就要根据投资项目的特点和其他相关因素来预测每个投资项目的投资数额，以便为预测投资总额打下良好的基础。

3. 确定一定时期内的企业投资总额

将一定时期各项目投资额都预测出后，对各个项目的投资额进行汇总，便得出一定时期内企业的投资总额。但在实际工作中，由于经济环境十分复杂，企业不可预见的因素比较多，因此，就要留有余地。这就要求在预测出的总投资额的基础上加上一定数额，作为投资额的预测数，以便当意外情况出现时，能对投资进行调整。

进行投资额的预测，有利于企业正确合理地筹集资金，也有利于正确地评价投资方案的经济效果。

九、常见的投资陷阱

1. 多元化发展陷阱

多元化经营是企业分散风险、多领域发展的重要战略措施，但并非是几个不想管产业的简单叠加或拼凑，而应该是在发挥自身优势及充分利用现有资源的基础上，以自己的主体产业为主线，沿着主业向相关领域的纵深发展，使人、财、物、技术、市场等资源得以共享利用，发挥协同效应和规模经济。否则，会由于业务的生疏、财物的不济、管理的不力、资源的分散，造成效率的低下，结果是开了别人的地，荒了自己的地，到头来一事无成。

2. 过度投资陷阱

在我国改革开放初期，由于体制的不完善确实给了一些投资者不少发财机会，有的企业甚至就是靠投机完成了原始积累，进而发展壮大。因此有些企业总把投资当作投机，专营投机业务，牟取暴利。但是一时得失在于机，一世失败在于理，整天醉心于投机取巧，忽视了长久的正规经营投资，迟早会自投陷阱。大量的事实已经证明，那些靠投机显赫一时的企业家，最后都成了昙花一现的短命者。

3.盲目扩张陷阱

发展是企业管理的内在需求，但是发展必须量力而行。一个企业的发展不仅要受到企业自身人力、物力、财力、技术力量和管理等多项生产要素的制约，还要受到外部市场需求的限制。如果不顾实际条件过速发展，必将欲速则不达。

4.抢占资源陷阱

资源的有限性决定了企业对资源控制的强烈欲望，通过低成本扩张、抢占市场资源已成为许多企业积极追求的发展之路。但是资源的价值在于该项资源对于企业的经济效用，而不是资源自身的市场价格。目前，有些企业为了实现垄断资源的目的，盲目收购困难企业的资产，结果由于技术、资金、行业等多方面因素的限制，造成资源长期闲置浪费，财务危机日益加重。

第二节　确保闲余资金的安全、收益、流动性
——证券投资

证券是多种经济权益凭证的统称，用来证明持券人有权按其券面所载内容取得应有权益的书面证明。按其性质不同可将证券分为证据证券，凭证证券和有价证券。人们通常所说的证券即有价证券。如今，我国资本市场已日渐发达，证券投资早已成为企业理财的一种重要手段。然而，证券投资绝不能是盲目"炒股"，否则其带来的风险将是巨大的。

一、证券的种类与证券投资的目的

证券投资是日益为人所接受的投资理念，相对于实物投资而言，证券投资具有表8-3所示的特点。

表8-3　证券投资的特点

流动性强	证券资产的流动性明显高于实物资产
价格不稳定	证券相对于实物资产来说，受人为因素的影响较大，且没有相应的实物做保证，其价值受政治、经济环境等各种因素的影响较大，具有价值不稳定、投资风险较大的特点
交易成本低	证券交易过程快速、简捷、成本较低

证券的分类有许多种方法，根据性质的不同，证券可以分为有价证券和凭证证券两大类，具体如图8-4所示。

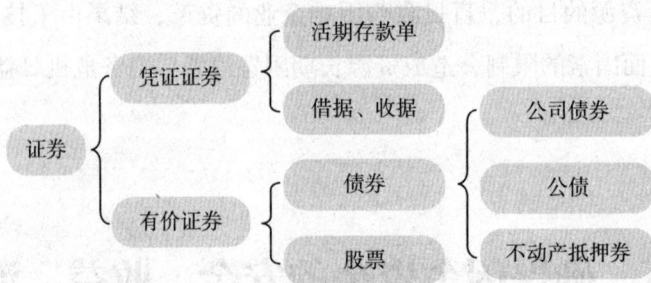

图8-4　证券的分类

有价证券是证券的一种，即其本质仍然是一种交易契约或合同。与其他证券相比，有价证券具有以下特征：任何有价证券都有一定的面值，任何有价证券都可以自由转让，任何有价证券本身都有价格，任何有价证券都能给其持有人在将来带来一定的收益。有价证券是一种具有一定票面金额，证明持券人有权按期取得一定收入，并可自由转让和买卖的所有权或债权证书，通常简称为证券。有价证券本身并没有价值，只是由于它能为持有者带来一定的股息或利息收入，因而可以在证券市场上自由买卖和流通。

有价证券可以按不同的标准做不同的分类，具体见表8-4。

表 8-4 有价证券的分类

分类标准	分类	含义
发行主体	政府证券	政府证券的风险较小
	金融证券	金融证券风险适中
	公司证券	公司证券的风险视公司情况及其他情况而定
上市与否	上市证券	在公开市场交易的证券
	非上市证券	不能在公开市场交易的证券
证券体现的权益关系	所有权证券	所有权证券的持有人一般对发行方都有一定的管理和控制权，因此所有权证券一般比债权证券的风险大
	债权证券	
证券收益的稳定性	固定收益证券	固定收益证券风险较小，报酬也小
	变动收益证券	变动收益证券风险较大，报酬也大
证券的到期日长短	短期证券	短期证券的风险小，变现能力强，收益率也相对较低
	长期证券	长期证券的风险大，收益率也相对较高
募集方式的不同	公募证券	有筹集资金潜力大、可减少被人操纵、可增强证券的流动性、提升发行人的声誉的优点，但发行费用较高、时间较长
	私募证券	有手续简单、节约发行时间和发行费用的优点，但投资者数量有限、流通性较差，不利于提升发行人的声誉
证券所载内容	货币证券	可以用来代替货币使用的有价证券即商业信用工具，主要用于企业之间的商品交易、劳务报酬的支付和债权债务的清算等，常见的有期票、汇票、本票、支票等
	资本证券	指把资本投入企业或把资本供给企业或国家的一种书面证明文件，资本证券主要包括股权证券（所有权证券）和债权证券，如各种股票和各种债券等
	货物证券	是指对货物有提取权的证明，它证明证券持有人可以凭证券提取该证券上所列明的货物，常见的有栈单、运货证书、提货单等

以上是对证券的一般分类，投资人可以根据自己的投资目的选择适当的证券或证券组合进行投资。总结一下，常见的证券投资的目的如图 8-5 所示。

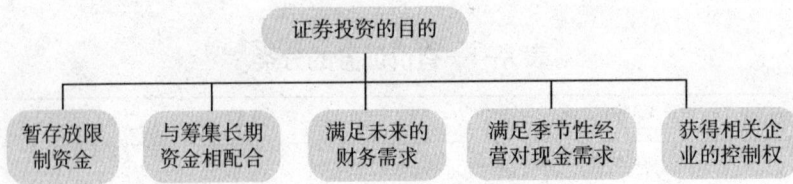

图 8-5　证券投资的目的

二、证券投资风险

证券投资风险包括违约风险、利息率风险、购买力风险、流动性风险和期限性风险（表 8-5）。

表 8-5　证券投资风险类型

违约风险	违约风险是指证券发行人无法按期支付证券利息和偿还本金的风险。避免违约风险的方法是不买质量差的证券
利息率风险	证券的利息率风险是指由于利率的变动而引起证券价格波动，使投资者遭受损失的风险。减少利息率风险的办法是分散债券的到期日
购买力风险	由于通货膨胀而使证券到期或出售时货币获得的资金的购买力降低的风险。减少风险的方法是，投资于预期报酬率会上升的资产
流动性风险	由于变现不便，不能很容易卖出导致的风险
期限性风险	由于证券期限长而给投资人带来的风险

第三节　如何发现具有投资价值的证券

——证券的价值分析

由于证券类型较多，在本节主要介绍股票的价值分析。股票的价值分析方法有基本分析法和技术分析法两种。

一、基本分析法

基本分析法主要是通过对影响证券市场供求关系的基本要素进行分析，

评价有价证券的真正价值，判断证券的市场价格走势，为投资者进行证券投资提供参考依据。基本分析法主要适用于持有周期相对较长的个别股票价格的预测和相对成熟的股票市场。影响股票价值的主要有企业内部及外部两方面因素，见表8-6。

表8-6 影响股票价值的因素

内部因素	公司净资产	净值应与股价保持一定比例：净值增加，股价上涨；净值减少，股价下跌
	公司盈利水平	预期公司盈利增加，可分配股利也会相应增加，股票市场价格上涨，但股票价格涨跌和公司盈利变化并不完全同时发生
	公司股利政策	股利政策直接影响股票投资价值，其分配方式也会给股价波动带来影响。（一般情况）股票价格与股利水平成正比
	股份分割	股份分割往往比增加股利分配对股价上涨的刺激作用更大
	增资、减资	在没有产生相应效益前，增资会使每股净资产下降，可能促使股价下跌。但绩优且具发展潜力公司的增资意味着增加经营实力，给股东带来更多回报，股价可能会上涨。当公司宣布减资时，多半是因为经营不善、亏损严重、需要重新整顿，所以股价会大幅下降
	公司资产重组	公司资产重组总会引起公司价值的巨大变动，股价也随之产生剧烈的波动，但公司重组效果才是决定股价变动方向的决定因素
外部因素	宏观经济因素	分析一国政治形势是否稳定、经济形势是否繁荣等，判断宏观环境对证券市场和证券投资活动的影响。宏观经济走向（经济周期、通货变动、国际经济形势等）、国家货币政策、财政政策、收入分配政策、证券市场监管政策等都会对股票投资价值产生影响
	行业因素	产业发展状况和趋势、国家产业政策和相关产业发展等都会对该产业上市公司的股票投资价值产生影响，包括行业的市场结构、行业经济周期、行业生命周期分析等
	市场因素	证券市场上投资者对股票走势的心理预期（如散户投资者的从众心理）会对股票价格走势产生助涨助跌的作用

二、技术分析法

（一）技术分析法的假设

技术分析法是从市场行为本身出发，运用数理统计和心理学等理论及方法，根据证券市场已有的价格、成交量等历史资料来分析价格变动趋势的方法。

技术分析法有三大假设，如图8-6所示。

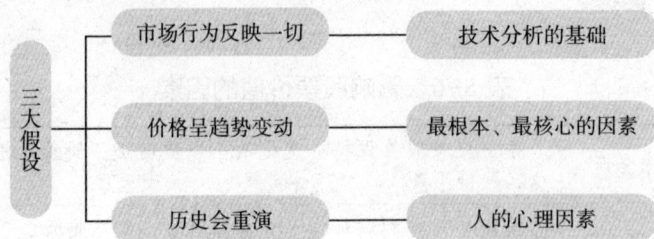

图8-6 技术分析的三大假设

1. 市场行为反映一切

技术分析者认为，市场的投资者在决定交易行为时，已经充分考虑了影响市场价格的各项因素。因此，只要研究市场交易行为就能了解目前的市场状况，而无须关心背后的影响因素。

2. 价格呈趋势变动

"趋势"概念是技术分析上的核心。根据物理学上的动力法则，趋势的运行将会继续，直到有反转的现象产生为止。事实上价格虽然上下波动，但终究是朝一定的方向前进的，这当然也是牛顿惯性定律的应用，因此技术分析法希望利用图形或指标分析，尽早确定目前的价格趋势及发现反转的信号，以掌握时机进行交易获利。

3. 历史会重演

期货投资无非是一个追求的行为，不论是昨天、今天或明天，这个动机都不会改变。因此，在这种心理状态下，人类的交易将趋于一定的模式，而导致历史重演。所以，过去价格的变动方式，在未来可能不断发生，值得投资者研究，并且利用统计分析的方法，从中发现一些有规律的图形，整理一套有效的操作原则。

（二）技术分析法的主要方法

技术分析法的主要方法有指标法、K线法、形态法、波浪法等。

（1）指标法，是指根据市场行为的各种情况建立数学模型，按照一定的数学计算公式，得到一个体现股票市场某个方面内在实质的数字，即指标值。指标的具体数值和相互关系直接反映了股市所处的状态，为具体操作提供方向性指导。

（2）K线法的研究侧重于若干条K线的组合情况，通过推测股票市场多空双方力量的对比来判断股票市场多空双方谁占优势，以及优势是暂时的还是决定性的。K线图是进行各种技术分析的最重要的图表。

（3）形态法是根据价格图表中过去一段时间价格轨迹的形态预测未来趋势的方法。

（4）波浪法把股价的上下变动和不同时期的持续上涨、下降看成是波浪的上下起伏。股票的价格也遵循波浪起伏的规律。

（三）技术分析法应注意的问题

技术分析作为一种股票分析工具，在应用时，应该注意以下问题。

（1）技术分析必须与基本分析结合起来使用，才能提高其准确程度，否则单纯的技术分析是不全面的。对于刚刚兴起的不成熟市场，由于市场突发消息较频繁，人为操纵的因素较大，所以仅靠过去和现在的数据、图表去预测未来是不可靠的，这方面的例子不胜枚举。但是，不能因为技术分析在突发事件到来时预测受干扰就否定其功效，正如任何一种工具的使用都有其适用范围一样，不能因某种场合工具无用而责怪工具本身，扔掉工具更是不可取的。事实上，在中国的证券市场上，技术分析依然有非常高的预测成功率。这里，成功的关键在于不能机械地使用技术分析。除了在实践中不断修正技术分析外，还必须结合基本分析来使用技术分析。

（2）注意多种技术分析方法的综合研制，切忌片面地使用某一种技术分析结果。需全面考虑技术分析的各种方法对未来的预测，综合这些方法得到的结果，最终得出一个合理的多空双方力量对比的描述。实践证明，单独使用一种技术分析方法有相当的局限性和盲目性。如果每种方法得到同一结论，那么这一结论出错的可能性就很小，这是已经被实践证明了的真理。为了减少自己的失误，需尽量多地掌握一些技术分析方法，掌握得越多肯定是越有好处的。

（3）前人的和别人的结论要通过自己的实践验证后才能放心地使用。由于交易市场能给人们带来巨大的收益，几百年来研究交易的人层出不穷，分析的方法各异，使用同一分析方法的风格也不同，就如同一把同样的刀，不同的人就有不同的使用方法一样。前人和别人得到的结论是在特殊条件和特定环境中得到的，随着环境的改变，前人和别人成功的方法落到自己头上就有可能会失败，故而一定要经过自己的实践验证后，才能放心使用。

第四节 拓展新的增长点
——项目投资

随着企业的扩张进行到一定阶段，项目投资变成了企业追逐利润的有效手段，因此项目投资也是管理者必须要了解的课题之一。项目投资是一种以特定建设项目为对象，直接与新建项目或更新改造项目有关的长期投资行为。本节所介绍的投资项目主要包括新建项目（含单纯固定资产投资项目和完整工业投资项目）和更新改造项目两种类型。

一、项目投资与项目计算期

项目投资是一种以特定建设项目为对象，直接与新建项目或更新改造项目有关的长期投资行为。与其他形式的投资相比，项目投资具有投资内容独特（每个项目都至少涉及一项固定资产投资）、投资数额大、影响时间长（通常至少一年或一个营业周期以上）、发生频率低、变现能力差和投资风险大的特点。

项目投资可分为短期投资与长期投资。短期投资又称流动资产投资，是指在一年内能收回的投资。长期投资则是指一年以上才能收回的投资。由于长期投资中固定资产所占的比重最大，所以长期投资有时专指固定资产投资。

从决策的角度看，可把投资分为采纳与否投资和互斥选择投资。采纳与否投资是指决定是否投资于某一独立项目的决策。在两个或两个以上的项目中，只能选择其中之一的决策叫作互斥选择投资决策。

由于项目投资的影响时间较长，因此，项目计算期是项目投资的一个重要指标。项目计算期是指投资项目从投资建设开始到最终清理结束的整个过程。

项目计算期=建设期+运营期

建设期是指从项目资金正式投入开始到项目建成投产为止所需要的时间，建设期的第一年初称为建设起点，建设期的最后一年末称为投产日。运营期是指从投产日到终结点之间的时间间隔。

二、项目现金流量的计算

项目投资决策中的现金流量是指投资项目在其计算期内因资本循环而可能或应该发生的各项现金流入量与现金流出量的统称，具体包括现金流出量、现金流入量和现金净流量三个方面。完整的工业投资项目包括的相关现金流量的主要内容有以下几方面。在现金流入量方面，有营业收入、回收固定资产余值的收入、回收流动资金。在现金流出量方面，有固定资产投资、无形资产投资、流动资金投资、付现的营业成本、税金及附加、调整所得税。

其中，完整工业投资项目是指以新增工业生产能力为主的投资项目，其投资内容不仅包括固定资产投资，还包括流动资金投资。

在长期投资决策中，对现金流量的估计一般分三个阶段考虑。

第一阶段——初始现金流量（开始投资时）：

固定资产上的投资：购置、建造、安装等——现金流出。

流动资产上的投资：流动资产上垫支的资金，一般假设项目结束时收回——现金流出。

原固定资产变卖收入：更新固定资产原固定资产变卖收入——现金流入。

原固定资产变卖清理费用——现金流出。

其他：有关职工培训费、注册费等——现金流出。

第二阶段——营运现金流量（按年度计算）：

指项目投产后整个寿命期内，正常生产经营活动所产生的现金流量。一般以年为单位进行计算。这里的现金流入一般指营业现金流入，现金流出是指营业现金支出和缴纳的税金。

正常营业收入：假设都是现金销售——现金流入。

付现营业成本或费用：材料费、工资费、维修费等——现金流出。

所得税：需要现金支付——现金流出。

第三阶段——终结阶段现金流量：

固定资产报废时的残值收入或变价收入——现金流入。

终结阶段固定资产的清理费用——现金流出。

收回原垫支在固定资产上的流动资产——现金流入。

停止使用土地的变价收入——现金流入。

为了正确计算投资方案的增量现金流量，要正确判断哪些支出会引起企业总现金流量的变动，哪些支出不会引起企业总现金流量的变动。在进行这种判断时，特别要注意以下四个问题。

（1）区分相关成本和非相关成本。相关成本是指与特定决策有关的、在分析评价时必须加以考虑的成本。与此相反，与特定决策无关的、在分析评价时不必加以考虑的成本是非相关成本。

（2）不要忽视机会成本。在投资方案的选择中，如果选择了一个投资方案，则必须放弃投资于其他途径的机会。而其他投资机会可能取得的收益就是实行本方案的一种代价，因此被称为这项投资方案的机会成本。机会成本不是我们通常意义上的"成本"，它不是一种实际发生的支出或费用，而是一项失去的收益。

（3）要考虑投资方案对公司其他部门的影响。当我们采纳一个新的投资方案后，要重视该方案可能对公司其他部门造成的有利或不利影响。

（4）对净营运资金的影响。一方面，当公司开办一项新业务并使销售额扩大后，对于存货和应收账款等流动资产的需求也会增加，公司必须筹措新的资金以满足这种额外需求；另一方面，公司扩充的结果，使应付账款与一些应付费用等流动负债同时增加，从而降低公司流动资金的实际需要。所谓净营运资金的需要，是指增加的流动资产与增加的流动负债之间的差额。

第五节　科学决策
——项目投资决策的评价指标

投资决策的评价指标是指用于衡量和比较投资项目可行性，以便据以进行方案决策的定量化标准与尺度。从财务评价的角度，投资决策评价指标主要包括静态投资回收期、投资收益率、净现值、获利指数和内部收益率。

这些评价指标依据不同的标准又可以分为以下几类（表8-7）。

表 8-7　评价指标的分类

分类标准	指标分类	含义
是否考虑资金时间价值	静态评价指标	在计算过程中不考虑资金时间价值因素的指标，包括投资收益率和静态投资回收期
	动态评价指标	在指标计算过程中充分考虑和利用资金时间价值的指标，包括净现值、净现值率、获利指数和内部收益率
指标性质	正指标	在一定范围内指标值越大越好。投资收益率、净现值、净现值率、获利指数和内部收益率属于正指标
	反指标	在一定范围内指标值越小越好。只有静态投资回收期属于反指标
指标在决策中的重要性	主要指标	净现值、净现值率、获利指数和内部收益率为主要指标
	次要指标	静态投资回收期为次要指标
	辅助指标	投资收益率为辅助指标

一、回收期法

静态投资回收期（简称回收期）是指投资项目收回原始总投资所需要的时间，它又包括"建设期的投资回收期"和"不包括建设期的投资回收期"两种形式。确定静态投资回收期指标可分别采取公式法和列表法。回收年限越短，方案越有利。

不包括建设期的回收期=原始投资合计÷投产后前若干年每年

相等的净现金流量

注意应用的特殊条件：项目投产后前若干年内每年的净现金流量必须相等，这些年内的经营净现金流量之和应大于或等于原始总投资。

一般情况下的计算公式为：

包括建设期的回收期 = M+第M年尚未回收额÷第（M+1）年净现金流量

这里 M 是指累计净现金流量由负变正的前一年。

包括建设期的回收期=不包括建设期的回收期+建设期

回收期法计算简便，并且容易为决策人所正确理解。它的缺点在于不仅忽视时间价值，而且没有考虑回收期以后的收益。事实上，有战略意义的长期投资往往早期收益较低，而中后期收益较高。回收期法优先考虑急功近利的项目，可能导致放弃长期成功的方案。它是过去评价投资方案最常用的方法，目前作为辅助方法使用，主要用来测定方案的流动性而非盈利性。

二、投资收益率法

这种方法计算简便，应用范围很广。它在计算时使用会计报表上的数据，以及普通会计的收益和成本观念。

$$投资收益率 = \frac{年息税前利润或年均科前利润}{项目总投资} \times 100\%$$

投资收益率法的优缺点见表8-8。

表 8-8　投资收益率法的优缺点

优点	缺点
能够直观地反映原始总投资的返本期限	没有考虑资金时间价值
便于理解，计算简单	没有考虑回收期满后继续发生的现金流量
可直接利用回收期之前的净现金流量信息	不能正确反映投资方式的不同对项目的影响

三、净现值法

这种方法使用净现值作为评价方案优劣的指标。所谓净现值，是指特定方案未来现金流入的现值与未来现金流出的现值之间的差额。按照这种方法，所有未来现金流入和流出都要按预定折现率折算为它们的现值，然后再计算它们的差额。如净现值为正数，即折现后现金流入大于折现后现金流出，该投资项目的报酬率大于预定的折现率。如净现值为零即折现后现金流入等于折现后现金流出，该投资项目的报酬率相当于预定的折现率。如净现值为负数，即折现后现金流入小于折现后现金流出，该投资项目的报酬率小于预定的折现率。

计算净现值的公式：

$$净现值 = \sum_{k=0}^{n} \frac{I_k}{(1+i)^k} - \sum_{k=0}^{n} \frac{O_k}{(1+i)^k}$$

式中：n 表示投资涉及的年限；I_k 为第 k 年的现金流入量；O_k 为第 k 年的现金流出量；i 为预定的折现率。

净现值法所依据的原理是：假设预计的现金流入在年末肯定可以实现，并把原始投资看成是按预定折现率借入的。当净现值为正数时，偿还本息后该项目仍有剩余的收益；当净现值为零时，偿还本息后一无所获；当净现值为负数时，该项目收益不足以偿还本息。

四、获利指数法

这种方法使用现值指数作为评价方案的指标。所谓现值指数，是未来现金流入现值与现金流出现值的比率，亦称现值比率、获利指数、折现后收益—成本比率等。

计算现值指数的公式：

$$现值指数(\text{PI}) = \sum_{k=0}^{n} \frac{I_k}{(1+i)^k} \div \sum_{k=0}^{n} \frac{O_k}{(1+i)^k}$$

即：

获利指数（PI）=投资后各年净现金流量的现值合计÷原始投资的现值合计

现值指数法的主要优点是，可以进行独立投资机会获利能力的比较。缺点是无法直接反映投资项目的实际收益率，计算相对复杂。

五、内部收益率法

内部收益率法又称内含报酬率法，是根据方案本身内含报酬率来评价方案优劣的一种方法。所谓内含报酬率，是指能够使未来现金流入量现值等于未来现金流出量现值的折现率，或者说是使投资方案净现值为零的折现率。

净现值法和现值指数法虽然考虑了时间价值，可以说明投资方案高于或低于某一特定的投资报酬率，但没有揭示方案本身可以达到的具体的报酬率是多少。内含报酬率是根据方案的现金流量计算的，是方案本身的投资报酬率。

（1）逐步测试法。逐步测试法适合于各期现金流入量不相等的非年金形式。

计算方法是：先估计一个贴现率，用它来计算方案的净现值；如果净现值为正数，说明方案本身的内部收益率超过估计的贴现率，应提高贴现率后进一步测试；如果净现值为负数，说明方案本身的内部收益率低于估计的贴现率；应降低贴现率后进一步测试。经过多次尝试，寻找出使净现值接近于零的两个贴现率，然后根据内插法即可计算该方案的内部收益率。

采取逐步测试法，内部收益率的计算口诀是贴现率差之比等于净现值差之比。

（2）年金法。年金法适合于无建设期，而且运营期各年现金净流量相等的情况，即符合普通年金形式，可直接利用年金现值系数表查表来确定与该年金现值系数相邻的两个贴现率，然后根据内插法即可计算该方案的内部收益率。此时的年金现值系数正好等于该方案的投资回收期。

采用年金现值系数公式，内部收益率的计算口诀是贴现率差之比等于年金现值系数差之比。

内部收益指标的优缺点见表8-9。

表8-9　内部收益指标的优缺点

优点	可以从动态的角度直接反映投资项目的实际收益水平
	不受行业基准收益率高低的影响，比较客观
缺点	计算过程复杂
	当运营期大量追加投资时，有可能导致多个内部收益率出现，或偏高或偏低，缺乏实际意义

六、评价指标比较

各指标的判断标准见表8-10，下面进行简要对比。

表8-10　各指标判断标准

类别	指标	判断标准
静态评价指标	静态投资回收期	只有静态投资回收期指标小于或者等于基准投资回收期的投资项目才具有财务可行性
	投资收益率	只有投资收益率指标大于或者等于基准投资收益率的投资项目才具有财务可行性
动态评价指标	净现值	只有净现值指标大于或者等于0的投资项目才具有财务可行性
	获利指数	只有获利指数大于或者等于1的投资项目才具有财务可行性
	内含报酬率	只有内部收益率指标大于或者等于行业基准收益率或资金成本的投资项目才具有财务可行性

净现值 NPV、现值指数 PI 和内部收益率 IRR 指标之间存在同方向变动关系，然而它们也有区别。

1. 现值指数与净现值

现值指数是一个相对指标，是投资项目未来报酬总现值与初始投资总现值之比，反映了投资的效率；而净现值指标是一个绝对数指标，是投资项目未来报酬总现值与初始投资总现值之差额，反映了投资的效益。

在计算现值指数和净现值时都需要将未来各年的净现金流量，按给定的贴现率进行贴现。

在进行互斥方案排序决策时，在初始投资不相同的情况下，用两种指标可能得出相反的结论。在一般情况下，应以现值指数为准，选择现值指数较大的投资项目。但如果企业的资金很充裕，没有限制时，应以净现值为准，选择能使企业价值增加幅度最大的项目。

2. 现值指数与内涵报酬率

两者都可以在一定意义上表明投资效率的高低。在计算内含报酬率时不必事先选定贴现率，根据内涵报酬率就可以排定独立投资的优先顺序，只是最后需要一个切合实际的资本成本率或者期望的报酬率来判断方案是否可行。计算现值指数需要事先给定一个合适的贴现率，以便将现金流量折算为现值，贴现率的大小将会影响方案的优先次序。

通过上述讨论可以得出以下结论：三种贴现指标各有特点，分别从不同的角度评价投资方案的优劣，因此也各有各自的应用价值。但是考虑到净现值能直接表示出投资给企业创造的财富增加额，也就是使企业价值增加的幅度，而财务管理的目标恰是使企业价值最大化，所以一般认为，净现值指标是最优的投资决策指标。

七、评价指标使用的注意点

单一的独立投资项目的财务可行性评价应注意以下几点。

（1）如果某一投资项目的所有评价指标能够同时满足财务可行性评价标

准，即所有正指标均大于或等于相应的基数指标，反指标小于或等于基准指标，则可以断定该投资项目无论从哪个方面看都具备财务可行性，应当接受此投资方案。

（2）如果某一投资项目的所有评价指标均不能满足财务可行性评价标准，就可以断定该投资项目无论从哪个方面看都不具备财务可行性，应当放弃该投资方案。

（3）当静态投资回收期（次要指标）或投资利润率（辅助指标）的评价结论与净现值等主要指标的评价结论发生矛盾时，应当以主要指标的结论为准。

（4）利用净现值、净现值率、获利指数和内部收益率指标对同一个独立项目进行评价，会得出完全相同的结论。

互斥方案决策是指按照一定方法，根据每一个已具备财务可行性的入选方案的相关评价指标做出的最终选择。互斥方案决策的方法包括净现值法、净现值率法、差额投资内部收益率法和年等额净回收额法等。其中：净现值法和净现值率法适用于原始投资和项目计算期都相同的多方案比较决策；差额投资内部收益率法和年回收额法适用于原始投资不相同的多方案比较，后者尤其适用于项目计算期不同的多方案比较决策。

多个投资方案组合的决策，其原则如图 8-7 所示。

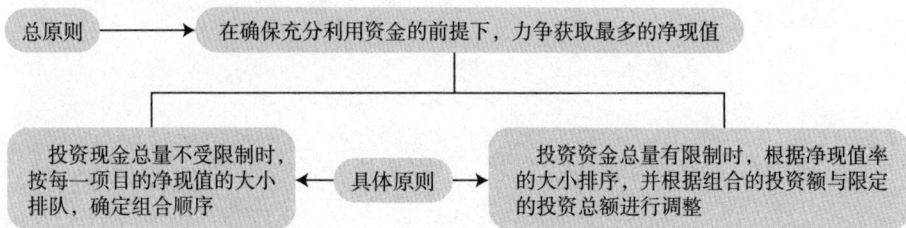

图 8-7 多个投资方案组合的决策原则

第九章 **省下的就是赚下的**
——成本管理

● 内容概览

开源节流，控制企业的成本，是企业成功的保障，也是企业永续经营的法宝。关注企业的成本开支，不仅能保持财富，还能增加财富。只有把手中的钱合理地运用到经营活动中，才能获得更高的收益，赚到更多的钱。

对成本的控制不能仅凭一时心血来潮，而需要随时对其保持警惕，时刻不能放松，把成本控制变成良好的习惯，提升到关乎企业发展战略的重要环节中。

第一节　有本才有赚

——什么是成本

一、成本管理的关键环节

成本管理是现代企业管理的一个重要课题，良好的成本管理体现了管理者的水平，提升企业的经济效益。如何进行有效的成本管理、达成企业成本控制目标？其核心内容就是建立有效的成本控制制度，优化成本控制程序，在六个关键环节建立相应的管理机制（图9-1）。

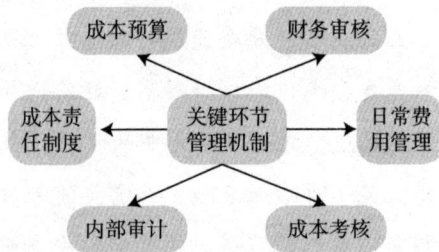

图 9-1　关键环节的管理机制

（一）成本责任制度

成本责任制度是成本管理的基石，成本责任落实到人，才能在组织上保证成本控制的实施，使成本管理不会成为空话。首先领导的认同和支持是实施全面成本管理的重要保证，把实施全面成本管理看成"是企业的资源获得最佳生产率和获利率的一种科学有效的方法"。企业责任制度是一个"宝塔式"的责任框架，由上至下包括成本管理委员会、成本管理办公室及基层成本管理组。这些组织机构能否高效运转决定了成本管理的效能。

（二）成本预算

首先，科学编制企业的预算，重点抓成本项目。预算必须紧紧围绕企业的经营战略，根据企业的经营计划来编制，而不能仅仅是一些财务数字。预算要针对每个管理部门的特点，依据针对性、合理性、挑战性的原则，在可控成本的范围内，给出相应的成本指标。预算指标要合理并且要有挑战性，指标过于苛刻，实践中无法完成，会挫伤员工的积极性；若指标过于宽松和容易实现，那也失去了目标成本的意义。预算指标可以根据历史的数据，结合本行业的惯例，分析未来的形势和企业发展的策略综合得出。必须保证预算指标的严肃性，但是也不能够一成不变，应当根据经营状况、市场环境的变化及时调整预算指标。

其次，要建立预算汇报制度，搭建预算沟通平台。预算执行过程中，各预算负责中心应组织专门人员检查最终预算的执行情况，形成预算差异分析报告。对月度和年度分析报告要全面分析，并按规定时间报集团预算管理办公室。

（三）日常费用管理

建立日常费用管理制度是成本管理的制度保证，对每一项费用支出都有明确的规定，包括支出范围、使用权限、使用限度等，使成本控制有明确的依据。例如办公用品管理，对日常办公费用实行定额管理，办公行政人员根据各专业线的工作要求对办公用品实行统一配置。电话费实行定额管理，额度内据实报销，超出核定额度不予报销。又如交通费用管理，对车辆实行集中管理，公司员工外出办公用车必须填写申请，经主管领导批准后方可使用。对车辆油料费、路桥费、停车费实行定额管理，由办公行政人员负责控制。

（四）财务审核

建立财务审核制度，在报账程序中加强控制与监督，这是成本管理的关键控制点之一。首先建立财务审核制度，除了企业领导、部门负责人建立级别审批制度外，还给予财务审核权，财务对照费用管理制度严格把关，看是否超出费用的范围，是否严格履行审批制度，对不符合规定的单据坚决退回。其次，在费用报销流程增加预算审核，财务负责对预算的执行情况进行过程控制，超出预算指标的费用支出必须履行严格的追加预算程序。财务汇总各部门上报的数据编制预算执行情况分析报告，考核办公室据此进行综合考评。

（五）成本考核

成本管理必须与业绩评价、成本考核相结合，发挥约束与激励作用，才能取得较好的效果。将企业的成本费用的整体预算指标分解到每个部门，进而分解到每位员工的头上，与个人薪酬挂钩，最终达到公司目标与个人目标的高度统一。每个月要召开成本分析会，对于预算差异大的成本项目进行分析，找出原因，以便对成本控制的薄弱环节及时进行改正提高。考核可以半年或者年度进行，对于成本预算指标完成好的部门给予奖励；对于未完成成本预算指标的，相应给予惩罚。对不合理的预算指标，考核时要加以分析，在以后的预算中及时进行修正。

（六）内部审计

内部审计制度是企业成本控制过程的有效监督机制。通过内部审计制度可以保证各级经营和管理部门所提供的成本信息的真实性和可靠性。通过内部审计，对组织内部控制的各个环节、控制点的设置、人员分工、规章制度的实施进行评价，有利于加强和完善内部控制制度。内部审计通过审核和评价，检查内部控制的效果与效率，分析经营过程中的偏差和失误，并及时向领导层反馈，指出内部控制制度的缺陷和管理的漏洞，找出问题产生的原因，提出更改建议，从而提高内部控制的效率，起到控制消耗、减少浪费、降低成本的作用，保证经营目标与方针的实现。

二、降低成本的基本原则

虽然各个企业的成本控制系统是不一样的，但是有效的控制系统仍有一些共同特征。它们是任何企业实施成本控制都应遵循的原则，也是有效控制的必要条件。根据成本控制的长期经验和体会，以及人们对成本形成过程的研究，许多人提出过有效控制成本的基本原则，但看法并不统一。成本控制的基本原则如图 9-2 所示。

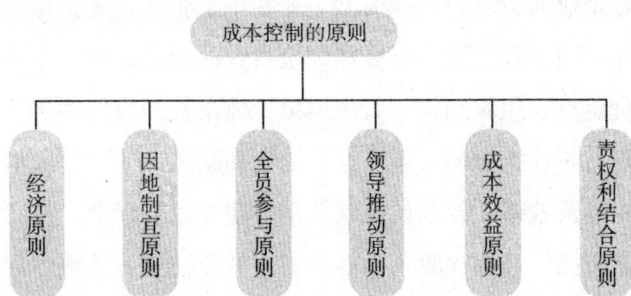

图 9-2 成本控制原则

（一）经济原则

这条原则，是指因推行成本控制而发生的成本，不应超过因缺少控制而丧失的收益。

任何管理工作，和销售、生产、财务活动一样，都要讲求经济效益。为建立某项控制，要花费一定的人力或物力，付出一定的代价。这种代价不能太大，不应超过建立这项控制所能节约的成本。经济原则在很大程度上决定了我们只在重要领域中选择关键因素加以控制，而不对所有成本都进行同样周密的控制。

经济原则要求成本控制要能起到降低成本、纠正偏差的作用，具有实用性。成本控制系统应能揭示何处发生了失误，谁应对失误负责，并能确保采取纠正措施。只有通过适当的计划工作、组织工作和领导工作来纠正脱离目标的偏差，才能证明成本控制系统是有用的。

经济原则要求在成本控制中贯彻"例外管理"原则。对正常成本费用支出可以从简控制，而格外关注各种例外情况。例如，对脱离标准的重大差异展开调查，对超出预算的支出建立审批手续等。经济原则还要求贯彻重要性原则。应把注意力集中到重要事项上，对成本细微尾数、数额很小的费用项目和无关大局的事项可以从略。

（二）因地制宜原则

因地制宜原则，是指成本控制系统必须个别设计，适合特定企业、部

253

门、岗位和成本项目的实际情况，不可照搬别人的做法。

适合特定企业的特点，是指大型企业和小型企业，老企业和新企业，发展快和相对稳定的企业，这个行业和那个行业的企业，同一企业的不同发展阶段，其管理重点、组织结构、管理风格、成本控制方法和奖金形式都应当有区别。例如，新建企业的管理重点是销售和制造，而不是成本；正常营业后管理重点是经营效率，要开始控制费用并建立成本标准；扩大规模后管理重点转为扩充市场，要建立收入中心和正式的业绩报告系统；规模庞大的老企业，管理的重点是组织的巩固，需要周密的计划和建立投资中心。不存在适用所有企业的成本控制模式。

（三）全员参与原则

企业的任何活动，都会发生成本，都应在成本控制的范围之内。任何成本都是人的某种作业的结果，只能由参与或者有权干预这些活动的人来控制，不能指望另外的人来控制成本。任何成本控制方法，其实质都是设法影响执行作业或有权干预作业的人，使他们能自我控制。所以，每个职工都应负有成本责任。成本控制是全体职工的共同任务，只有通过全体职工的协调一致的努力才能完成。

成本控制对员工的要求是：具有控制成本的愿望和成本意识，养成节约成本的习惯；关心成本控制的结果；具有合作精神，理解成本控制是一项集体的努力过程，不是个人活动，必须在共同目标下同心协力；能够正确理解和使用成本控制信息，据以改进工作，降低成本。

有效控制成本的关键，是调动全体员工的积极性。一般说来，人是不希望别人控制自己的。严格的成本控制并不是一件令人愉快的事情，不论对各级主管人员还是一般职工都是如此。但是，控制总是必需的。

（四）领导推动原则

由于成本控制涉及全体员工，并且不是一件令人欢迎的事情，因此必须由最高当局来推动。成本控制对企业领导层的要求见表9-1。

表 9-1　成本控制对领导层的要求

重视并全力支持成本控制	各级人员对于成本控制是否认真办理，往往视最高当局是否全力支持而定。具有完成成本目标的决心和信心
对目标有信心	管理当局必须认定，成本控制的目标或限额必须而且可以完成
具有实事求是的精神	实施成本控制，不可好高骛远，更不宜急功近利，操之过急
脚踏实地，按部就班	以身作则，严格控制自身的责任成本

（五）成本效益原则

成本控制经历了从事后的成本分析与检查、防护性控制，到事中的日常成本控制的反馈性控制阶段。现代的成本控制不是消极地进行成本控制，而应想方设法开辟财源增加收入。应根据成本的效益分析和本量利分析的原理，将成本与收益、成本、业务量与利润之间结合起来，找出利润最大化的最佳成本和最佳业务量。只有这样，才能将损失和浪费消灭在成本控制前，从而有效地发挥前瞻性成本控制的作用。

（六）责权利结合原则

成本控制要达到预期目标，取决于各成本责任中心管理人员的努力。而要调动各级成本责任中心加强成本管理的积极性，有效的办法在于责权利相结合，即各责任中心按其成本受控范围的大小以及成本责任目标承担相应的职责。为保证职责的履行，必须赋予其一定的权力，并根据成本控制的实效进行业绩评价与考核，对成本控制责任单位及人员给予奖惩，从而调动全员加强成本控制的积极性。

三、降低成本的主要策略

如果说成本控制主要是管理问题，那么成本降低主要是技术方面的问题。成本降低的主要策略如下。

（一）降低物资采购成本

严格控制采购成本，一要分析供货市场，调整采购策略。根据企业年初计算的全年材料预算，合理避开原料需求高峰，避开高价采购时间区域，通过采购时间差，降低采购成本。二要通过信息技术、网络技术，搜寻市场信息，查询市场价格，指导成本核算、指标确定和目标控制工作。通过信息网站等查询价格，搜寻市场信息，及时调整成本控制指标，指导采购成本控制工作。三要稳定老客户，立足长远发展。在保证资源基本需求的同时，要与一些长期合作、信誉良好的企业建立长久合作关系，能够在今后的物资采购中获得一定的折扣，以此来降低成本。

（二）降低原材料成本

在企业的产成品中，原材料的成本占到 60% ～ 70%，其所占的比重相当大，因此，企业应当降低成本。节约材料，杜绝生产过程中的跑、漏、滴等现象；在企业的生产过程中，原材料成本的降低也起着至关重要的作用，它直接影响着材料采购的多少。如果在生产过程中，原材料的成本降低了，而产品的价格不变，那么企业的利润将会大大增加。

一要制定产品的单位材料消耗定额。即确定在一定生产条件下，制造单位产品或完成工作量所需消耗某种材料的数量标准，它一般为原料及主要材料、辅助材料及燃料的消耗定额。二要编制完工预算，并据此向供应部门下达材料采购计划，同时生产部门依据图纸和生产图预算再编制生产预算，制定材料消耗定额，在生产过程中，要消耗各种物资，因此实行限额领料管理制度。

在材料领用方面，要严把材料消耗定额关，根据产品产量和消耗定额对材料进行限额控制，建立材料限额卡，填写限额领料单。而且，企业生产部门也应加大考核力度，对超定额领料的生产部门，除了扣其奖金外，还要扣生产部门负责人的年终分红等。通过这样层层把关，严格管理，可以大大降低材料消耗、降低材料成本，从而有效地降低产品成本。

（三）提高领导和员工的管理意识及技能

许多企业领导认为，降低企业成本并不能直接为企业带来经济效益，更无法体现他们在任期内的政绩，因此，个别企业单纯追求产量，将产值作为经济责任的主要任务，而对于抓管理特别是成本管理，认为难度大，不易奏效，不能持之以恒，效益不好时就抓，效益好时就放松，甚至不抓，没有真正把加强成本管理作为企业管理工作的主体，而只是作为增加效益的附属工具。这种管理意识的结果，必将使降低企业成本的所有方法或途径失效。为提高企业领导及职工的管理意识，降低企业成本，一要提高企业全体人员的意识，特别是企业领导的意识，反复强调降低企业成本的重要性，使降低企业成本的工作真正得以落实。二要注重人力资源的开发。一个企业要想取得好的业绩、高的营业利润，只有靠大家的共同努力才能完成。

（四）利用共享资源

共享资源指产品的成本与分摊资源费用的产品数量有关。分享这类资源的产品数量越多，分摊到单位产品中的成本就越低（如企业固定资产、产品的研究开发费用、资源的采购费用、信息使用费用、市场开发费用、信息传播费用、建立和使用销售渠道的费用、交易费用、经验共享等，都是共享资源），增加使用这些共享资源的规模和频率，就可以降低产品的成本。

（五）建立健全科学的企业成本管理体系

这个体系的建立并发挥作用，将会大大提高企业管理者的自信心，降低企业的成本，成为一个不随企业政策或企业领导改变而改变的方针。它应该起到使企业进入良性循环的作用，使每一个企业领导都能感受到它的威力，并围绕着这套管理体系来制定企业的远景发展蓝图和近期的企业发展目标，实现企业价值最大化。它是企业降低成本的基础，也是降低成本的根本途径。如何建立并完善这套体系，也就是我们真正要研究和探讨的问题，即建立全面科学的成本管理体系。

（六）创新是节约成本的源泉

在传统经济环境中，节约开支、修旧利废、堵塞漏洞、降低消耗都能大幅度地降低生产成本，但是在新的经济环境下仅从这些方面降低成本，效果有限，只有创新才是降低成本最有效的途径，是企业降低成本、增加效益的不竭源泉。科技进步使先进的设备、工艺及材料应用于生产领域，依靠技术创新，发挥科技第一生产力的作用，是降成本、增效益的有效途径。一方面生产出竞争力强并能满足社会需要的优质产品，提高了生产率，包括劳动生产率和资本生产率；另一方面，也节约了人力、能源及原材料消耗，降低了生产成本。在社会主义市场经济条件下，企业要生存和发展，要实现现代企业资产保值增值的目标，必须狠抓技术进步。要做好这项工作，企业不但要注重科技开发工作，而且应与科研单位紧密配合，将新的科研成果及时应用到生产实践中去，使其尽快转化为生产力。同时，要搞好技术引进工作。另外，在技术开发和引进过程中，一定要注意技术与经济的结合，使技术进步有利于降低成本、节约原材料和能源消耗，提高企业经济效益。

第二节　最大的成本

——生产经营成本

一、生产经营成本分类

企业最重要的生产经营成本，通常包括"产品成本""销售费用""管理费用"和"财务费用"。生产经营成本可以从不同角度进行分类，不同的成本分类信息有不同的用途。

（一）按经济性质分类

企业的生产经营过程也是劳动对象、劳动手段和活劳动的耗费过程。因此，生产经营成本按其经济性质可以分为劳动对象的耗费、劳动手段的耗费和活劳动的耗费三大类。前两类是物化劳动耗费，后一类是活劳动耗费，它们构成了生产经营成本的三大要素。

在实务中，为了便于分析和利用，生产经营成本按经济性质可以划分为表 9-2 所示的类别。

表9-2　生产经营成本按经济性质分类

类别	含义
外购材料	耗用的一切从外部购入的原料及主要材料、半成品、辅助材料、包装物、修理用备件、低值易耗品和外购商品等
外购燃料	耗用的一切从外部购入的各种燃料
外购动力	耗用的从外部购入的各种动力
工资	企业应计入生产经营成本的职工工资
提取的职工福利费	企业按照工资总额的一定比例提取的职工福利费
折旧费	企业提取的固定资产折旧
税金	应计入生产经营成本的各项税金，例如土地使用税、房产税、印花税、车船税等
其他支出	不属于以上各要素的耗费，例如邮电通讯费、差旅费、租赁费、外部加工费等

上述生产经营成本的各要素称为"费用要素"。按照费用要素反映的费用称为"要素费用"。

按照费用要素分类反映的成本信息，可以反映企业在一定时期内发生了哪些生产经营耗费，数额各是多少，用以分析企业耗费的结构与水平；还可以反映物质消耗和非物质消耗的结构与水平，有助于统计工业净产值和国民收入。

（二）按经济用途分类

生产经营成本按其经济用途分为表9-3所示的类别。

表9-3　生产经营成本按经济用途分类

类别	含义
研究与开发成本	为创造新产品、新服务和新生产过程而发生的成本
设计成本	为了产品、服务或生产过程的详细规划、设计而发生的成本
生产成本	为了生产产品或提供服务而发生的成本
营销成本	为了让人们了解、评估和购买产品而发生的成本
配送成本	为将产品或服务递交给顾客而发生的成本
客户服务成本	向客户提供售后服务的成本
行政管理成本	企业为组织和管理企业生产经营活动所发生的成本

在实务中生产经营成本分为生产成本、销售费用和管理费用三大类，具体分类见表9-4。

表9-4　实务中生产经营成本的分类

类别	具体分类	含义
生产成本	直接材料	直接用于产品生产、构成产品实体的原料及主要材料、外购半成品、有助于产品形成的辅助材料以及其他直接材料
	直接人工	参加产品生产的工人工资以及按生产工人工资总额和规定的比例计算提取的职工福利费
	燃料和动力	直接用于产品生产的外购和自制的燃料及动力费
	制造费用	为生产产品和提供劳务所发生的各项间接费用
销售费用	包括营销成本、配送成本和客户服务成本	
管理费用	研究与开发成本、设计成本和行政管理成本	

为了使生产成本项目能够反映企业生产的特点，满足成本管理的要求，企业可以根据自己的特点和管理要求，对以上项目做适当的增减调整。

成本按经济用途的分类，反映了企业不同职能的耗费，所以也叫按职能的分类。这种分类有利于成本的计划、控制和考核。

小链接

成本概念的混淆容易造成财务的混乱，并在市场经营中引发不良影响。所以公司的管理层要注意分清不同类型的成本，看清自己公司的成本账。

二、产品成本和期间成本

（一）产品成本

作为期间成本的对称，产品成本是指可计入存货价值的成本，包括按特定目的分配给一项产品的成本总和。

划分产品成本和期间成本，是为了贯彻配比原则。按照配比原则的要求，收入和为换取收入的费用要在同一会计期间确认。产品成本在产品出售前与当期收入不能配比，应按"存货"报告，是"可储存的成本"。只有产品出售时才能与当期收入配比，因此在出售时将其成本转为费用。

"产品"在这里是广义的，不仅指工业企业的产成品，还包括提供的劳务，实际上是指企业的产出物即最终的成本计算对象。

对内报告使用的产品成本，其范围因目的而异。

例如：

为短期决策和本量利分析计算的产品成本，仅包括生产成本中随产量变动的部分即变动制造成本；为政府订货（如军用品订货）确定价格计算的产品成本，不仅包括生产成本，还包括政府允许补偿的部分研究与开发成本和设计成本；为定价和选择产品线等决策计算产品成本，应包括从研究与开发成本到行政管理成本的全部成本。

因此，产品成本可以分为两类，见表9-5。

表9-5 产品成本的分类

成本分类	含义
全部产品成本	取得一定的产出物所发生的全部成本的总和
部分产品成本	指仅就其中一部分进行归集和计算的成本

随着生产的发展和科学技术的进步，制造成本在全部成本中的比重越来越小。据统计资料显示，目前平均比重已低于55%，有些高科技企业已低于10%。因此，制造成本法受到越来越多的批评。将非制造成本分配于产品的主要问题是分配的合理性与经济性差。由于作业成本法和计算机技术的发展，这个困难逐渐被克服，全部成本法正日益受到重视。

对外财务报告使用的产品成本内容，由统一的会计制度规定。我国过去的会计制度，曾规定工业企业的"管理费用"和"销售费用"要分配给产品，是一种全部成本法。1993年改为目前的"制造成本法"，只将生产成本分配给产品，是一种"部分成本法"。

（二）期间成本

期间成本，作为产品成本的对称，是指不计入产品成本的生产经营成本，包括除产品成本以外的一切生产经营成本。

期间成本不能经济合理地归属于特定产品，因此只能在发生当期立即转为费用，是"不可储存的成本"。正因为期间成本不可储存，在发生时就转为费用，因此也称之为"期间费用"。

无论是产品成本还是期间成本，都是生产经营的耗费，都必须从营业收入中减除，但它们减除的时间不同。期间成本直接从当期收入中减除，而产品成本要待产品销售时才能减除。

产品成本和期间成本的划分是相对的。所有生产经营成本，如果不列入产品成本，就必须列入期间成本。计入产品的成本范围越大，期间成本的范围就越小，反之亦然。

按照我国目前的财务会计制度规定，属于期间成本的是"销售费用""管理费用"和"财务费用"。

一般认为，财务费用不是生产经营活动的成本而属于筹资活动的成本。筹资成本包括借款利息和股利两部分。其中借款利息成本转为费用的方式有两种：一种是资本化借款成本，例如为购置固定资产所借款项的利息，应当计入固定资产的成本，将来在使用中陆续分期转为费用；另一种是费用化借款成本，例如生产经营所需的短期借款利息，在发生的当期作为费用处理，称为财务费用。也有人认为，为筹集生产经营资金而发生的借款利息，也可以作为生产经营成本的一部分看待，甚至主张应将其计入产品成本。还有人认为，权益资本的成本（股利）也应计入产品成本，才能准确计量企业的经营成果。不过，这些观点并未在国际范围内获得广泛认同。

三、直接成本和间接成本

产品成本按其计入成本对象的方式分为直接成本和间接成本。这种分类的目的是为了经济合理地把成本归属于不同的成本对象。

（一）成本对象

成本对象是指需要对成本进行单独测定的一项活动。成本对象可以是一件产品、一项服务、一项设计、一个客户、一种商标、一项作业或者一个部门等。

成本对象，可以分为中间对象和最终对象。最终成本对象是指累积的成本不能再进一步分配的成本归集点。最终成本计算对象通常是一件产品或一项服务，是企业的最终产出物。中间成本对象是指累积的成本还应进一步分配的归集点，有时也称成本中心。成本中心是企业中与成本相关联的某个可识别的部门，是将共同成本按某个分配基础进一步分配给成本对象之前的一个成本归集点，例如机械加工车间、维修车间、地区销售部等。设置多少中间对象以及中间对象之间的联系，取决于生产组织的特点和管理的要求。

（二）直接成本

直接成本是直接计入各种、类、批产品等成本对象的成本。一种成本是否属于直接成本，取决于它与成本对象是否存在直接关系，并且是否便于直接计量。因此，直接成本也可以说是与成本对象直接相关的成本中可以用经济合理的方式追溯到成本对象的那一部分成本。例如大部分构成产品实体的原材料的成本、某产品专用生产线的工人工资等。对于只有一种产品的企业来说，所有产品成本都是直接成本。

（三）间接成本

间接成本是直接成本的反义词，是指与成本对象相关联的成本中不能用一种经济合理的方式追溯到成本对象的那一部分产品成本。例如车间辅助工人的工资、厂房的折旧等大多属于间接成本。

所谓"不能用经济合理的方式追溯"，有两种情况：一种是不能合理地追溯到成本对象，另一种是不能经济地追溯到成本对象。

例如：

> 总经理的工资很难分辨出每种产品应分担的数额，属于不能合理地追溯到成本对象；又如，润滑油的成本可以通过单独计量追溯到个别产品，但是单独计量的成本较高，而其本身数额不大，更准确的分配实际意义有限，不如将其列入间接制造费用，统一进行分配更经济。

一项成本可能是直接成本，也可能是间接成本，要根据成本对象的选择而定。

例如：

> 一个企业设有一个维修车间、若干个按生产工艺划分的生产车间，生产若干种产品，它们都是需要单独计算成本的成本对象。维修车间的工人工资直接计入维修车间成本，随后维修成本要分配给各生产车间成本，生产车间成本还要分配给各种最终产品成本。此时，维修车间工人工资对于"维修车间成本"来说是直接成本，而对于"生产车间成本"和"最终产品成本"来说是间接成本。

第三节　不能糊涂的账
——成本的归集与分配

一、成本计算的要求

为了正确计算成本，必须要分清费用界限，如图 9-3 所示。

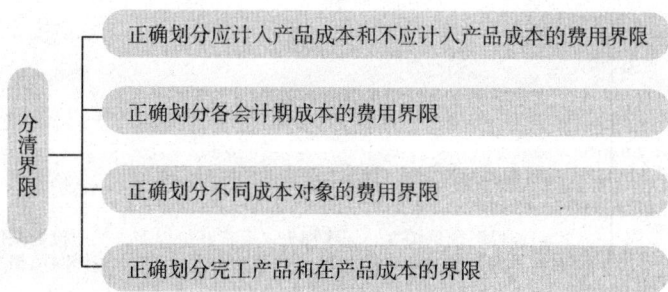

图 9-3 正确划分费用界限

（一）正确划分应计入产品成本和不应计入产品成本的费用界限

企业的活动是多方面的，企业耗费和支出的用途也是多方面的，其中只有部分费用可以计入产品成本。

非生产经营活动的耗费不能计入产品成本。只有生产经营活动的成本才可能计入产品成本。筹资活动和投资活动不属于生产经营活动。它们的耗费不能计入产品成本，而属于筹资成本和投资成本。

按照我国现行会计制度的规定，与生产经营活动无关的耗费不能计入产品成本，如图 9-4 所示。

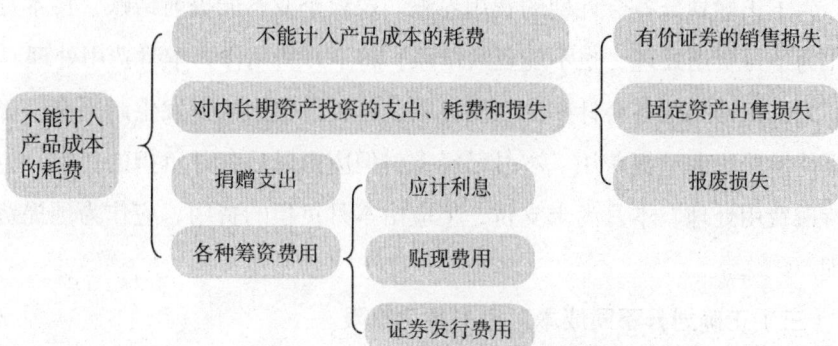

图 9-4 不能计入产品成本的耗费

生产经营活动的成本分成正常的成本和非正常的成本。只有正常的生产经营活动成本才可能计入产品成本，非正常的经营活动成本不计入产品成本而应计入营业外支出。非正常的经营活动成本的内容如图 9-5 所示。

非正常经营活动成本

灾害损失、盗窃损失等非常损失

滞纳金、违约金、罚款、损害赔偿等赔偿支出

短期投资跌价损失、坏账损失、存货跌价损失、长期投资跌价损失、固定资产减值损失等不能预期的原因引起的资产减值损失

债务重组损失等

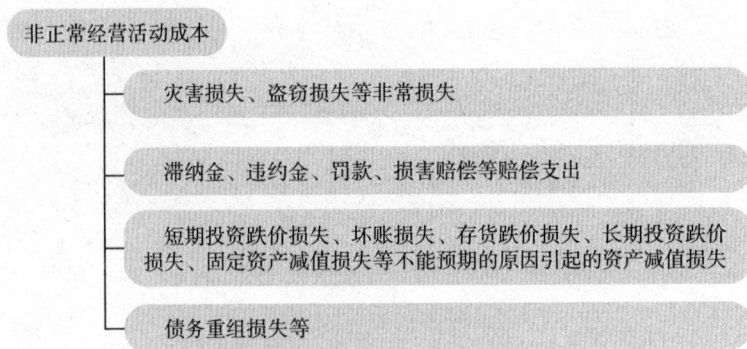

图 9-5　非正常经营活动成本的内容

正常的生产经营活动成本又被分为产品成本和期间成本。按财务会计制度规定，正常的生产成本计入产品成本，其他正常的生产经营成本列为期间成本。

（二）正确划分各会计期成本的费用界限

应计入生产经营成本的费用，还应在各月之间进行划分，以便分月计算产品成本。应由本月产品负担的费用，应全部计入本月产品成本；不应由本月负担的生产经营费用，则不应计入本月的产品成本。

为了正确划分各会计期的费用界限，要求企业不能提前结账，将本月费用作为下月费用处理，也不能延后结账，将下月费用作为本月费用处理。

为了正确划分各会计期的费用界限，还要求贯彻权责发生制原则，正确核算待摊费用和预提费用。本月已经支付但应由以后各月负担的费用，应作为待摊费用处理。本月尚未支付，但应由本月负担的费用，应作为预提费用处理。

（三）正确划分不同成本对象的费用界限

对于应计入本月产品成本的费用还应在各种产品之间进行划分：凡是能分清应由某种产品负担的直接成本，应直接计入该产品成本；各种产品共同发生、不易分清应由哪种产品负担的间接费用，则应采用合理的方法分配计入有关产品的成本，并保持一贯性。

（四）正确划分完工产品和在产品成本的界限

月末计算产品成本时，如果某产品已经全部完工，则计入该产品的全部

生产成本之和，就是该产品的"完工产品成本"。如果这种产品全部尚未完工，则计入该产品的生产成本之和，就是该产品的"月末在产品成本"。如果某种产品既有完工产品又有在产品，已计入该产品的生产成本还应在完工产品和在产品之间分配，以便分别确定完工产品成本和在产品成本。

二、成本计算的基本步骤

成本计算的过程应符合上述要求，或者说上述要求是通过成本计算过程实现的。

成本计算的基本步骤如图9-6所示。

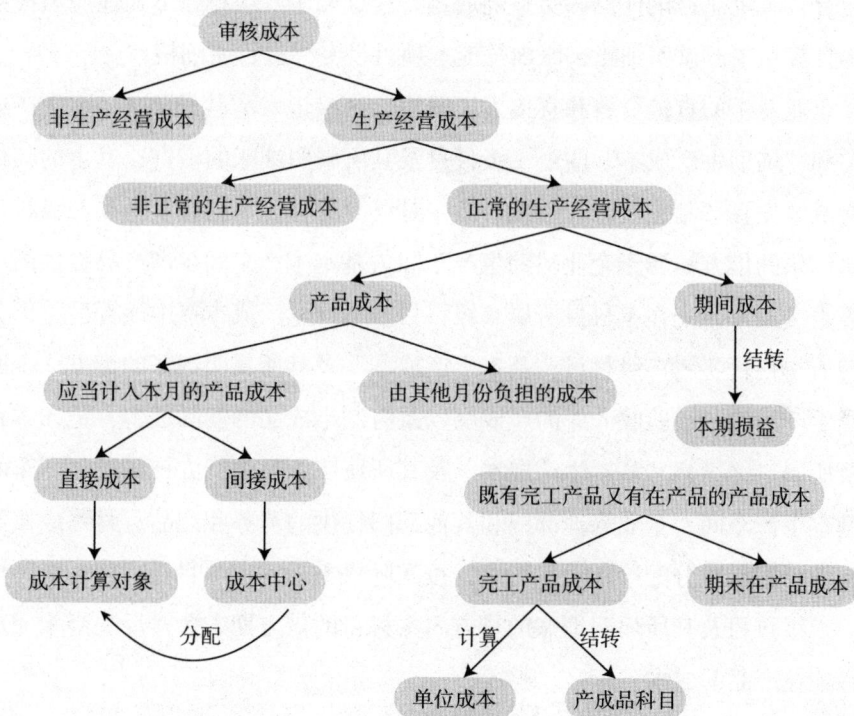

图9-6 成本计算的基本步骤

三、成本的核算科目

为了按照用途归集各项成本，划清有关成本的界限，正确计算产品成本，应设置"生产成本""制造费用""待摊费用""预提费用"等科目。

（一）生产成本科目

"生产成本"科目核算企业进行生产活动所发生的各项产品成本。包括生产各种产成品、自制半成品、提供劳务、自制材料、自制工具以及自制设备等所发生的各项成本。

"生产成本"科目应设置"基本生产成本"和"辅助生产成本"两个二级科目。"基本生产成本"二级科目核算企业为完成主要生产目的而进行的产品生产而发生的成本，计算基本生产的产品成本。"辅助生产成本"二级科目核算企业为基本生产服务而进行的产品生产和劳务供应而发生的直接成本，计算辅助生产的产品和劳务的成本。在这两个二级科目下，还应当按照成本计算对象开设明细账，账内按成本项目设专栏进行明细核算。

企业发生的直接材料和直接人工费用，直接记入本科目及"基本生产成本"和"辅助生产成本"两个二级科目及其所属明细账的借方；发生的其他间接成本先在"制造费用"科目归集，月终分配记入本科目及所属二级科目和明细账的借方；属于企业辅助生产车间为基本生产车间生产产品提供的动力等直接成本，先在本科目所属二级科目"辅助生产成本"中核算后，再分配转入本科目所属二级科目"基本生产成本"及其所属明细账的借方。企业已经生产完成并已验收入库的产成品以及自制半成品的实际成本，记入本科目及所属二级科目"基本生产成本"及其所属明细账的贷方；辅助生产车间为基本生产车间、企业管理部门和其他部门提供的劳务和产品，月终应按照一定的分配标准分配给各受益对象，按实际成本记入本科目及"辅助生产成本"二级科目及其所属明细账的贷方。本科目的借方期末余额反映尚未完成的各项在产品的成本。

（二）制造费用科目

"制造费用"科目核算企业为生产产品和提供劳务而发生的各项间接费用。该科目应按不同的车间、部门设置明细账，账内按制造费用的内容设专栏，进行明细核算。发生的各项间接费用汇入本科目及所属明细账的借方；月终将制造费用分配到有关的成本计算对象时，记入本科目及所属明细账的贷方。本科目月末一般应无余额。

（三）待摊费用科目

"待摊费用"科目核算企业已经支付但应由本期和以后各期共同负担的、分摊期限在一年以内的各项费用，如低值易耗品摊销、出租出借包装物摊销、预付保险费、预付报纸杂志费等。该科目应按费用种类设置明细账进行明细核算。企业发生待摊费用时记入本科目及所属明细账的借方；分期摊销的费用记入本科目及所属明细账的贷方。本科目借方的期末余额表示尚未摊销的费用。

（四）预提费用科目

"预提费用"科目核算企业按照规定从成本、费用中预提但尚未实际支付的各项费用，如预提的租金、保险费、借款利息、修理费用等。该科目应按费用的种类设置明细账，进行明细核算。企业预提各项费用时，记入本科目及所属明细账的贷方；实际支付预提的各项费用时，记入本科目及所属明细账的借方。本科目的贷方期末余额表示已预提但尚未支付的费用。如果实际支付的预提费用数额大于已预提数额，则本科目会出现借方余额，应视同待摊费用处理，分期摊入有关的成本、费用账户中。

四、成本的归集和分配

成本计算的过程，实际上也是各项成本的归集和分配过程。

成本的归集，是指通过一定的会计制度以有序的方式进行成本数据的收集或汇总。收集某类成本的聚集环节，称为成本归集点。例如，制造费用是按车间归集的，所有间接制造费，包括折旧、间接材料、间接人工等都聚集在一起，以后分配时不再区分这些项目，而是统一地按一个分配基础分配给产品。

成本的分配，是指将归集的间接成本分配给成本对象的过程，也叫间接成本的分摊或分派。

成本分配要使用某种参数作为成本分配基础。成本分配基础是指能联系成本对象和成本的参数。可供选择的分配基础有许多：人工工时、机器台时、占用面积、直接人工工资、订货次数、采购价值、品种数、直接材料成本、直接材料数量等。

为了合理地选择分配基础，正确分配间接成本，需要遵循四个原则。

（一）因果原则

因果原则是说资源的使用导致成本发生，两者有因果关系，因此应当按使用资源的数量在对象间分摊成本。按此原则，要确定各对象使用资源的数量，例如耗用的材料、工时、机时等，按使用资源的数量比例分摊间接成本。

（二）受益原则

受益原则是说谁受益多，谁多承担成本，应按受益比例分摊间接成本。按此原则，经理人员要确定间接成本的受益者，例如房屋维修成本按各车间的面积分摊，广告费按各种产品的销售额分摊等。因果原则是看"起因"，受益原则是看"后果"，两者有明显的区别。

（三）公平原则

公平原则是指成本分配要公平对待涉及的双方。在根据成本确定对外销售价格和内部转移价格时，合理的成本是合理价格的基础，因此计算成本时要对购销双方公平合理。

（四）承受能力原则

承受能力原则，是假定利润高的部门耗用的间接成本大，应按成本对象的承受能力分摊成本。例如，按部门的营业利润分配公司总部的费用，其依据是承受能力原则。

成本计算的目的引导着成本的归集和分配，使生产经营成本通过一系列中间对象，最终计算出产品总成本和单位成本。

在企业的生产活动中，要大量消耗各种材料，如各种原料及主要材料、辅助材料及燃料。它们有的用于产品生产，有的用于维护生产设备和管理、组织生产，还有的用于非工业生产等。其中应计入产品成本的生产角料，还应按照成本项目归集，如用于构成产品实体的原料及主要材料和有助于产品形成的辅助材料，列入"直接材料"项目；用于生产的燃料列入"燃料和动力"项目；用于维护生产设备和管理生产的各种材料列入"制造费用"项目。不应计入产品成本而属于期间费用的材料费用则应记入"管理费用""销售费用"科目。用于购置和建造固定资产、其他资产方面的材料费用，则不得列入产品成本，也不得列入期间费用。

用于产品生产的原料及主要材料，如纺织用的原棉、铸造用的生铁、冶炼用的矿石、造酒用的大麦、制皂用的油脂等，通常是按照产品分别领用的，属于直接费用，应根据领料凭证直接计入各种产品成本的"直接材料"项目。但是，有时一批材料为几批产品共同耗用。例如，某些化工生产的用料，属于间接费用，则要采用简便的分配方法，分配计入各种产品成本。在消耗定额比较准确的情况下，通常采用材料定额消耗量比例或材料定额成本的比例进行分配，计算公式如下：

分配率=材料实际总消耗量（或实际成本）/各种产品材料定额消耗量（或定额成本）之和

某种产品应分配的材料数量（费用）=该种产品的材料定额消耗量（或定额成本）×分配率

例如：

> 假定甲公司生产A、B两种产品领用某材料4400千克，每千克20元。本月投产的A产品为200件，B产品为250件。A产品的材料消耗定额为15千克，B产品的材料消耗定额为10千克。
>
> A产品的材料定额消耗量=200×15=3000（千克）
>
> B产品的材料定额消耗量=250×10=2500（千克）
>
> 材料消耗量分配率=4400÷（3000+2500）=0.8
>
> A产品分配负担的材料费用=3000×0.8×20=48000（元）
>
> B产品分配负担的材料费用=2500×0.8×20=40000（元）
>
> A、B产品材料费用合计=48000+40000=88000（元）

原料及主要材料费用除按以上方法分配外，还可以采用其他方法分配。例如，不同规格的同类产品，如果产品的结构大小相近，也可以按产量或重量比例分配。具体的计算可以比照上例进行。

辅助材料费用计入产品成本的方法，与原材料及主要材料基本相同。凡用于产品生产、能够直接计入产品成本的辅助材料，如专用包装材料等，其费用应根据领料凭证直接计入。但在很多情况下，辅助材料是由几种产品共同耗用的，这就要求采用间接分配的方法。

上述耗用的基本生产产品的材料费用，应记入"生产成本"科目及所属明细账的借方，在明细账中还要按"直接材料""燃料和动力"项目分别反映。此外，用于辅助生产的材料费用、用于生产车间和行政管理部门为管理和组织生产所发生的材料费用，应分别记入"生产成本——辅助生产成本""制造费用""管理费用"等科目及其明细账的借方。至于非生产用的材料费用，则应计入其他有关科目。

五、人工费用的归集和分配

人工费用包括工资和福利费用。分配工资和福利费用，也要划清计入产品成本与期间费用和不计入产品成本与期间费用的工资和福利费用的界限。其中应计入产品成本的工资和福利费用还应该按成本项目归集：凡属生产车间直接从事产品生产人员的工资费用，列入产品成本的"直接人工费"项目；企业各生产车间为组织和管理生产所发生的管理人员的工资和计提的福利费，列入产品成本的"制造费用"项目；企业行政管理人员的工资和计提的福利费，作为期间费用列入"管理费用"科目。

直接从事产品生产人员的工资费用计入产品成本的方法：由于工资制度的不同，生产工人工资计入产品成本的方法也不同。在计件工资制下，生产工人工资通常是根据产量凭证计算工资并直接计入产品成本；在计时工资制下，如果只生产一种产品，生产人员工资属于直接费用，可直接计入该种产品成本；如果生产多种产品，这就要求采用一定的分配方法在各种产品之间进行分配。工资费用的分配，通常采用按产品实用工时比例分配的方法。其计算公式如下：

分配率=生产工人工资总额/各种产品实用工时之和

某种产品应分配的工资费用=该种产品实用工时×分配率

按实用工时比例分配工资费用时，需要注意从工时上划清应计入与不应计入产品成本的工资费用界限。如生产工人为安装固定资产服务了，那么这部分生产工时就应该划分出来，所分配的费用应计入固定资产的价值，不得计入产品成本。

按照规定的工资总额的一定比例从产品成本中计提的职工福利费可与工资费用一起分配。

第四节　共同费用怎么摊
——期间费用的核算

一、销售费用的核算

销售费用核算的内容包括销售成本、配送成本和售后服务成本等销售过程中发生的全部成本。

按现行制度规定，其主要项目有运输费、装卸费、包装费、保险费、展览费和广告费，以及为销售本企业商品而专设的销售机构的职工工资、福利费、业务费等经常费用。

企业发生的销售费用在"销售费用"科目中核算，并按费用项目设明细账，进行明细核算。"销售费用"科目的借方反映本期实际发生的各项销售费用，贷方反映期末转入"本年利润"科目的销售费用；"销售费用"科目结转"本年利润"后无余额。

企业发生的各项销售费用借记"销售费用"科目，贷记"现金""银行存款""应付工资"等科目；期末，将借方归集的销售费用全部由"销售费用"科目的贷方转入"本年利润"科目的借方，计入当期损益。

二、管理费用的核算

管理费用是指企业为组织和管理生产经营活动而发生的各项费用，包括研究与开发成本、设计成本和行政管理成本。按现行制度规定，其主要项目有：公司经费，包括行政管理部门职工工资、折旧费、修理费、物料消耗、低值易耗品摊销、办公费和差旅费等；工会经费；待业保险费；劳动保险费；董事会费，包括董事会成员津贴、会议费和差旅费等；聘请中介机构费；咨询费（含顾问费）；诉讼费；业务招待费；房产税；车船使用税；土地使用税；印花税；技术转让费；矿产资源补偿费；无形资产摊销；职工教育经费；研究与开发费；排污费等；存货盘亏或盘盈（不包括应计入营业外支出的存货损失）；计提的存货跌价准备。

为了反映和监督企业发生的上述各项管理费用，企业应设置"管理费用"科目，并按费用项目进行明细核算。企业发生的各项管理费用，借记本科目，贷记"现金""银行存款""原材料""应付工资""待摊费用""预提费用""累计折旧""无形资产""应交税金"等科目。期末，将本科目借方归集的管理费用全部由本科目贷方转入"本年利润"科目借方计入当期损益，结转后本科目应无余额。

三、财务费用的核算

财务费用是指企业筹集生产经营所需要资金而发生的费用。

按现行财务会计制度规定，其主要项目有利息支出（减利息收入）、汇兑损失（减汇兑收益）、金融机构手续费以及筹集生产经营资金发生的其他费用。

为了正确核算财务费用，必须合理划分资本化利息和费用化利息。划分的基本原则是建固定资产的借款利息，在固定资产达到预定可使用状态前按规定应当资本化，生产经营的借款利息应当费用化。但是，在实际工作中往往会遇到比较复杂的情况，必须根据具体情况分析处理。凡是按规定不能资本化的利息，都要计入财务费用。

财务费用属于期间费用，在发生的当期就计入损益。

企业发生的财务费用在"财务费用"科目中核算，并按费用项目设置明细账，进行明细核算。"财务费用"科目的借方反映本期实际发生的财务费用，贷方反映期末转入"本年利润"科目的财务费用；"财务费用"科目结转"本年利润"后无余额。

企业发生的各项财务费用借记"财务费用"科目，贷记"银行存款""预提费用""长期借款"等科目；企业发生的利息收入、汇兑收益，借记"银行存款"等科目，贷记"财务费用"科目。期末，将借方归集的财务费用全部由"财务费用"科目的贷方转入"本年利润"科目的借方，计入当期损益。

第十章　用制度进行利益的分离

——内部控制与财务控制

● 内容概览

内部控制是企业内的一张网，互相分工、协调、制约和监督。为了适应日益激烈的市场竞争环境，任何一个企业，无论其规模大小或者主营业务的繁简，都必须建立一个强有力的、高效率的指挥机构和管理体系。内部控制支撑着现代企业的管理结构，堵塞漏洞、减少违法违纪产生的可能性，防止贪污盗窃等各种舞弊行为的发生，可以起到提升管理效率的作用。

第一节 内控缺失，是企业管理的黑洞

——内部控制与财务控制简介

一、企业内部控制制度的重要性

内部控制是指由企业董事会、管理层和全体员工共同实施的，旨在合理保证实现企业基本目标的一系列控制活动。随着社会经济的发展和现代化科学管理方法的产生和运用，内控牵制的范围不断扩大，逐步发展到经营目标的建立和执行、经济效益的实现和评价等诸多领域，并由此形成了一套比较完整和科学的内部控制制度。具体包括企业管理部门及其各职能部门的设置、机构划分方法，处理每一项业务必经的环节和各环节上必要的手续的规定，处理经济业务时人员之间的相互制约、相互牵制的方式等。

内部控制制度是一种极富弹性的管理制度，它对于支撑现代企业的管理结构而言有着非同寻常的意义，可以起到提升经营效率的作用。企业经营能否蒸蒸日上，往往在很大程度上依赖于管理层的经营理念，而管理层直接影响内部控制的执行思维。

建立和健全企业内部控制制度是一门精深而又重要的学问，是管理者必须认真对待的问题之一。

二、内部控制制度的构成要素

内部控制制度由四个要素构成，如图 10-1 所示。

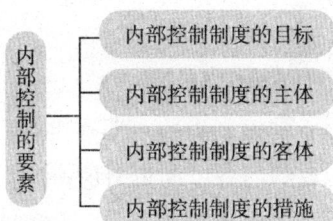

图 10-1 内部控制制度的构成要素

1. 内部控制制度的目标

企业内部控制制度的目标是：保全资产，提高会计信息的准确性，完善经营管理制度，追求综合效益。具体可以概括为以下几条。

（1）保证会计信息及其他信息的准确可靠。

（2）保护企业财产物资的安全与完整。

（3）保证各项管理方针、制度和措施的贯彻执行。

（4）保证企业各项生产和经营活动有序、高效地进行。

2. 内部控制制度的主体

从内部控制制度的目标可以看出，该制度的实施涉及企业的各方面，因此，实施这一内部控制的主体是企业管理者。财务管理人员虽然不是内部控制的主体，但却是内部控制信息的制造者，是内部控制效果好坏的反馈者。这一点需要企业的管理者注意。

3. 内部控制制度的客体

内部控制制度是对企业的整体控制，制定和实施的政策和程序是针对企业的所有部门、全体人员、每一项经济业务而言的。

4. 内部控制制度的措施

内部控制制度的措施是各种手段、方法的集合，其目的是为了保证内部控制制度在企业内部有效运行，以实现控制的目标。

内部控制制度构成因素一般有：组织结构、人员配备、业务素质、岗位责任、业务程序、处理手续、检查标准、内部审计等，它体现在企业的各项管理制度中。企业要查看各项内部控制制度是否已经建立，各项制度是否衔接，每一制度的构成要素是否齐全。

三、内部控制的构成内容

由于各个企业的规模、性质、组织、业务范围与管理水平不同，各企业在建立内控时的方法与构成的内容方面也有所不同，常用的有以下几类。

（一）组织机构控制

组织机构控制是指管理者应如何将企业内部的各项工作进行有效的分工，从而使员工能够各司其职、各尽其能、各守其责。就分工问题，企业管理者应当做好以下几个方面。

（1）授权进行某项经济业务和执行该项业务的职务要分工。

（2）执行某项经济业务和记录、审查该项业务的职务要分工。

（3）保管某项财物和记录该项财物的职务要分工。

（4）保管某项财物和将实存数、账存数相核对的职务要分工。

（5）记录总账和记录明细账的职务要分工。

（二）业务记录控制

业务记录控制是指管理者应规定若干制度来要求会计人员或相关业务记录人员必须认真按照规定的制度去执行，以保证会计记录达到真实、及时和准确的要求。管理者应从以下几个方面来建立记录控制制度。

（1）建立严格的凭证制度。凭证是记录经济业务发生的依据，严格的凭证制度，要求设计良好的凭证格式和传递程序，并要求所有凭证均按顺序编号。

（2）规定会计记录的程序。要求以书面形式说明从填制会计凭证，到登记账簿、编制会计报表的全过程。

（3）健全记录复核工作。对已完成的会计记录进行复核，是控制会计记录，使其正确可靠的一种重要方法。

（三）业务程序控制

业务程序控制是指管理者将某一经济业务从发生到完成的全过程分解成几部分，各部分分别由不同的部门或人员单独处理。这样，既有效地发挥了群体的智慧，又有效地进行了内部牵制，可以防止营私舞弊的发生。

为了保证业务程序公开高效地进行，企业管理者应该注意将每一项业务活动都划分为图10-2所示的几个步骤。

授权　——→　主办　——→　标准　——→　执行　——→　记录　——→　复核

图10-2　业务活动的步骤

需要注意的是，这些步骤应分别交给不同部门或人员来处理。

四、内部控制制度的功能和标准

内部控制制度是企业对其经济活动进行组织、制约、考核和调节的重要工具。控制是为了确保组织目标以及为此而拟订的计划能够得到实现。控制的目的，主要是为了防止或避免因浪费、管理不当等因素而遭致损失，使企业各项作业有条不紊，且更经济有效地运行，以促使企业各项经济目标的顺利实现。

（一）内部控制制度的功能

由于内部控制具有维护企业财务安全，降低成本，避免资产损失，当好管理者的助手和参谋的特征，因此，内部控制具备以下四种功能。

1. 防护功能

内部控制是以计划目标为依据的控制，内部控制对计划的鉴定与分析，使计划更加正确可靠，更有利于制约管理过程中的各种消极因素。

2. 调节功能

内部控制是管理层的一种职责，内部控制是为了制约标准的执行与平衡偏差，因此，控制的全部工作应包括设计标准、衡量差异、提出分析、采取措施、协助业务部门使其执行结果符合标准，以达到实现监督考核与制约的目的。

3. 反馈功能

由于内部控制一般采取闭环控制方式，有利于各种管理信息的反馈，因此，对管理目标的执行、差异存在的状况、应采取的措施等能够及时准确地报告给有关管理者，有助于企业各项计划、政策的贯彻、落实和执行。

4. 参谋助手功能

内部控制作为企业的职能部门，是专职综合性经济监督机构，应能掌握企业经济管理活动中的决策，随时了解经营工作的总体部署、工作重点和重大举措，围绕调控中的热点从宏观着眼，微观入手，监督和协调经济管理各部门、各环节，使其更好地履行职责，并注意发现经济运行中的新情况和新问题，进行综合性分析，提出改进意见和建议，以促进各项制度和措施的进一步加强与完善。

（二）内部控制的标准

内部控制并非仅仅是为了满足审计的需要，而是在管理上，为履行其责任所必需。衡量一个企业的内部控制是否有效，其标准如图 10-3 所示。

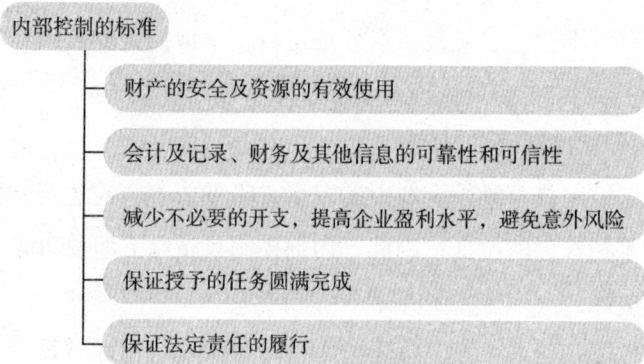

内部控制的标准

- 财产的安全及资源的有效使用
- 会计及记录、财务及其他信息的可靠性和可信性
- 减少不必要的开支，提高企业盈利水平，避免意外风险
- 保证授予的任务圆满完成
- 保证法定责任的履行

图 10-3　内部控制的标准

1. 财产的安全及资源的有效使用

内部控制应有保证财产安全和充分利用有形资源或无形资源的规定，以免因有意、无意的错误而造成损失浪费。

2. 会计及记录、财务及其他信息的可信性与可靠性

内部控制首先要有可信的各种记录，有了各种可信记录，才能及时地提供可靠的管理情报，为企业决策者和有关部门领导提供计划、资金投放等可靠的决策依据。

3. 减少不必要的开支，提高企业盈利水平，避免意外风险

预防和发现差错及违纪行为。外部审计能够查明已经发生的差错及违纪行为，但不能预防其发生。对差错和违纪行为的预防和发生，则主要依赖于企业内部采取的内部控制措施。

4. 保证授予的任务圆满完成

良好的企业内部控制，就在于各级职能部门和管理人员，能够满意地感到它所部署的任务已得到恰当履行，没有发生失职行为。

5. 保证法定责任的履行

法定责任是通过立法赋予的，内部控制应能帮助管理人员不断适应这种责任，并对不负责任的行为加以追究。

五、内部风险控制的主要关键点

企业在市场竞争中抗风险的能力相对较弱，只有内部风险才是企业自身产生并可以控制的，企业的发展必须建立在风险控制完善和稳固的基础上。内部风险控制不好，则打败自己的不是对手，而是企业本身。

企业在运营过程中会遇到各种各样的风险，如图10-4所示。

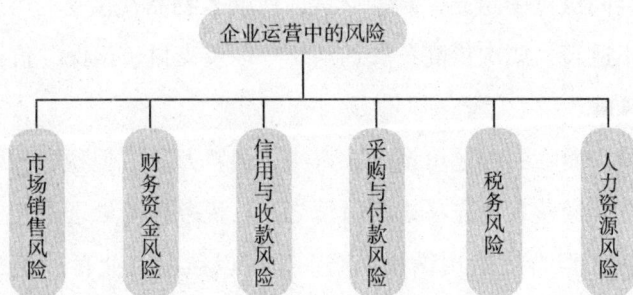

图 10-4　企业运营中面临的风险

1. 市场销售风险

由于我国的市场经济还有不完善的地方，企业在经济交往中会遇到对方不讲诚信、不按合同办事、货款回收困难，甚至被诈骗的情况，稍有不慎就会酿成巨大损失。因此，企业在决策时要把防范市场风险放在重要地位。

2. 财务资金风险

资金是企业生存与发展的基础，是企业经营活动的血脉，其高流动性使之能任意转换为其他任何类型的资产，极易引发贪污、诈骗、挪用等违法乱纪的行为。因此，必须建立健全资金的内部控制制度，加强企业资金的管理，确保企业资金安全完整、正常周转和合理使用，减少和避免损失浪费。要建立健全行之有效的内控制度，应针对企业经营活动中的各项风险点，对业务流程重新组合，按照"职能分割，制约监督"的原则，建立业务管理、风险管理、财务管理三位一体的管理控制平台，完善事前防范、事中控制和事后监督的控制体系。

3. 信用与收款风险

在市场经济条件下，无论是企业还是个人，在经济活动中一旦与他人或企业签订经济合约，都将面临当事人不履约的风险，如不支付钱款、不运送货物、不提供服务、不偿还借款等。

4. 采购与付款风险

采购与付款风险指在采购过程中，因采购人员工作失误、采购单位管理失控、供应商进行商业欺诈等违规、违法行为，造成评标过程不公正，采购成本过大，合同执行中超支，延期交货，所购入物品及接受的劳务非企业所需要，规格不适当，质次价高，履约纠纷等以及支付、担保、价格等风险。

5. 税务风险

企业经营者面临的难题可谓千头万绪、包罗万象，但税务风险控制问题越来越成为企业经营者优先考虑的事情之一。税务风险处理不当，会给企业带来重大损失，但合理运用纳税谋略，又可以帮助企业百尺竿头，更进一步。税务风险的合理控制是企业财务管理的重要组成部分。

6. 人力资源风险

人力资源管理中存在诸多风险，人力资源决策稍有不慎，就有可能给企业带来不必要的损失甚至灾难性的后果。员工是公司的财富，但同时又可能对公司造成潜在的威胁和危险。

六、企业运营内部风险的成因

企业的决策、人事、财务、商业等管理和运营方面不可避免地涉及国家、社会、企业自身和个人等方方面面的利益冲突。这些利益和矛盾冲突是产生企业运营内部一系列风险的原因，对此可以从企业内外两方面加以分析（图 10-5）。

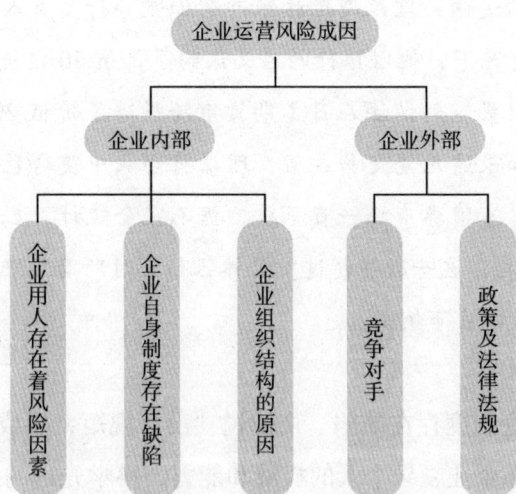

图 10-5 企业运营风险的成因

（一）企业内部方面

（1）企业用人存在着风险因素。企业的运营首先体现为人的因素，其运营的风险也必然首先是人的风险。人，在企业中可大致分为管理者和被管理者两类。企业经营好坏，归根结底，人的因素是最重要的，尤其是企业的管理者基本可以控制并决定着企业的生死存亡。每个管理者都会存在一些弱点，个人私欲极为强烈的管理者在进行管理或决策时，必然首先考虑其个人的私利并有可能为了个人的私利而不惜让企业承担风险。

例如：

1995 年 2 月 27 日，有着 233 年历史的英国商业投资银行——巴林银行因经营失误而倒闭。巴林银行集团曾经是英国伦敦城内历史最久、名声显赫的商业银行集团，素以发展稳健、信誉良好而驰名，其客户也多为显贵阶层，英国女王伊丽莎白二世也曾经是它的顾客之一。巴林银行集团的业务专长是企业融资和投资管理，业务网点主要在亚洲及拉美新兴国家和地区。1994年巴林银行的税前利润仍然高达1.5亿美元。巴林银行破产的直接原因是新加坡巴林公司期货经理尼克·理森错误地判断了日本股市的走向。理森是巴林银行新加坡分行负责人，年仅28岁，在未经授权的情况下，他以银行的名义认购了价值70亿美元的日本股票指数期货，并以买空的做法在日本期货市场买进了价值200亿美元的短期利率债券。如果这几笔交易成功，理森将会从中获得巨大的收益，但阪神地震后，日本债券市场一直下跌。据不完全统计，巴林银行因此而损失10多亿美元，这一数字超过了巴林银行当时所有资产的总价值，因此巴林银行不得不宣布倒闭。

（2）企业自身制度存在缺陷。俗话说"没有规矩，不成方圆"。组织管理企业，不能光靠企业领导个人的权威和能力，科学先进的企业管理制度也非常重要。但是，十全十美的制度是不可能存在的，企业的运营必然会有风险。

（3）企业组织结构的原因。企业的快速发展会使自身的组织机构变得复杂，各职能部门的配合和信息沟通也变得越来越困难，这同时也意味着企业运营风险成本增加、难度加大。

（二）企业外部方面

（1）竞争对手。市场竞争程度在不断升级，企业面临的竞争风险也会加大。

（2）政策及法律、法规。人们赖以生存的社会环境、社会关系在不断地发生着变化，国家旧有的政策、法律法规不断地被废止和变更，同时新的政策、法律法规在不断地产生，日趋走向严密和完善。尽管企业的管理者能够了解最新的国家政策、法律法规的变动，但总有了解不到或了解不全面的时候，如果按一定的惯性来进行企业管理或从事交易就会产生风险。

第二节　善于把握关键点

——主要业务环节的内控制度

一、现金收付的内部控制

现金收付控制是企业内部控制系统中最为重要的环节。由于现金具有很强的流动性，容易产生挪用、侵占等舞弊行为，因而企业要对现金进行严格的管理和控制，使现金能在经营过程中合理、通畅地流转，提高现金的使用效益，保护现金的安全。

现金的内部控制制度，可以细分为收款内部控制、付款内部控制和零用现金内部控制。

（一）收款内部控制

收款的内部控制主要是指职权和责任要分开。签发收款凭证与收款的职责应当由两个经手人分工办理，现金总账和日记账的登记工作也应由两人分工协作。

1. 建立发票和收据的领发存和销号制度

设置发票和收据领用登记簿，并设专人保管，领用时须有领用人签收领用数量和起讫编号。使用完毕，发票和收据应由保管人收回，回收时要销号，即按票据的编号、金额逐张核对注销，以便确保已开出的收据无一遗漏地收到款项。作废的票据应全联粘贴在存根上，并加盖"作废"图章。

2. 按规定的手续和程序办理收款业务

一切现金收入都应无一例外地开具收款收据，以分清彼此职责。一切现金收款都必须当天入账，如果是库存现金尽可能当天存入银行，不能当天存入银行的，应于次日上午送存银行；各单位收入的现金超过库存限额的，也应将超过限额的部分送存银行。现金日记账应做到日清日结。不得从本企业的库存现金收入中坐支。有些单位业务经营确实需要坐支现金的，应事先向开户银行提出申请，在开户银行批准的坐支范围内，才能坐支现金，并定期向开户银行报告坐支金额和使用情况。

3. 支票及汇款单的管理

支票收入必须由两个以上的职员来处理。一位职员开出发票，另一位职员收入支票，后者应核对发票和支票金额是否相一致。收入支票的职员应对收入支票及时加盖"只限存款用"戳记，并交银行出纳员暂时保管及由专人解交银行。同时，开票员应将发票存根交记账员，由其记入银行日记账。企业对顾客邮寄来的汇款单的控制应明确，应由专门的职员来拆款。专门的职员应根据收到的汇款单，将顾客的姓名和汇款金额记入邮寄汇款单登记簿中，然后将收到的汇票盖上"只限存款用"，戳记后交给现金出纳员，并通知记账员，由记账员调出相应的销货单据，核对后记入现金日记账中。

表 10-1 总结了对现金收款的所有控制。

表 10-1　现金收款的内部控制

内部控制因素	现金收款的内部控制
有竞争性的、可信的、有道德感的员工	公司谨慎屏蔽有不好人格特征的员工，公司也要花大量的钱来培训员工
职责分配	出纳、出纳管理员、现金会计要由不同的员工来担当
适当授权	只有被授权的员工如部门经理等才能提供客户特权、签一定金额以上的发票收据、允许客户先买后付
职权分离	管理现金账的会计人员不能接触现金，现金日记账和现金总账由两人分工协作
内部和外部审计	内部审计部门检查公司交易以确保符合管理政策。外部审计师检查现金收款的内部控制来决定会计系统是否产生有关收入、应收款和其他有关现金收款的项目的准确数值
文件和记录	客户收到收据作为交易记录。银行对账单列示了现金收款，需要和企业账（存款单）对比后调节
其他控制	现金存放于保险柜和银行中，员工的工作应进行轮换，对每天的收款和客户的汇款单及存款单进行核对

（二）付款内部控制

企业的各种支出应尽可能用支票来支付，以避免有更多人接触现金。对一些必须用现金支付的开支项目应严格审定。现金支付的项目主要是企业的零星开支和薪金支出，而支票具有广泛的应用范围。支票支出的内部控制制度，具体如图 10-6 所示。

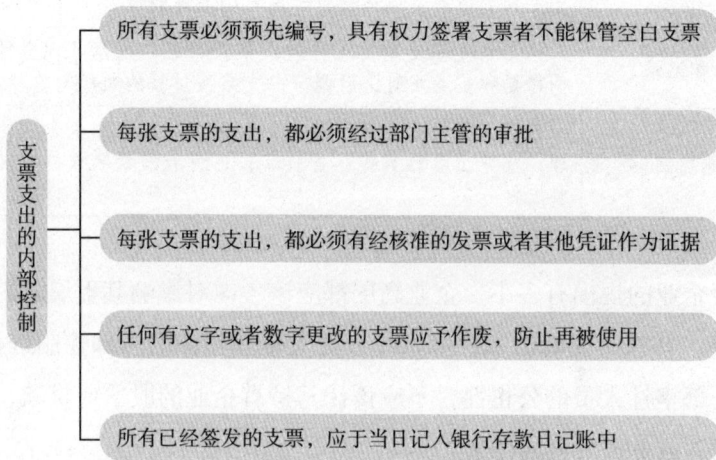

图 10-6 支票支出的内部控制

建立现金开支的审批制度，现金开支的审批制度，审批以下内容。

（1）明确企业现金开支范围。

（2）制定各种报销凭证，规定报销手续和办法。

（3）确定各种现金支出的审批权限，企业可以根据规模及内部分工自行制定审批权限。

表 10-2 总结了现金付款的内部控制。

表 10-2 现金付款的内部控制

内部控制因素	现金付款的内部控制
有竞争性的、可信的、有道德感的员工	现金付款被委托给高级员工，大额付款则由财务主管或副财务主管负责
职责分配	特定员工被批准购货付款；经理检查批注，然后签署支票

续表

内部控制因素	现金付款的内部控制
适当授权	大额支出必须由高级经理或董事会授权，以保证和组织目标相一致
职权分离	经手支票的员工不能接近会计账；管现金账的会计人员也不能接触现金
内部和外部审计	内部审计师检查公司交易以确保符合管理政策。外部审计师检查现金付款的内部控制来决定会计系统是否产生有关费用、资产和其他有关现金付款的项目的准确数值
文件和记录	供货商发出支票要求付款；银行对账单列示了现金付款，它们需要和企业账对比后调节；支票按付款的顺序来编号
其他控制	空白支票被放在保险柜中，由无会计职权的负责任的员工管理；支票上各栏目应尽量打印；已付款发票要被打孔来避免重复支付

不管企业的规模有多小，企业高层都应该考虑对影响其下属的内部控制进行监督，并在必要时引入外部审计人员对企业整体的内部控制进行监督。为保证外部审计人员的公正性，不应该让其持有企业的股票或贷款，或者与亲属有财务或业务方面的往来。

（三）零用现金内部控制

零用现金指企业生产过程中的零星小额的不便于使用支票而需要直接支付库存现金的日常开支。零用现金的控制，主要采取备用金制度，包括以下几个方面：一是核定适当的备用金限额，并设专人负责管理；二是按规定的用途使用备用金，同时加强报销凭证的核实和审查工作；三是清查小组要定期或不定期地对备用金进行清查核对，以保证零用现金的安全、完整。

二、存货的内部控制

存货的内部控制是指企业为了实现经营目标，保护财产安全完整、确保存货会计信息资料的真实可靠，所采取的一系列相互联系和相互制约的方法、措施和程序。如何加强对存货的内部控制，始终是企业管理活动中的一个重要环节。

存货内部控制涉及的部门及控制点较多，如图 10-7 所示。

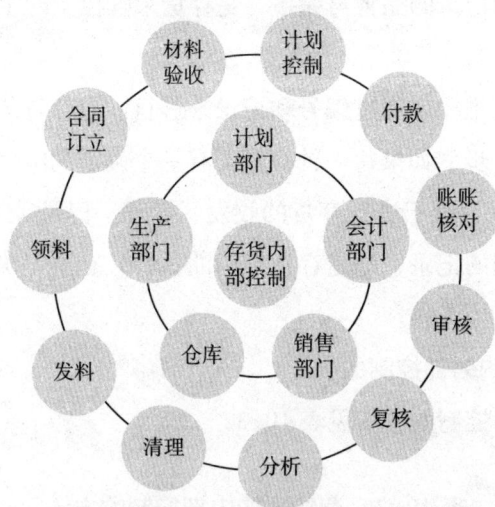

图 10-7 存货内部控制涉及的部门及控制点

根据存货的业务流程，可以分为采购、库管、领用、盘存等多方面，其中采购和领用两个方面是重点。

（一）存货内部控制的主要内容

存货内部控制的步骤如下。

1. 存货计划控制

存货计划控制是存货管理的中心问题，必须建立一定的政策、计划和标准，以便于管理控制者遵照执行。这样，既可以防止损失与滥用，作为采购与销售的依据，又可以保证生产与销售的需要，防止存量过剩与不足。

2. 职责分工控制

存货计划控制涉及很多部门，也涉及很多经营过程，有关部门应办理哪些方面的工作应有明确的分工，特别是采购、验收、付款、记录必须分别由不同的部门处理，即使再小的企业，也应由不同的职员分工办理。

3. 存货采购控制

存货采购控制主要是由储存部门或用料部门填制"请购单"，由采购部门填制"订购单"，由验收部门验收并填制"验收单"，储存部门收料入库并填制"入库单"，会计部门对照购货单、入库单、发票等编制记账凭证，及时付款。程序和记录的完善与完备，是存货采购控制的主要内容。

4.存货保管控制

存货保管控制主要应通过编号和记录来进行。对存货的分类编号，是存货保管控制的第一步，如果每一种存货都有一个确定的编号，存货就可以实现系统化管理，就有利于进行存货的收发、管理、记录等工作的有序管理。而对存货进行正确的记录，则是存货控制的重心，有了正确的记录，才能提供有利于控制的情报资料。

（二）存货采购内部控制的方法

存货采购内部控制的方法见表10-3。

表10-3　存货采购内部控制的方法

控制要点	控制方法
存货采购审批内部控制	保证存货采购业务按计划申报程序进行，最后报主管领导审批
签订存货采购合同内部控制	要保证存货采购在授权下按合同进行。采购人员按计划签订合同，无权在授权之外签订合同和变更合同的内容
存货验收和入库内部控制	要保证存货采购数量、品种、质量符合合同的要求，做到准确、安全入库
存货采购资金支付结算内部控制	保证货款支付正确、合法
存货核算内部控制	应通过采购部门和财会部门的日常核算保证存货采购业务资料准确、真实
存货内部稽核内部控制	应保证采购业务的记录正确，做到账账、账表、账实相符

（三）存货领用内部控制的方法

存货领用内部控制的方法见表10-4。

表10-4 存货领用内部控制的方法

控制要点	控制方法
存货领用审批内部控制	领用的材料应由工艺部门核定消耗定额，属于间接费用的消耗、修理用料等，应编制计划或核定费用定额，生产部门根据计划、定额填制限额领料单向库房领料。存货领用须经部门负责人审批签字
存货发出内部控制	应保证存货领用无误，手续齐全
存货领用核算内部控制	应保证存货领用业务记录真实，领发无误
存货领用内部稽核	应保证存货安全，记录正确
存货盘点及处理内部控制	应保证存货账实相符
存货领用内部审计	应保证存货安全、账实相符、核算准确

（四）存货的账物管理

存货不仅要进行金额控制，而且要实施实物控制。不同的部门有不同的职责，如图 10-8 所示。

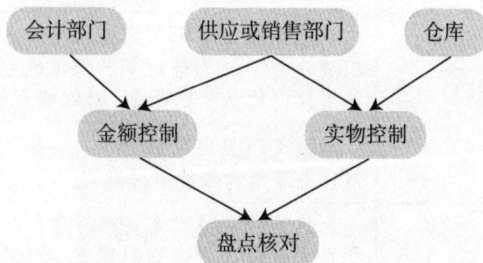

图 10-8 存货控制的部门职责

每年实地盘点存货是必要的，因为确认库存存货的唯一方法就是盘点。再好的会计系统也会有错误，盘点对确定存货的准确价值来说是必不可少的。当发现错误时，应调整会计记录，使其与实地盘点数一致。

在竞争日益加剧的市场经济环境中，企业不能将现金过多地拴在存货上而增加费用，所以，有效地把握存货量，是控制存量、降低成本的关键。

三、固定资产的内部控制

由于固定资产"固定"的特点，很多企业在实际工作中对固定资产的管理往往没有引起足够的重视，有时候甚至被忽视，其实，固定资产的内部控制也是格外重要的。

固定资产所带来的经济利益，具体可表现为通过商品生产、劳务提供过程并体现在产成品中，最终通过销售来实现；或者通过出租固定资产，为企业带来租金形式的经济利益；或者企业在生产经营管理中使用固定资产，或者通过改进生产经营过程，降低生产经营成本等来为企业带来经济利益。

（一）企业固定资产管理不善的原因及改善办法

企业固定资产管理不善的原因及改善方法见表 10-5。

表 10-5　固定资产管理不善的原因及改善方法

固定资产管理不善的原因	改善固定资产管理的方法
企业管理者及全员资产管理意识淡薄	提高企业管理者及全体人员的资产管理意识
企业固定资产管理未纳入管理考核或绩效考核	将资产管理纳入企业对使用部门的管理考核或绩效考核
缺少以资产管理部门为主的资产管理网络	建立以资产管理部门资产专管人员为主，各使用部门资产专管员为辅的资产管理网络，经常指导、培训使用部门的资产专管员，提高资产管理的业务技能
	财务部门要定期对资产的实物与账面进行认真的核对，并要有详细的书面记录
使用部门资产管理人员在企业工作兼职太多，疏于资产管理	加强执行企业固定资产管理制度的严肃性，企业安排资产管理人员兼职要适当，尤其是在人员变动、资产流动的时候，一定要做好资产的交接工作
	企业内审部门要经常不定期地对固定资产的账实情况进行抽查

（二）固定资产日常管理

固定资产的内部控制是全方位的控制，从固定资产购置起，一直到日常管理和处置，每个环节都很重要。很多企业比较重视固定资产的购置，但固定资产购买回来后，对日常管理却不够重视。

企业应当设立完善的固定资产实物台账管理制度，对台账的设置、登记、保管、报告进行详细的规定，并加以执行。通过对固定资产的台账管理，可以较好地保证固定资产的完整性和安全性，维护资产的正常运行。具体见表 10-6。

表 10-6 固定资产台账管理

折旧情况表	根据固定资产的具体性质和消耗方式，合理地确定固定资产的预计使用年限和预计净残值，并根据科技发展、环境及其他因素，合理地选择固定资产的折旧方法。折旧因素一经确定，不得随意变更。如需变更，应报财务部批准
固定资产增减变动情况表	固定资产增减变动要及时进行会计处理。对未使用、不需用固定资产要及时办理封存手续。清理报废的固定资产残值应及时入账，实物要妥加保管和统一处理
盘点表	财务部门应依据固定资产明细账，定期与设备管理部门进行对账，做到账、卡、物相符
维修状况表	固定资产的维护和保养工作应纳入预算。因管理不善或使用不当等人为责任而引起的固定资产维修，设备管理部门应查明原因，分清责任，进行相应处理。对于维修和保养所发生的费用根据情况计入当期或分摊计入各期成本费用

（三）固定资产清理控制

为了保证生产经营活动的正常进行，企业一方面通过各种来源渠道有计划地取得各种固定资产，另一方面应对闲置或不适用以及报废或毁损的固定资产及时进行清理。

固定资产的处置主要包括那些不适用或不需用的固定资产及时对外出售；对那些由于使用而不断磨损直到最终报废，或由于技术进步等原因发生提前报废、由于遭受自然灾害和意外事故等非正常损失发生毁损的固定资产及时进行清理。此外，企业由于其他原因，如对外投资、债务重组、非货币性资产交换等而减少的固定资产，也属于固定资产的清理。

对已到期、毁损严重的、没有维修价值的固定资产的处理过程如图 10-9 所示。

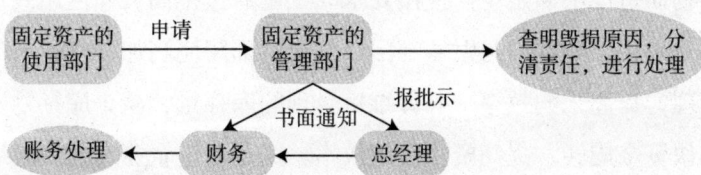

图 10-9 已到期、毁损严重的、没有维修价值的固定资产的处理过程

企业闲置的固定资产是指连续停用 1 年以上或新购设备因计划变更不用以及技改等更换下线，仍具有使用价值的固定资产。闲置固定资产不仅占用了企业大量的资金，而且对于闲置资产不合理的处置将会造成资产流失，给企业带来较大的损失。因此，公司对于闲置固定资产的处置从审批同意到妥善保管、到正确核算再到充分有效利用都做了相应的规定，并在此过程中注意各部门之间的有效制衡。

无论何种原因，企业对固定资产的清理都必须按照规定填制有关凭证，办理必要的手续，做好会计工作的核算工作。

四、"采购 — 付款"业务活动的内部控制

采购生产资料及原辅材料是企业生产供应链的源头，采购过程中的任何一个环节出现偏差，都会影响到物资采购预期目标的实现，这就使物资采购活动面临着风险。采购付款的方式很多，涉及资金、支票、预付款等项目，因此也存在着财务管理风险。因此，对"采购 — 付款"的业务活动进行内部控制是必不可少的。

（一）采购与付款业务的内部控制目标分析

作为企业整体层面的内部控制，内部控制的目标是合理保证企业经营管理合法合规、资产安全、财务报告及相关信息真实完整，提高经营效率和效果，促进企业实现发展战略等。采购与付款业务的内部控制目标应当与企业整体层面的内部控制目标一致，同时应当侧重于以下几个方面。

一是合理保证企业资产安全，特别是货币资金安全，通过严格审核每一笔付款事项，避免付错款项或重复付款，确保企业资金安全。二是提高经营效率和效果，通过合理及时的采购，避免停工损失，确保采购到的货物货真价实，货物质量能够满足生产使用要求。三是通过提高资金使用效率提高经营效率和效果，采购部门与财务部门以及仓管部门应当加强交流与沟通，改善仓存管理，提高采购效率，确保维持合理的库存量，减少库存物资占用的资金，加快资金周转，提高资金使用效率。四是促进企业实现发展战略，采购与付款业务作为企业所有业务的一个分支，应当促进企业实现发展战略，

无论是保证资产安全还是促进企业提高经营效率和效果，归根结底是要促进企业发展。在企业发展的不同阶段以及不同的宏观经济背景下，企业采购与付款业务的内部控制目标会有不同的侧重，但是通常企业应当全面考虑以上几个方面的目标要求。

（二）"采购—付款"业务的内部控制风险因素分析

影响企业采购与付款业务目标实现的风险因素见表10-7。

表 10-7 "采购 — 付款" 业务的风险因素

人员风险	由于企业整体层面内部控制薄弱和经济利益的驱动，企业的采购人员有机会与供应商串通舞弊，损害公司的利益；由于采购业务员和财务人员专业胜任能力有限，难免发生差错，导致企业蒙受损失
供应商选择风险	供应商选择不合理，由于供应商供货能力不足，产品质量不符合生产工艺要求，很可能影响到企业正常的生产经营，也很可能导致企业承担货币资金损失
付错款项或重复付款风险	由于人为的差错或舞弊，企业有可能遭受资金损失，通常表现为向虚构的供应商付款、重复支付货款、存在长期未到货的预付款项
紧急高价采购风险	由于紧急采购而不得不承担高价采购风险，通常由计划制订不合理或未制订计划引起。当产品市场价格波动剧烈时，由于采购时机选择不合理也可能导致企业不得不高价采购物资
仓库物资积压风险	由于采购申报不合理或其他原因，导致企业库存物资过多，占用过多资金，减缓资金周转速度，不利于提高资金使用效率
其他风险因素	收到虚假增值税发票造成的税款抵扣风险，采购方式选择不合理，汇率波动风险等等

（三）采购与付款业务的内部控制措施分析

企业应当围绕采购与付款业务的目标识别，评估相应的风险因素，并且识别关键风险因素，针对风险因素采取控制措施。基于以上风险因素分析，企业应当从以下几个方面采取控制措施。

1.合理选择供应商

在供应商考察过程中应当全面考虑供应商的供货能力、诚信状况、财务实力等因素。必要的时候，企业应当建立供应商评价制度，由企业的采购部门、请购部门、生产部门、财会部门、仓储部门等相关部门共同对供应商进行评价，包括对所购商品的质量、价格、交货及时性、付款条件及供应商的资质、经营状况等进行综合评价，并根据评价结果对供应商进行调整。

2. 合理签定采购合同

对于每一宗大宗采购，企业都应签定采购合同，企业应当有明确的制度规定，采购金额在多大数目以上的采购应当签定采购合同，为了确保采购物资质量可靠、结算方式合理，应当有明确制度规定使用部门和财务人员必须参与合同签定过程。对于年度合同，应当确定一个有弹性的价格，避免价格剧烈波动风险。合同条款应当明确，各条款之间不存在冲突之处，有些合同对物资质量有特定的要求，并且要求付款比例与质量水平挂钩，然而在结算方式中却无体现，造成质量要求条款不切实际或者不利于合同的执行。为了合理分摊产品质量风险，降低资金风险，在签定采购合同时应当规定质量保证金条款，根据实际情况规定 5% 到 30% 的质量保证金。对于金额在一定数量以上的采购，应通过招标形式进行，确保企业以最合理的价格采购到生产经营所需的产品。

3. 加强采购申请与审批控制

为了避免紧急采购和物资积压，企业应当加强采购申请与审批控制，应当合理划分审批权限，确保采购及时、合理，既不会造成物资积压，也可以避免紧急采购甚至是停工损失。企业物资供应部门可以根据需要设置专门的计划人员负责计划编制，确保计划合理可行。

4. 专家验收采购物资

为了确保采购物资的质量，采购与仓管部门应当邀请生产和技术方面的专家验收采购入库的物资，企业应当有一定的制度规定，生产与技术方面的专家不得拒绝采购与仓管部门人员关于产品入库验收的要求。

5. 严格进行付款审核，提高付款审核水平

付款审核中应当严格核实各种原始单据的合理性和真实性，包括请购单、入库单、发票等单据，对金额重大的预付款项应当规定有明确的授权审批程序，并且指定专门人员定期跟踪，确保按质按量及时到货，避免资金长

期被占用，降低资金风险，提高货币资金使用效率。改进付款程序，例如相比先记账再付款，先付款后记账更容易导致重复付款问题。企业应当考虑财务部门人员付款审核水平，合理确定付款程序，避免财务人员在忙乱中或压力之下发生差错和疏忽。

6. 定期核对往来账

在往来账对账过程中及时发现付款问题，例如重复付款问题、向虚构的供应商付款、付错款项等问题。对于同一个供应商存在多个核算项目的情况下，应当及时对清账目并且调整供应商核算项目，确保同一供应商只存在一个核算项目；在供应商名称更改的情况下，应当要求出具委托收款函件，证明新的付款账户和原公司是同一公司，对于原公司的债权债务，应当及时清理，并将由新公司承担的债权债务余额结转至新账户的核算项目明细账里。对于发现的重复付款问题，应当区别情况合理处理，对于经常有业务往来的供应商，应当及时下定单，向供应商请购金额相当的货物，冲抵重复付款金额，对于业务往来很少的供应商，应当及时联系，尽可能追回多付款项。

7. 强化绩效考评控制

企业应当定期考核采购部门人员以及财务部门人员，及时发现和更换职业道德水平低下和专业胜任能力不够的人员。

8. 制度性轮换采购人员

为避免采购人员与供应商串通舞弊，损害公司利益，企业应当制定一套制度规定多长时间轮换采购人员，规定采购人员的产生程序，并实行任期制度。内审条件比较好的企业应当对离任采购人员进行离任经济责任审计。

（四）采购成本控制

加强采购成本的控制，是节约采购费用的一个重要途径。降低采购成本要考虑以下因素。

1. 材料买价控制

在材料来源有保证，规格、质量符合要求的前提下，尽量采购单价低廉的材料；要求供应部门严格按照预测价格采购材料；采购部门必须对材料市场进行充分调查，掌握供应行情。

2. 材料采购费用控制

供应部门应就近购买材料，优选运输方式和运输路线及交货地点，以降低运费和节约运输时间；制定运输损耗率，对不应有损耗和超额损耗及数量短缺，要查明原因，明确责任，杜绝损失；编制整理费用预算，控制整理挑选费用。

3. 确定最优定购批量

既要考虑保证生产不间断，又要考虑尽可能节约储存费用和定购费用的支出。

要规范采购行为，增加采购的透明度。本着节约的原则，采购员要对供货单位的品质、价格、财务信誉进行动态监控；收集各种信息，同类产品货比多家，以求价格最低、质量最优；同时对大宗原材料、大型备品备件实行招标采购，杜绝暗箱操作，杜绝采购黑洞。这样，既确保了生产的正常进行，又有效地控制了采购成本，加速了资金周转、提高了资金的使用效率。

五、"销售—收款"业务活动的内部控制

销售是企业经营的主要环节，是实现商品价值、增加收入、获取利润的途径。销售内部控制制度是加强销售管理、控制销售活动的主要方式。伴随着销售业务出现的风险及应收账款的管理等财务问题，企业在"销售—收款"流程业务的内部控制上存在的问题总是很多。

为了加强对"销售—收款"环节的内部控制，规范销售与收款行为，防范销售与收款过程中的差错和舞弊，企业应当将办理销售、发货、收款三项业务的部门分别设立，执行不同的工作职能，不得由同一部门或个人办理销售与收款业务的全过程，具体见表10-8。

表10-8 部门分立，各司其职

部门	职责
销售部门	负责处理订单、签订合同、执行销售政策和信用政策、催收货款
发货部门	负责审核销售发货单据是否齐全并办理发货的具体事宜
财会部门	负责销售款项的结算和记录、监督管理货款回收

（一）"销售—收款"流程中存在的问题

目前，销售与收款业务管理失控的常见情形如下。

（1）销售出去的商品品名、质量等级、数量、单价与实际不符。

（2）对方收货后不能马上付清货款，但不是有意骗取供方货物，在一定时间内是可以付清货款的。风险是对方经营失败，最终付不起货款。

（3）对方收货后，本来就没有付款能力，有预谋拖欠货款，目的是借资金做生意。

（4）利用合同疏漏比如质量等级、检验标准等吹毛求疵，敲竹杠，以达到少付货款的目的。

（5）有预谋地诈骗货物，待货物送到以后，先耍花招拖延付款时间，然后转移货物，连人带货人间蒸发。

以上情况是司空见惯的，所以在产品销售过程中一定要对"销售—收款"流程进行管理控制。

（二）"销售—收款"流程内部控制的基本原则

1. 岗位不相容原则

不相容岗位有销售、发货、收款部门（岗位）分设；谈判人（至少两人）与订立合同、编制发票通知单与开具发票、销售与接触销售现款、应收票据取得和贴现须经由保管票据以外的主管人员的书面批准。企业应当建立对销售与收款内部控制的监督检查制度，明确监督检查机构或人员的职责权限，定期或不定期地进行检查，检查销售与收款业务内部控制制度是否健全，各项规定是否得到有效执行。

2. 销售业务授权审批原则

销售业务特别是较大的销售业务，必须经有关销售负责人员和企业负责人的审批。销售部门首先要认真审查收到的顾客订单，确定其订购品种、数量是否可行，并根据信用部门提供的顾客资信情况和有关部门批准的赊销限额，填制销货通知单，送往仓库运商品。对销售折让、退回或坏账注销等业务要严加审核和控制。

3. 销售业务及时记录原则

已发生的销售业务均应及时做记录，仓库根据销货通知单发运商品后必须如数填制发货单，分送结账部门和会计部门。结账部门要检查已发运商品是否已开具销售发票，会计部门则要检查发货单与销货发票的数量、金额是否一致，是否有遗漏，计算是否正确，并及时办理销售账务处理。

4. 应收账款逻辑程序客观化原则

减少信用管理过程中的主观因素；应遵循职务分离、相互制衡、风险最小化的原则，建立考核制度，实行应收账款责任制。把应收账款回笼与销售收入挂钩，逾期应收账款催收与相应责任承担相结合。

（三）销售内部控制的基本要求

"销售—收款"流程一般要经过图 10-10 所示的几个环节。

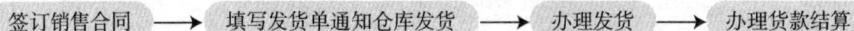

签订销售合同 ⟶ 填写发货单通知仓库发货 ⟶ 办理发货 ⟶ 办理货款结算

图 10-10 "销售—收款"流程

销售业务内部控制一般应符合以下要求。

（1）发票和发货单应按顺序编号，如有缺号经批准方可注销。

（2）销售合同、发票和发货单，必须经过审核批准方可注销。

（3）要按规定价格销售，未经授权不得改变售价。

（4）废残料的出售必须按一般销售业务处理方法处理。

（5）销售退回必须经授权批准后方可办理退款手续。

（6）收款时必须对品名、数量、单价、金额进行审核，有销售合同的必须与合同核对。

（7）开单、发货、收款必须分工负责。

（8）应收账款明细账应与总账核对相符。

（9）销售业务应及时入账，并且入账时要分类清晰。

对于收款流程的内部控制，企业可以层层把关，按制度办事，具体见表10-9。

表10-9 收款流程的层层控制

第一关	区域销售经理	寻找优质客户和优质经销商，摒弃劣质客户和劣质经销商
		化解老货款变呆账的风险
		防止新货款变逾期货款的风险
		观察客户经营变化情况
		关注客户合同执行情况
		防范被诈骗，及时报警
第二关	客户专员	审核区域销售经理的定单，然后再下生产单或销售单，必须凭合同、销售经理的文字根据、制度规定必不可少的文字凭据等下单
		管理好区域客户和区域销售经理
		掌握客户基本资料、销售数据、回款情况、信用情况
		执行公司销售政策和有关规定，监督合同执行情况，监督区域销售经理货款催收回笼情况
		将客户和区域销售经理的情况定期或随时报告部门主管，有异常情况迅速报告部门主管和公司领导
第三关	部门主管	巡视客户专员工作，检查客户专员工作是否违规
		分析客户专员、合同专员、财务专员汇集的各种数据，捕捉市场变化情况和危险信号
		向上级领导提出工作改进建议
		适时对异常情况采取有效补救措施，并报告营销副总
第四关	营销副总	听取部门主管工作汇报和建议，下达风险控制指令
		监控市场动态，适时调整风险对策，对可能出现的风险情况采取预防性措施
		正确处理风险事故，起到风险控制总指挥的作用

区域销售经理的政策约束会转换成对客户的政策约束，由区域销售经理在第一线直接控制风险，把好第一关。能测也是主要依赖区域销售经理从现场反馈情况，直接面对客户，了解客户，以及从各种渠道搜集客户情报进行分析。能通，只要保证控制指令可以到达任意一个地方就行了，数据分析也融进了具体的风险控制政策。风险经过层层过滤，发生的可能性就降低了。这是对"销售—收款"流程风险的粗线条控制方法，还有待各项制度规定来

深化、细化。

值得注意的是，经济交往签定合同必不可少，但合同不是万能的，并不能完全杜绝风险，因为中国法治尚不完善，诈骗集团往往利用合同去行骗，而且很容易得手。所以，必须实行多层风险控制机制，努力做到万无一失。

（四）赊销业务内部控制的方式

赊销业务是指企业先办理产品或商品发出，然后在规定时间内收取货款。如果企业资金少，赊销对企业运营的影响较大，所以企业应加强赊销控制。

企业在确定赊销额之前，要考虑的因素很多，见表 10-10。

表 10-10　赊销额的影响因素

影响因素	具体关系		
企业的财务状况	差　　　　财务状况　　　　好 低　　　　赊销规模　　　　高		
企业的市场目标	扩张	防守	退缩
	更多的赊销客户、更高的赊销额度	保持或减少赊销规模	
产品利润状况	对高利润的产品，可以提高信用额度，若产品利润低则不提供赊销		
产品生命周期	导入期　　　　成长期	成熟期　　　　衰退期	
	推广的需要，要有较高的信用额度	降低信用额度以求得更多的现金	
客户的因素	优秀的经销商应该具备三个方面的条件		
	资金实力强	推广能力强	信誉好
客户分类	A 类	不存在坏账的风险，而且能满足公司的市场需要，可以给予很高的信用额度	
	B 类	属控制类型，有一定的风险，信用管理工作主要是针对这类客户	
	C 类	风险较大，能享受到的信用额度最低	
和客户的关系	主推本公司产品并能紧密配合公司的各项政策措施的客户，企业可以给予较高的信用额度，以支援其发展；反之则给予较低的信用额度		

信用额度可分为长期信用额度和短期信用额度。长期信用额度往往以1年为限，也有超过1年的，长期信用对于稳定公司客户关系和销售量是很有好处的。短期信用往往不超过1年，多数在一两个月以内，短期信用有利于促进公司当期销量的提升。短期信用的发放是长期信用的基础，一个不能享受短期信用的客户，是不可能享受长期信用的。

在实际销售工作中确定赊销额度（授予某客户在一定范围内可以赊购的权力，超过此范围，必须用现金购货）是一件相当重要的事情，究竟怎样科学地确定给予客户的信用额度？企业可以参考以下方法。

1. 收益与风险法

收益与风险法就是根据收益与风险对等的原则，确定授予单位客户的赊销额度。也就是说，根据客户的全年采购量，测算全年在该客户处可获取的赊销收益额，以该收益额作为授予该客户的赊销额度。

2. 经验性分析方法

经验性分析方法是指业务人员根据客户的实际月销售量、信用期限、付款速度（如 DSO 天数）和拖欠情况等因素做出的估算。实际当中可以有多种计算方法，如历史记录法、新客户信用额度确定法、最大值确定法和最小值确定法等。

3. 销售量法

公司信用政策、销售的赊销比率已确定，可拿客户上月的销售额（或预期销售额）乘以赊销比率，则得到客户下个月的信用额度。利用这种方法的好处是迫使客户达到销量，避免出现赊销额和销售额不匹配的情况。

4. 小额试贷法

向某一客户提供信用额度往往要涉及多个部门，需要很长时间。有时为了便于业务的迅速开展，可向客户先提供一个很小的信用额度，以建立合作关系，即使有很大的风险，这一额度也不会影响企业的大局。随着交往的增多，再重新设定信用额度。

信用额度设定工作完成后，作为信用管理人员应密切注意客户信用额度的使用，以及客户经营情况的变化，及时检查信用额度的执行情况，随时准备重新评定信用额度，以利于公司销售目标的完成，确保公司利益不受损害。

在缺少信用额度控制时，有的企业实际当中是被客户牵着鼻子走，处于非常被动的地位。计算和确定具体的信用额度的总原则，就是风险要小于收益。因此需要建立严格的制度控制，见表10-11。

表 10-11　建立严格的信用额度控制

严格订货单制度，强化销售合同的作用	销售业务，最好采用订货方式，订单确定后列入销售计划，作为日后发货的依据，防止无计划地发出货物
建立赊销业务批准制度	赊销业务应经过财务负责人批准，未经批准，销售部门不得指令仓库发货，防止因不了解客户信用情况而可能造成的损失
及时登记销售明细账和应收账款明细账	在发出货物后，会计部门应对销售部门开具的"销货单"以及相关的合同、订单等进行核对，确定无误后编制记账凭证，并及时登记销售和应收账款明细账，以充分发挥账簿的控制作用
定期与购货单位核对账目，并按有关规定及时收取货款	对账中发现的问题应及时查明原因并加以处理，收回货款应及时登记应收账款明细账，确保双方账目相符

六、费用支出的内部控制

费用发生是为了企业生产经营需要。企业并不是每天都在赚钱，但是可以肯定，任何企业每天都要花钱。企业该如何提高竞争力，满足客户，花最少的钱办最多的事，这就涉及费用支出的有效控制问题。

企业费用的控制需要讲究方法与度，要有合理的理由，制度要做到明明白白。很多企业的经营管理者不是不想控制费用，而是对于费用的发生过程失去控制而已。

（一）企业费用支出控制现存的问题

1. 利用企业资源，谋取私利

有的单位或部门负责人，以"多元化经营"为幌子，利用企业的资源，开设地下工厂或组织地下工程队，非法营业，将收入存于私设的"小金库",或转存于其他企业账户,而所需原材料、燃料、人工等费用则计入本单位正常生产服务成本之中,不但加大了企业负担,也使企业成本不实。

2. 内外勾结,中饱私囊

有的单位或部门负责人利用采购大宗原材料之机,与供货单位串通作弊,提价增量,或以次充好,损害企业利益,从而取得供货单位高额回扣存于私设的"小金库",甚至装入自己的腰包。

3. 弄虚作假,损公肥私

经济业务不存在或不合理,利用假发票报销。为了将无法入账的奖金、礼品、个人消费等变不合理为"合理"而使用虚假发票;或者编制虚假业务或夸大费用开支,利用套开或虚开发票套取现金。

4. 偷税漏税,贪赃枉法

有的单位负责人通过偷税漏税、拖欠保险金、少提或多提固定资产折旧和修理费用来调节当期利润以保证企业的眼前利益等违法违纪活动,常常是企业管理当局假借财会人员之手所为。一些财会人员慑于企管当局的压力,或为巨大利益所引诱,与违法违纪者同流合污,甚至为虎作伥。

(二)费用支出的制度化管理

建立行之有效的费用支出控制制度,是最可行的办法,其约束力在于执行是否得力。

1. 预算

很多企业都建立了预算制,每年年底很多企业开始编制预算,各个部门也忙着报预算,批预算,每年企业在预算的编制上可能花1个月甚至2个月的时间。预算主要是根据上年度的费用支出情况及今年的目标与计划来制定的。通过上一年度的费用支出情况记录,可以知道花在客户上的费用大概多少,花在市场推广上的广告费大概是多少,平均的行政费用开支是多少等。做到细致的分析,对企业的费用支出做出相对准确的预计预算,并时时监督预算的执行情况。

预算制的结果是,员工在报销或者要花每一笔钱的时候,管理层很快就可以知道,这一笔是否有预算,如果有预算的话是否超支。

2. 部门控制制度

部门控制制度是以部门为单位的预算、核算制度。部门核算是一种针对部门进行的经济控制考核方法，也是一种充分授权部门经理的经济核算方法。主要内容是：对各部门下达全年度的成本、利润指标，在这个指标的控制下，部门经理可以自行决定本部门收支项目，公司指定财务、行政、审计等部门（或者是一个专门的项目小组）定期对其进行监督检查、费用稽核，定期公布，年终进行汇总，兑现奖惩，部门经理在整个部门的费用上有充分的自主权，但同时也承担完全的责任。

为刺激部门经理和员工的费用支出控制意识，一般的核算办法中都包含这样的信息：凡年度成本低于预算、利润高于预算的部分按比例进行奖励，奖励的方法是按照一定比例进行部门提留，反之进行相应惩罚。年度费用的控制结果将直接影响部门经理下一年度的薪资待遇，企业通过对部门经理的控制、员工本身控制意识以及员工和部门经理间的自觉监督可以实现费用支出控制的目标。

部门核算的优点是充分授权给部门经理，极大地调动了中层管理人员、员工的积极性和责任心，让利润与个人（部门）利益挂钩，每个部门、每个主管、每个员工都会密切关注费用支出问题，追求最低费用成本和最大利润，从而实现企业经营成本降低和利润最大化。部门控制法说明，费用支出控制实际上是一个全员参与、个体控制的过程，只要明确部门经理的职责权限，将其对本部门费用的成本控制任务作为考核和监督部门经理的重要内容之一来明确说明，通过部门经理的控制以及员工的普遍监督达成目标，即可以实现企业内的费用支出控制的目的。

3. 审核

要定期审核各项费用支出，发现异常现象应立即采取改善措施，完善制度，推动全面降低成本运动，建立全员成本意识。

（三）企业费用支出内部控制的措施

为了减少乃至杜绝企业货币资金流失，确保会计信息完整、准确，必须强化企业费用的内部会计控制，如图 10-11 所示。

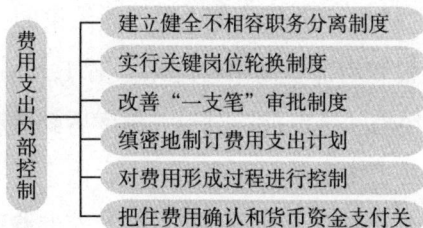

图 10-11　企业费用支出内部控制的措施

1. 建立健全不相容职务分离制度

企业应制定适合本企业特点的不相容职务分离制度，它既是对有关人员搞好本职工作、减少乃至杜绝错误和舞弊行为的制度保证，也是对不规范或违法行为的一种约束。

企业的任何一项重要的经济业务或事项，都不应由一个单位（部门），甚至一个职员包办。企业管理当局为了赶工期、抢进度，忽视采购部门、材料验收部门和使用单位之间的制约关系，同意或默许使用单位自行办理采购业务，这就给个别违法乱纪者以可乘之机，他们使用非法手段获取各种"合规"的原始手续及凭证，财会部门在费用确认当中对其业务的真实性往往无法准确辨认。如果企业严格履行相关制度规定，就会大大降低财会部门在费用确认中的无奈。

2. 实行关键岗位轮换制度

目前，在大多数企业中，一些经济活动的关键岗位职务，长期由同一个人担任。一方面，有利于工作人员熟悉该项业务及其相关环境、条件，将业务做得精益求精；但从另一方面，却也给了那些违法乱纪者和贪腐分子作奸犯科的机会。凡事有利就有弊，要做好关键岗位轮换工作的调查研究，加强岗位人员的思想疏导，使爱岗敬业者，愉快地转入新的岗位发挥才干。通过岗位轮换，不但使隐秘的违法乱纪者暴露，并能打破某些在长期经济业务中纠结成的利益小集团。

3. 改善"一支笔"审批制度

近几年来，国家在企业中揭露出的经济犯罪大案，与财权仅集中于一两人之手不无关系。因此，对于生产经营中发生的各种费用，固然不应回到

"多支笔"审批的混乱状态，又不可继续实行无约束的"一支笔"制度，而应该把"一支笔"审批和内部牵制结合起来。对于大宗的原材料成本支出，可由经营经理和生产经理联合审批；对于大额度后勤费用，则由经营经理和后勤经理共同审批；对于特别重大的费用事项，由企业高层成员集体讨论决定。而对于涉及经营经理分管部门经济利益的大额度费用审批，经营经理应"回避"，由企业一把手或其授权的其他副手审批。总之，对于某项费用是否"一支笔"审批，要由其额度大小而定，这应在企业内部会计控制制度中做出明确的规定，以免相关人员无所适从。

4. 缜密地制订费用支出计划

这是对费用进行事前控制的重要手段。凡事预则立，不预则废。一个切实可行的，既具有先进性，又不失稳妥的费用计划，是提高经济效益的保证。

首先，企业财会部门通过对本企业历史资料、外企业相关信息、本企业当期生产经营目标的认真分析，并听取其他职能部门及基层生产经营单位意见，采用科学的计算方法，合理地确定出企业总的费用指标，并分类、分单位细化。

其次，仅有指标，尚称不上计划，还应由财会部门牵头，组织生产、销售、采购等部门及基层单位的专业人员，集体或分别认真研讨，策划完成计划指标的手段、措施，形成"目标—手段"网络体系。

最后，编制书面的费用计划，由企业管理当局审核批准，发布执行。

5. 对费用形成过程进行控制

对于大额度费用，应强调事中控制，不能单纯依靠财会人员把住费用确认和货币资金支付这一最后环节。比如大宗原材料采购业务，不应由使用单位单独操作，也不应由采购供应部门包揽。近年来，企业的采购供应部门成为贪污受贿案件多发地，与独揽企业的采购大权有着密切关系。因此，强化内部牵制实属必要。企业成立定价委员会、招标办公室，把大宗材料、重要固定资产的采购定价权、供应商确定权从采购部门分离出来，使费用形成的过程控制得到加强，对减少舞弊、提高采购效益，起到了良好作用。

6. 把住费用确认和货币资金支付关

经济事项已经发生，第一，会计人员应根据本企业生产经营有关规定认真辨识，不可草率，因为任何错误的确认，都将造成会计信息失真，甚至会掩盖经济犯罪。第二，要对取得相应凭据的合法性、有效性进行审核监督，对于不符合财务报销规定的票证坚决予以退回，同时也要对经济事项本身的真实性进行调查和核实，杜绝虚假经济事项的发生。第三，对于费用批示、审核结果要进行复核，查看是否有越权审批、违规违法使用费用、滥用职权、串通舞弊等行为发生。第四，对费用确认及出纳审核报销的过程和结果进行监督检查，避免差错和犯罪。应该对出纳报销过程进行严格监督，确保费用报销资料真实、正确、合法、有效。一方面保证会计核算的质量，另一方面防止发生贪污、舞弊等违法行为。第五，费用报销的监督检查中，还要关注费用支出计划、采购程序、获取原始票据、审核报销等环节之间是否起到互相监督、互相牵制作用，发现哪个环节出了问题，追究相关人员的责任。

另外，在企业费用内部控制中不但要立，更要有行。既制定好的政策、措施和手段，还要重视执行，在执行中发现问题、改进方法、堵塞漏洞，进而提高费用控制的质量与水平，促进企业经营管理的有序发展。

相关案例分析

汉斯公司的财务控制制度

汉斯公司是总部设在德国的大型包装品供应商，它按照客户要求制作各种包装袋、包装盒等，其业务遍及西欧各国。欧洲经济一体化的进程使公司可以自由地从事跨国业务。出于降低信息和运输成本、占领市场、适应各国不同税收政策等考虑，公司采用了在各国商业中心城市分别设厂，由一个执行部集中管理一国境内各工厂生产经营的组织和管理方式。由于各工厂资产和客户（即收益来源）的地区对应性良好，公司决定将每个工厂都作为一个利润中心，采用总部→执行部→工厂两层次、三级别的财务控制方式。

一、做法简介

各工厂作为利润中心，独立地进行生产、销售及相关活动。公司对它们的控制主要体现在预算审批、内部报告管理和协调会三个方面。

预算审批是指各工厂的各项预算由执行部审批，执行部汇总后的地区预算交由总部审批。审批意见依据历史数据及市场预测做出，在尊重工厂意见的基础上体现公司的战略意图。

内部报告及其管理是公司实施财务控制最主要的手段。内部报告包括利润表、费用报告、现金流量报告和顾客利润分析报告。前三者每月呈报一次，顾客利润分析报告每季度呈报一次；公司通过内部报告能够全面了解各工厂的业务情况，并且对照预算做出相应的例外管理。

在费用报告中，费用按制造费用、管理费用、销售费用等项目进行核算。偏离分析及相应措施及偏高额的大小而由不同层级决定，偏高额度较小的由工厂做出决定、执行部提出相应意见，较大的由执行部做出决定、总部提出相应意见；额度大小的标准依费用项目的不同而有所差别。

顾客利润分析报告，列出了各工厂所拥有的最大的10位客户的情况，其排列次序以工厂经营所获得的利润为准，对每一位客户进行报告。

其中，产品类型和批量是为了了解客户的主要需求，批量固定成本是指生产的准备成本和运输成本等，按时交货率和产品质量评级从客户处取得。针对每个客户，还要算出销售利润率。最后，报告将记载最大的10位客户的营业利润占总营业利润的百分比。由此，公司可以掌握各工厂的成本发生与利润取得情况，以便有针对性地加以控制；同时也掌握了其主要客户的结构和需求情况，以便实时调整生产以适应市场变化。

根据以上的内部报告，公司执行部每月召开一次工厂经理协调会，处理部分预算偏差，交换市场信息和成本降低经验，发现并解决本执行部存在的主要问题。公司每季度召开一次执行部总经理会议，处理重大预算偏离或做出相应的预算修改，对近期市场进行预测，考察重大投资项目的执行情况，调剂内部资源。同时，总部要对各执行部业绩按营业利润的大小做出排序，并与其营业利润的预算值和上年同期值做比较。

其中，去年同期排序反映了该执行部去年同期在营业利润排序中的位置。比较的主要目的，是考察各执行部的预算完成情况和其自身的市场地位变化。

汉斯公司的财务控制制度具有以下两个特点。

第一，实现了集权与分权的巧妙结合，散而不乱，统而不死。各工厂直接面对客户，能够迅速地根据当地市场变化做出经营调整；作为利润中心，其决策权相对独立，避免了集权形式下信息在企业内部传递可能给企业带来的决策延误，分权经营具有反应的适时性和灵活性。公司通过预算审批、内部报告管理和协调会，使得各工厂的经营处于公司总部的控制之下，相互间可以共享资源、协调行动，以发挥企业整体的竞争优势。其中，执行部起到了承上启下的作用，它负责处理一国境内各工厂的大部分相关事务，加快了问题的解决，减轻了公司总部的工作负担；同时，相对于公司总部来说，它对于各工厂的情况更了解，又只需掌握一国的市场情况与政策法规，因而决策更有针对性，实施更快捷。另外，协调会对防止预算的僵化、提高公司反应的灵活性也起到了关键性作用。

第二，内部报告的内容突破了传统财务会计数据的范围，将财务指标和业务指标有机地结合起来。在顾客利润分析报告中，引入了产品类型、按时交货率、产品质量评级等反映顾客需要及满意程度的非财务指标；在费用报告中也加入了偏离分析、改进措施及相应意见等内部程序和业务测评要素。这使得各工厂在追求利润目标的同时要兼顾顾客需要（服务的时效、质量）和内部组织运行等业务目标；既防止了短期行为，又提高了企业的综合竞争力。财务指标离开了业务基础将只是数字的抽象，并且可能对工厂行为产生误导；只有将两者有机地结合起来，才能真正发挥财务指标应有的作用。

实践证明，汉斯公司的财务控制制度是切实有效的。其下属工厂在各自所处的商业中心城市的包装品市场上均占有较大的份额，公司的销售收入和利润呈现稳定增长的态势。公司总部也从烦琐的日常管理中解脱出来，主要从事战略决策、公共关系、内部资源协调、重大筹资投资等工作，公司内部的资源在科学地调配下发挥了最大的潜能。

二、分析与思考

只要分权就会存在相应的控制问题。汉斯公司的财务控制制度适用于下级单位可作为利润中心的集团公司。对于下级单位不能作为利润中心的，采用该项制度则须在建立预算和业绩评价标准时明确各下级单位作为责任中心的权利与职责，其内部报告的内容也需做相应的调整。

在财务控制制度的实施中，需要注意以下两个问题。

一是内部报告的数据应当真实可靠。内部报告作为企业内部财务控制的主要手段，应服务于企业的经营管理决策，其数据取得和确认的口径可以与一般意义上的财务数据不同。内部报告的数据虽然不对外报送，但仍须严肃对待，否则将会使企业财务控制流于形式，起不到相应的作用。

二是协调会的决策应基于内部报告和企业战略目标做出。如果内部资源的分配不是基于以上标准而是根据各分公司经理的谈判能力来做出，则即使内部报告真实可靠也不能完全达成企业财务控制的目标。当然，各分公司之间的协调是必要的，这有助于理顺企业内部关系，发挥组织的协同效应；但不能因此而取消财务控制制度在绝大多数情况下的权威性，否则制度将形同虚设。

汉斯公司的财务控制制度，也给我们带来了如下的启示。

第一，企业内部报告的形式与内容，与企业内部组织和管理结构密切相关。分散经营条件下根据计量各下属单位产出的难易程度及赋予其管理人员决策权的大小，可将企业内部组织划为成本中心、收入中心、投资中心、利润中心等。在适用汉斯公司的财务控制制度时，其内部报告的内容，将不仅仅是针对成本中心的标准成本与实际成本的比较或是针对收入中心的销售收入及边际贡献等简单形式，而是如前文所述的复杂形式。从企业风险和收益的主要来源看，可将利润中心分为产品事业部和地区事业部两种，其内部报告的呈报基础也有所不同，汉斯公司采用的是地区事业部的呈报基础。另外，如果公司的业务量并不很大或已建立了内部计算机网络，则可以撤销执行部，实行总部—工厂的直接管理，使公司结构更加扁平化，能够更灵活迅速地对市场变化做出反应。

第二，财务控制只完成了企业内部控制操作层面的任务，还应与企业战略性控制相结合。财务控制为企业控制提供了基本的信息资料。它以利润为目标，关心成本收益等短期可量度的财务信息，可按照固定的程序相对稳定地进行，但有时可能会因过于注重财务结果而鼓励短期行为。这时要结合企业的长期生存发展目标，综合考虑企业内外部环境，兼容长短期目标，实施战略性控制，以加强组织和业务的灵活性，保持企业的市场竞争力。"综合记分卡"将顾客满意度、内部程序及组织的学习和提高能力三套绩效测评指标补充到财务测评指标中，为财务控制从操作性控制向综合控制的方向发展提供了有益的帮助。